식민적 근대성과 한국영화

조선영화와 충무로영화의 역사적 문화 상상

저자 주창규(朱昶奎, Ju, Chang-kyu)는 중앙대학교에서 한국영화를 공부했다. 한국예술종합학교 박사후연구원, 서원대학교 학술연구교수를 거쳐 현재 동국대학교 문화학술원에서 연구하고 있다. 주요 논문으로는 「한국영화 르네상스(1997~2006)'의 동역학에 대한 연구」, 「근대의 선정주의'로서 신파극의 변형과 연쇄극의 출현에 대한 연구」 등이 있다. 『식민적 근대성과 한국영화』가 한국영화 의 고전에 대한 연구였다면, 후속 연구로『한국영화의 장르와 작가성』을 진행하고 있다.

식민적 근대성과 한국영화
조선영화와 충무로영화의 역사적 문화 상상

—

1판 1쇄 발행 2013년 1월 10일 **1판 2쇄 발행** 2013년 7월 10일
지은이 주창규 **펴낸이** 박성모 **펴낸곳** 소명출판 **출판등록** 제13-522호
주소 서울시 서초구 서초동 1621-18 란빌딩 1층
전화 02-585-7840 **팩스** 02-585-7848 **전자우편** somyong@korea.com **홈페이지** www.somyong.co.kr

ISBN 978-89-5626-780-7 93680
값 20,000원 ⓒ 주창규, 2013

식민적 근대성과
한국영화

조선영화와 충무로영화의 역사적 문화 상상

Colonial Modernity and Korean Cinema
The Imagination of Historical Culture in Chosun Cinema and Chungmuro Cinema

주창규

소명출판

식민적 근대성과 한국영화의 역사적 문화 상상

　－당황하는 기마경찰을 뒤로 하고 〈아리랑〉을 보려고 관객들이 물밀듯이 밀려들어 오던 순간

　－변사의 열정적인 해설에 관객들의 비난, 환호, 박수가 쏟아지던 순간

　－문예봉의 클로즈업으로 스크린이 가득 채워지고 완(完)이라는 자막이 뜨고서야 아쉬운 마음에 웅성거리며 관객들이 자리에서 일어서던 순간

　－동경의 문부성 관리가 총독부 추천작 〈집 없는 천사〉를 관람하고 난 뒤 불쾌한 마음에 서둘러 추천을 취소하던 순간

　－〈자유부인〉의 마지막 장면에서 오선영이 집 앞에서 무릎을 꿇고 흐느낄 때 여성관객들이 안타까워하던 순간

　－〈하녀〉를 관람하던 중 2층 객석에서 '저 년 죽여'라는 외침이 터져 나온 순간

　－〈바보선언〉을 보기 위해 길게 줄을 선 관객들을 보고 정작 이 영화를 만든 감독 본인은 어이없어 하던 순간

　식민적 근대성을 중심으로 한국영화사의 일곱 가지 결정적 순간들을 분석하고 있는 이 책은 조선영화부터 충무로영화까지 한국영화사의 문

제적인 고전과 영화문화를 통해 영화가 공식적인 역사기술로부터 배제된 한국의 역사를 영사하는 방식을 분석하고 있다. 한국영화사의 지배적인 역사기술이 〈아리랑〉에서 〈오발탄〉으로 이어지는 민족주의 리얼리즘의 연속선을 그려 왔다면, 이 책은 〈아리랑〉에서 〈자유부인〉과 〈하녀〉 그리고 〈삼포 가는 길〉과 〈바보선언〉으로 이어지는 영화 장르와 관객성 같은 대중적 상상력 그리고 변사와 국민 여배우 문예봉에 대한 스타 동일시와 같은 영화문화에 대한 분석을 통해서 한국영화사의 대안적 역사쓰기를 시도한다.

이 책에서 다루고 있는 한국영화사의 고전과 영화문화는 기존의 한국영화사에서 주목받지 못했던 것들이다. 지금은 〈자유부인〉이나 〈하녀〉가 한국영화사의 고전으로 여겨지지만, 이 영화들이 고전으로 여겨지기 시작한 것은 채 10년도 되지 않는다. 물론 어떤 이들은 이 영화들을 한국영화사의 고전으로 보기 어렵다는 견해를 여전히 가지고 있을수도 있다. 영화사적인 중요성을 부인하지 않는다고 할지라도 〈자유부인〉이 〈아리랑〉이나 〈오발탄〉 같은 고전들과 나란히 위치하는 것은 여전히 어색해 보일 수도 있을 것이다. 사운드의 도래로 곧 사라지게 될 운명을 모르고 방탕한 생활로 비난과 지탄의 대상이 되었던 무성영화의 변사들이 어떻게 한국영화사의 중요한 자리를 차지할 수 있겠는가? '삼천만의 연인'으로 사랑받았음에도, 〈지원병〉과 〈조선해협〉 같은 친일영화에 출연했던 문예봉의 과거는 비난받아 마땅하지 않은가? 마찬가지로 〈집 없는 천사〉와 같은 친일영화는 숨기거나 아니면 반대로 발굴해서 비판해야 할 한국영화사의 부끄러운 과거가 아닌가? 그러나 이 책은 한국영화사에서 하찮게 여겨졌거나 의도적으로 은폐된 과거가 오히려 한국영화사의 새로운 고전이 될 수 있는 자질이 있다는 것을 살펴볼 것이다. 그리고 필자는 그 자질을 '역사적 문화'를 상상하는 능력이라고 부를 것이다.

 이 책에서 분석하는 한국영화사의 일곱 가지 결정적 순간은 다섯 가지 공통된 특징을 가지고 있다.

 첫째는 이 결정적 순간들이 최근에야 발견되었다는 점이다. 물론 이렇게 뒤늦은 발견이 이루어지게 된 일차적 이유는 유실된 것으로 여겨졌던 필름이 최근에 발견되었기 때문이다. 이 책에서 분석한 1940년대의 영화들은 말 그대로 기적같이 발굴된 영화들이다. 그러나 이 책에서 분석한 결정적 순간들의 뒤늦은 발견은 유실된 자료의 발굴이라는 실증적인 자료 수집의 문제를 넘어서는 것이다. 왜냐하면 일곱 가지 결정적 순간들이 뒤늦게 발견된 것은 새롭게 발굴된 자료 수집의 덕분이기도 하지만 우리가 그 결정적 순간들을 지배적인 역사기술이 작동하는 아카이브 안으로 가지고 들어갈 수 없었던 어떤 인식론적 무능함의 탓이기도 하기 때문이다. 2장에서 다루겠지만 한국영화의 아카이브 안에 무성영화의 변사에 대한 자료가 거의 남아 있지 않은 문제를 생각해 보자. 여기서 아카이브는 실제의 1차 자료를 수집하는 저장고뿐만 아니라 1차 자료를 가공한 형태로 보관하는 신문기사, 에세이, 역사책 같은 기억과 인식의 저장고도 포함한다. 이것은 자신의 문화가 소중한지를 모르고 있었던 수집가의 사소한 실수인가? 아니면 문화 자료를 수집하는 제도적 장치가 없었기 때문인가? 물론 이 두 가지의 현실적 이유를 무시할 수는 없다. 하지만 보다 중요한 것은 한국영화의 아카이브를 지배하고 있었던 '근대의 시간'이다. 변사에 대한 자료가 아카이브에 거의 남아 있지 않은 것은 바로 변사를 영화예술의 발달과 영화산업의 발달에 대한 방해물로 인식하게 했던 한국영화 역사기술의 발전론적 시각 때문이었다. 비슷한 이유에서 이 책에서 분석한 한국영화사의 일곱 가지 결정적 순간이 뒤늦게 발견된 것은 이 순간들이 한국의 역사 그리고 한국영화의 역사에 대한 공식적 역사기술의 시간성 그러니까 전근대에서 근대, 탈근대로 선형적으로 발전한다는 '이행의 서사'의 시간과 마찰을 일으키고 있었기 때문이라는 것이다. 그리고 이 결정적 순간들의 이질적인 시간성이 일으키는 마찰 때문에 그것들은 결국 한국영화의 아카이브에서 주변화되고 배제되는 결과를 초래하게 되었던 것이다.

둘째, 이 책에서 분석하고 있는 한국영화사의 결정적 순간들은 식민적 근대성에 대한 문화적 표현이라는 공통점을 가지고 있다. 여기서 식민적 근대성이란 식민지 근대성과 같이 식민지를 경험한 지역의 근대성을 가리키는 영토적 범주도 아니고 '유산된 근대성'이나 '실패한 근대성'과 같이 근대성의 성취에 도달하지 못했다는 의미에서 '아직'이라는 이름의 '역사의 대기실'에 갇혀 있는 시간적 범주도 아니다. 그것은 마셜 버먼식으로 표현하면, 근대화라는 사회적 과정과 모더니즘이라는 문화적 비전의 변증법적인 과정으로 근대성의 경험을 여전히 포함하지만 그 속에 웅크리고 있는 식민성, 그러니까 '근대성에 은폐되어 있었던 식민주의'를 경험하는 것을 말한다. 따라서 식민적 근대성은 근대성과 식민주의의 관계를 근대성이 먼저 있었고 나중에 식민주의가 등장하는 것이 아니라 거꾸로 근대성이 성립하기 위해서는 식민주의가 필수적이었다는 역사적 현실을 가리키는 비판적이며 해석학적 범주이다. 이렇게 식민적 근대성을 식민지에만 한정하지 않고 영토적 경계를 넘어서 그것을 생산하는 제국의 중심에서 나타나는 보편적인 경험으로 이해할 때 우리는 비로소 식민지 수탈론과 식민지 근대화론이 공유하는 발전론적 사유로부터 탈피하여 근대성과 식민주의는 분리불가능의 관계에 있음을 상정할 수 있게 된다. 그런데 식민적 근대성이 제국의 중심에서 근대성의 기원부터 함께한 것이라면, 그 역사적 경험을 유로 아메리카

영화가 문화적으로 표현하는 것이 당연하지 왜 그 지역으로부터 멀리 떨어진 주변부의 한국영화가 상영하고 있는가? 그것은 근대성의 식민주의 같은 근대성의 내재적 한계, 결핍, 결코 해결되지 않는 치명적인 구조적 모순은 그 기원에서는 잘 드러나지 않고 그것을 흉내 내고 모방하고 다시 또 다른 누군가에 의해 모방되는 환유의 과정을 통해서 비로소 명확하게 드러나기 때문이다. 6장에서 분석하고 있는 〈하녀〉는 바로 이런 근대의 실패로서 식민적 모방의 환유적 과정을 상연하고 있다. 따라서 이 책에서 분석하는 한국영화사의 결정적 순간들은 근대성의 경험과 관련하여 양가적인 관계를 맺게 된다. 한편으로 그 순간들은 "모든 사람을 근대화의 객체이자 주체로 만들어 버리는 역동적인 경험에 참여하는 것" 그리고 "근대화의 소용돌이를 헤치고 나가 자신의 것으로 만들어 버리는 것"을 경험하는 것이지만, 동시에 그런 근대성의 경험에 내재된 식민주의를 고통스럽게 경험하고 비판적으로 바라보아야만 하는 이중적인 과정인 것이다. 예컨대 5장에서 〈자유부인〉의 여성관객성을 규명하기에 페미니즘 영화이론의 '가면극' 이론 하나만으로는 부족하고 〈검은 피부, 하얀 가면〉에서 지적한 프란츠 파농의 탈식민주의가 동시에 필요했던 것은 바로 이런 이유 때문이다.

셋째, 일곱 가지 한국영화사의 결정적 순간들은 영화산업이라는 구체적이며 물질적인 맥락의 산물이다. 그리고 조선영화와 충무로영화라는 명칭은 단순히 해방 이전과 이후의 시기를 구분하거나 특정한 장소를 지칭하는 것이 아니라, 이런 물질적인 맥락을 의미화하고 있다. 즉 조선영화와 충무로영화는 정치적으로 그리고 경제적으로 어려운 제도적 상황에도 불구하고, 꾸준히 대중적인 상업영화를 만들기 위해 노력했던 한국영화인들의 집합적 의지의 문화적 산물을 가리키는 명칭이다. 조선영화와 충무로영화는 한국의 근현대사에서 영화산업이 국가와 맺는 복잡한 중층적인 관계를 보여준다. 식민지 시기의 조선영화는 국가가 부재하는 상황에서 성립된 문화산업이며, 해방 이후의 충무로영화는 독재 국가와 때로는 친밀하게 공모하고 협상하며 또 가끔은 의도하지 않은 마찰 때문에 불편한 관계를 맺으며 독특한 관계를 만들어 나갔다. 이렇게 오랜 기간을 거치며 형성된 국가와 영화산업의 불안정한 관계는 '영화인'이라는 독특한 사회적 의식과 정체성을 가지도록 만들었다. 지금도 한국사회에서 '영화인'이라고 하면, 보수나 진보 어디에도 귀속시키기 어려운 독특한 주변부 의식의 뉘앙스를 풍기고는 한다. 굳이 따지자면, 필자는 영화인들의 이념적 지향성이 낭만적 아나키즘에 가깝고, 이런 지향성은 오랫동안 형성된 국가와 영화산업의 불안정한 관계로부터 나타난 것이라 생각하고 있다. 그리고 이렇게 국가와 영화산업의 불안정한 관계로부터 파생된 영화인들이 어려운 경제적 여건에도 불구하고 지속적으로 영화 제작을 원했고 검열과 같은 정치적 강제로부터 지키기를 원했던 집합적 의지의 문화적 산물이 바로 조선영화와 충무로영화라는 것이다. 그리고 이 책에서 분석하고 있는 일곱 가지 한국영화사의 결정적 순간들은 바로 국가와 영화산업의 불안정한 관계가 만들어 내는 역동적인 문화적 풍경이라는 것이다. 4장에서 다루는 1940년대 초반의 조선영화들이 대표적이다. 〈집 없는 천사〉를 비롯해 새롭게 발굴된 이 영화들은 비록 내용상으로 친일의 요소를 포함하고 있다 할지라도 친일영화나 국책영화로는 쉽게 분류될 수 없는 영화들이다. 만약 해방 이전에 조선영화인들에 의해 제작된 친일영화나 국책영화가 있었다면, 필자는 그것이 1943년 이후에 일어난 일일 것이라고 생각한다. 이런 의미에서 우리 앞에 나타난 1940년대 초반의 영화들은 그런 친일영화나 국책영화로 이행되는 과정 중의 영화라는 의미에서 '이행적 친일영화'로 불러야 한다고 주장하고 있다. 그러나 〈집 없는 천사〉에 대한 분석을 통해서 조선영화에서 친일영화로의 이행이 성공적이었는가를 살펴보니, 그 이행은 매우 울퉁불퉁한 거친 표면을 가지고 있고 여기저기서 들리는 웅성거리는 소음들로 가득 차 있는 역동적인 과정이었다. '이행적 친일영화'에서 민족적인 것에서 친일적인 것으로의 자연스러운 이행(조선의 독립을 외쳤던 토착 엘리트들이 친일의 길로 얼마나 자연스럽게 이행했는가를 상상해 보라)은 태평양전쟁을 준비하는 일본 제국주의의 신체제를 소비시켜 버리는 조선영화인들의 기업화의 욕망에 의해 지연되고 있었던 것이다.

넷째, 한국영화사의 결정적 순간들은 한 시대의 감정구조를 응축하고 있는 대중미학이 무엇이었는가를 보여주면서, 권력의 시선 구조에서 작동하는 지배와 전복의 정치를 재현하고 있다. 무엇보다 한국영화사의 결정적 순간들은 영화적으로 고립된 것이 아니라 소설, 연극, 방송과 같은 인접 미디어와 상호 텍스트적으로 형성된 대중문화의 한 영역으로 존재하는 것이었다. 따라서 한국영화사의 결정적 순간들은 당대 대중문화의 미학적 감수성이 무엇이었는가를 압축적으로 드러내게 된다. 예를 들어, 1장에서 다루는 〈아리랑〉의 '과도한 자극주의'는 식민적 근대성에 대한 1920년대 대중문화의 반응을 가장 압축적으로 보여주는 것이었고, 마지막 7장에서 분석한 충무로 로드무비 장르가 제공하는 아브젝시옹의 미학은 1970년대와 1980년대의 군사독재에 대한 청년문화의 환멸과 복수심을 결정화해서 보여주는 것이었다. 이런 과정에서 한국영화사의 결정적 순간들은 권력과 시선의 구조에 개입하게 되고, 지배와 전복의 문화정치를 드라마틱하게 상연하게 된다. 이것은 4장에서 분석한 식민지 파시즘의 시각성에서 잘 드러난다. 식민지 파시즘의 시각성은 국가의 관음증과 개인의 노출증의 상호작용을 통해서 '정치의 심미화'가 일어나고 파시즘이 내면화되는 과정을 보여주었다. 하지만 그것이 성공적으로 내면화되었던 토착 엘리트들의 심상과는 달리, '이행적 친일영화'와 같은 일상의 문화에서는 전혀 예상치 못한 부조화와 균열을 양산하는 실패의 과정이었다. 한국 사회에서 권력의 형성과 관련하여 가장 전복적인 시선의 정치는 5장에서 분석할 〈자유부인〉이 상영되는 충무로영화관에서 일어났다. 한국전쟁 이후 폐허가 된 상황에서 〈자유부인〉은 미국을 통한 한국사회의 급격한 서구화, 그러니까 거세된 민족의 주체화를 위해서 '하얀 가면'을 쓰는 과정을 포착하고 있다. 그러나 그 기원상 과거로 정향될 수밖에 없는 민족의 주체화 과정과 거세를 극복하기 위한 서구화의 과정은 본질상 결코 해결할 수 없는 모순으로 가득 차 있는 과정이었다. 한국의 식민적 근대성이 가지는 이런 아포리아에 대해 전쟁 직후 거세된 민족주의자가 떠올린 해결책은 거세된 민족의 끔찍한 현실을 덮어버릴 수 있는 페티시의 가면을 여성들에게 씌우는 것이었다. 그러나 〈자유부인〉이 상영되는 충무로영화관에서 여성관객들은 이 가면을 거세된 민족의 주체화를 위한 '민족적 페티시'로서 동일시하기 보다는, 여성의 노동과 일, 섹슈얼리티, 역사에 대한 참여를 등기(登棄)하는 '가면무도회'로서 비판적으로 경험했다.

다섯째, 한국영화사의 결정적 순간들이 상상한 것은 결국 '역사적 문화'였다. 역사적이라는 표현은 본의 아니게 과거를 환기하기 마련이다. 하지만 역사적 문화에서 과거는 근대의 시간이 규정한 현재의 앞자리에 머물지 않는다. 왜냐하면 역사적 문화에서 과거란 미래로 나아가기 위해 돌아가야만 할 과거, 즉 '앞서 나타난 미래'의 시간성이 부여되기 때문이다. 근대성의 사유구조 속에서 우리가 탈근대로 추정되는 세계로 나가지 못하는 이유가 진지하게 성찰되지 못한 채 근대성 속에 여전히 은폐된 식민주의가 발목을 잡고 있기 때문이라면, 현재라는 시간 역시 과거로부터 자유롭지 못하다. 한국영화사의 결정적 순간들이 "역사적이다"라고 말하는 것은 이렇듯 과거 · 현재 · 미래로 선명하게 구분되는 '근대의 시간' 도식을 교란시키고 흩트리는 '시간의 혼종화'를 말한다. 현재에 과거가 출몰하고 과거에 미래가 이미 투사된 이런 '시간의 혼종화'를 상상할 수 있을 때 우리는 비로소 '아직 …… 아니다'라는 발전론적 이행의 서사로부터 탈피할 수 있게 된다. 그리고 한국영화사의 결정적 순간들이 상상하는 문화는 관습적 역사기술이 인식하는 데 실패한 새로운 형식의 공적 기억과 주체성을 생산할 수 있는 능력을 갖추고 있는 문화를 말한다. 이런 문화를 왜 관습적 역사기술은 담아내지 못했는가? 그것이 '시간의 혼종화'에 기반이 된 역사적인 것이었기 때문이다. 따라서 이 책에서는 미래를 향해 열려 있는 과거로서 새로운 형식의 공적 기억과 주체성을 생산할 수 있는 능력을 '역사적 문화'의 자질로 이해한다. 〈아리랑〉의 '소문의 관객성'에 나타난 '유럽이 지방화된 공론장'부터 근대의 시간과 경쟁하는 버나큘라 공간에 울려 퍼진 변사의 목소리, 식민적 판타지를 깨어버리고 역사의 영도에서부터 다시 시작하자는 하녀의 주체성, 국가폭력의 '자기 전시'와 '성장'을 거절하는 〈바보선언〉의 급진적인 가족로망스까지 우리는 한국영화사의 결정적 순간들을 통해서 이 '역사적 문화'를 풍부하게 살펴볼 수 있다.

결정적 순간이라고 하면 앙리 카르티에 브레송의 멋진 사진을 떠올리게 마련이다. 50mm 렌즈가 담긴 조그만 라이카 카메라로 일상의 결정적 순간을 포착하기 위하여 브레송은 여기저기를 기웃거리면서 오랜 시간을 기다려야했을 것이다. 브레송의 사진만큼 한국영화사의 결정적 순간도 멋지다고 생각하지만, 사진만큼 멋있지 않았을 일상에서 결정적 순간을 포착할 수 있었던 브레송의 탁월한 능력에 필자의 무능을 비교하고 싶은 마음은 조금도 없다. 하지만 한국영화사의 일상에서 결정적 순간을 포착하기 위해 오래 기다리는 시간이 필요했다는 것은 언급해야겠다. 이렇게 오랜 기다림이 필요했던 것은 한국영화사의 일상의 결을 이루는 민족주의와 리얼리즘의 주름이 그만큼 크고 깊었기 때문일 것이다. 이 책에서 그 주름이 펴지는 또 다른 결정적 순간을 놓친 부분이 있다면, 그것은 전적으로 필자가 게으르고 무능한 탓이다. 선후배 동료들이 한국영화사의 더 많은 결정적 순간들을 포착해 줄 것이라 믿어 의심치 않는다. 책의 출판에 대해서 감사의 말씀을 드리고 싶은 분들은 많지만, 그러기에는 연구 범위와 성과가 미흡하고 부끄럽다. 보다 나은 연구를 통해서 감사의 말씀을 드릴 것을 약속드린다.

충무로 동악연구실에서
주창규

차례

2부_식민적 판타지, 비천한 스크린, 그리고 충무로영화

제1부
조선영화의 식민적 근대성과
버나큘라 모더니즘

제1장

식민적 근대성의 멜로 드라마와
무성영화 〈아리랑〉의 탈식민성

1. 탈신화화된 〈아리랑〉의 재역사화

낭만적 작가주의와 인상적인 텍스트 분석을 통해서 이루어진 영화 〈아리랑〉에 대한 기존의 연구와 평가는 일본 식민 지배에 저항하는 민족주의 의식을 고취시킨 한국 민족 영화의 기원이라는 높은 평가[1]와 그것은 신화화된 역사이며 식민지 시기 흥행에 성공한 일반적인 대중영화로 보는 견해[2]로 뚜렷하게 분리되는 경향을 보여준다. 〈아리랑〉이 지나치게 신화화되었다는 비판은 실증적인 차원에서 이 영화가 가지는 모호한 역사성들을 고려해 보았을 때, 일면 수긍할 만한 지점이 있는 것

---

[1] 이영일, 『한국영화전사』, 소도, 2004, 108면.
[2] 조희문, 「해설 : 『라운규와 수난기 영화』와 남북한의 나운규 연구」, 최창호·홍강성, 『한국 영화사 : 나운규와 수난기 영화』, 일월서각, 2003, 347~75면.

은 사실이다. 예컨대, 이 영화는 저항적 민족주의보다는 "민족 간, 계급 간의 갈등이 남녀의 치정문제로 격하"되어 있는 작품[3] 혹은 대중적인 액션영화라는 평가,[4] 1926년 개봉 당시의 신문기사를 참조해 보았을 때, 천재적인 작가로 평가받은 나운규(1902~37)의 역할은 배우에 한정되어 있었고, 이 영화의 실제 감독은 일본인 쓰모리 슈이치였다는 주장도 있다.[5] 그리고 나운규가 일본인 감독을 대리인으로 내세운 것이 일제의 검열을 피하기 위한 재치있는 반식민 전략이었다고 유추해 보더라도, 명백하게도 항일의식을 고취시킨다는 이 영화가 일제 강점기 동안 지속적으로 조선 전 지역에서 상연되었고[6] 개봉된 해에 검열로 축소된 형태이기는 하지만 일본에 수출되었으며[7] 나아가 1940년 홋카이도에서는 강제로 끌려온 조선인 노무자를 위안하기 위해 공식적으로 상영된 기록들은 이 영화의 신화화에 대한 강력한 증거가 될 수 있을 것이다.[8] 그러나 1960년대 이후 남북한의 이데올로기에 의해 〈아리랑〉이 과도하게 신화화되면서 전유된 것이 사실일지라도 신화화 자체가 이 영화의 역사성에 대한 손쉬운 훼손과 폄하로 곧바로 이어져서는 곤란하다. 보다 중요한 것은 〈아리랑〉의 신화화를 비판적으로 인식하는 탈신화화의 과정을 통해서 신화화가 완전히 전유하지 못하고 남겨둔 역사성들을 담론의 장으로 호출하여 맥락화 하고 재역사화 하는 일이다.

---

[3] 이효인, 『한국영화사강의』 1, 이론과실천, 1992, 169면.

[4] 이정하, 「나운규의 〈아리랑〉(1926)의 재구성 : 〈아리랑〉의 활극적 효과 혹은 효과의 생산」, 『영화연구』 26호, 2005, 287면.

[5] 조희문, 『나운규』, 한길사, 1997, 173면.

[6] 김종욱의 조사에 따르면 〈아리랑〉은 1926년 10월부터 1938년 11월까지 서울 지역에서만 총 13차례 상영된 것으로 추정된다. 김종욱 편, 『實錄 韓國映畵叢書』上, 국학자료원, 2002a, 336면. 〈아리랑〉의 판권을 사들인 임수호가 향후 거부가 되었다는 사실을 염두에 두고 기록에 남아 있지 않은 지방의 가설 상영관의 상영까지 포함한다면, 〈아리랑〉은 식민 시기에 지속적으로 조선 전 지역에서 상영되었다고 예상할 수 있다.

[7] 1926년 12월 22일에 전 8권 1599척이 검열로 인해 전 7권 1,588척으로 줄어든 〈아리랑〉이 일본에 수출되어 개봉되었다. 위의 책, 263면.

[8] 조희문, 앞의 책, 178면.

먼저 눈여겨보아야 할 점은 〈아리랑〉의 작가성과 텍스트성이 초월적인 대상으로 신화화되었다는 점이다. 즉 〈아리랑〉의 작가로 천재적인 감독 나운규의 재능에 바쳐진 수많은 낭만적 헌사들에는 초월적 예술가로서 영화감독을 발견하려는 1960년대 서구 작가주의 영화이론의 무의식이 깊게 배어 있을 뿐, 감독, 배우, 촬영과 같은 전문적인 분업체제를 가지고 있지 못하였던 1920년대 중반의 조선영화 제작 시스템에 대한 고려는 제외되어 있었다. 뿐만 아니라 이 영화에서 저항적인 민족영화 미학의 정수로 여겨지는 몽타주 기법의 혁신적인 사용과 나운규의 열정적인 연기에 대한 후세의 많은 관심 속에는 이 영화가 실제로는 변사의 영화해설이 덧붙여지고 그런 변사의 연행에 열광적으로 반응하였던 관객들의 수용의 맥락이 덧붙여질 때 비로소 완전해질 수 있는, 그리하여 무성영화로 〈아리랑〉에 대한 고려는 제외되어 있었다. 이런 측면들을 염두에 두면서 이 장에서는 먼저 〈아리랑〉의 탈식민성에 대한 맥락적인 접근을 통한 텍스트 분석을 시도한다. 즉 〈아리랑〉의 역사성은 식민적 근대성이 성립된 1926년이라는 역사적 상황과 다이쇼 문화정치기의 산물이며, 그 텍스트성은 식민적 근대성에 대한 문화적 표현인 멜로 드라마적 양식으로 규명될 수 있다는 것이다. 다음으로 그 수용은 변사의 연행과 관객성을 근거한 구술성을 통해 논의함으로써 제국이 검열할 수 없었던 저항의 역사에 대한 접근을 시도한다.

2. 식민적 근대성의 문화적 표현으로서 멜로 드라마와 '시간 지체'의 알레고리

비록 필름이 남아 있지는 않지만 기록과 기억을 통해서 유추할 수 있는 부분은, 〈아리랑〉이 대단히 감각적인 영화로 기존의 것과 차별화되는 새로운 감각을 보여주었고, 그런 새로운 감각이 관객에게 '정서적 강렬함'을 전달했다는 사실이다. 여기서 '새로운 감각'과 '정서적 강렬함'은 〈아리랑〉의 역사적 이해를 위한 입구를 마련해 준다.

〈아리랑〉의 새로운 감각은 다음의 나운규의 진술을 통해서 살펴볼 수 있다.

> 〈아리랑〉을 발표하기 전까지에 조선에서 제작된 영화는 거의 다 고대극, 전설물과 문예작품의 영화화한 것이었다. (⋯중략⋯) 졸립고 하품 나지 않는 작품을 만들리라. (⋯중략⋯) 이렇게 처음된 '아리랑'은 의외로 환영을 받았다. 졸음오는 사진이 아니었고, 우스운 작품이었다. 느리고 어름어름하는 사진이 아니었고 템포가 빠르고 스피드가 있었다. 외국 영화를 흉내 낸 이 작품이 그 당시 조선관객에게 맞았던 것이다. 물론 그 외에 원인도 있었다. 다만 이상에 말한 원인이 절대로 크다. 시대는 변하였고 관객도 달라졌다.[9]

나운규의 표현대로 〈아리랑〉은 당시의 단조로운 '구극(舊劇)조'의 영화와는 달리, 역동적이며 중층적인 텍스트 구조를 통해서 새로운 감각을 전달하는, 활력 있는 영화이다. 실제로 이 영화는 서사의 차원에서

---

9 나운규, 『映畫朝鮮』 창간호, 1936.11. 김종욱 편, 앞의 책, 333~335면에서 재인용.

그림 1. 역동적이며 중층적인 텍스트 구조를 가지고 있는 〈아리랑〉은 희극, 비극, 강렬한 몽타주, 액션, 스펙터클, 열정적인 광인 연기, 매력적인 판타지 시퀀스 등을 통해서 관객에게 '과도한 자극'이라는 새로운 영화적 감각을 전달하는 영화였다

지배적인 질서를 조롱하는 희극과 무고한 주인공의 희생이라는 비극의 형상을 동시에 가지고 있으며, 이미지의 차원에서도 영화의 도입부에 제시된 개와 고양이의 강렬한 몽타주, 폭력적인 액션과 신명나는 집단적인 풍년놀이 같은 스펙터클, 나운규의 열정적인 광인 연기, 그리고 매력적인 판타지 시퀀스도 동시에 가지고 있기 때문이다. 이런 측면 때문에 변사의 해설이라는 청각적인 과잉을 제외시키더라도, 〈아리랑〉은 서사와 시각적 이미지를 통해서 관객에게 '과도한 자극(hyperstimulus)'을 전달하는 영화라 할 수 있다(그림 1).[10] 그리고 이런 '과도한 자극'이라는 새로운 감각의 형식이 변화한 시대의 달라진 관객성에 조응할 수 있었던 것이다.

　그렇다면 이런 〈아리랑〉의 '과도한 자극'이라는 새로운 감각은 어디에서 기원하는 것일까? 「기계 복제시대의 예술작품」에서 발터 벤야민은 근대성이 인간의 감각기관에서 근본적인 변화를 야기하였고, 이런 변화는 새로운 지각양식을 창조하면서 영화의 발전에 충격을 주었으며, 그런 결과로 영화는 근대성의 파편화와 분열을 성찰하는 형식을 가

10　내용 면에서도 광인, 살인, 성적인 폭력이 등장하는 〈아리랑〉은 자극적인 측면이 있다.

질 수 있게 된다고 보았다.[11] 인간 감각의 지각 양식은 인간의 전체 존재 양식과 함께 변화하며 영화라는 수의지각적인 장치에서의 심오한 변화에 상응한다는 벤야민의 통찰은 〈아리랑〉의 '과도한 자극'의 기원으로 그것이 제작된 식민지 경성의 1926년이라는 특수한 시간대와 그 역사적 경험에 주목하게끔 해준다. 일반적으로 식민지 시기를 무단정치기(1910년대), 문화정치기(1920년대), 조선공업화기(1930~36) 그리고 총동원체제기(1937~45)로 나눌 수 있다면, 1926년은 무단정치기의 강압적인 식민 지배와 조선공업화기의 근대화가 뚜렷하게 겹쳐지는 시기이다. 비유적으로 말한다면, 일본 제국의 식민주의가 근대화라는 외피를 입게 되는 시기가 바로 1926년이며, 이런 점에서 식민적 근대성이 부상하는 시기이기도 하다. 1919년 3·1운동의 실패는 일제로 하여금 무단통치에서 문화정치로 변화하는 계기를 마련하면서 직접적인 지배에서 동화주의로 지배전략을 수정하도록 만들었지만, 1920년대는 조선인들에게는 낯설기만 하였던 일본의 식민 지배가 일상화되는 시기이기도 하다. 그리고 "1920년대 다이쇼 민주주의 시기의 도시 대중문화의 발전과 함께 일본에서 형성된 대중적 소비문화의 독특한 양식과 더불어 새롭게 등장한 기계 복제된 문화상품들(외국 영화, 유성기, 출판물, 방송 등)이 식민지 조선에 도입되면서 도시 전체에 그 파급력이 확산됨으로써 도시 문화의 소비자본주의적 경향이 본격화되고 식민지 대중문화시장이 형성되는 시기"가 바로 1926년 전후이다.[12] 따라서 이 시기는 한국에서 근대성이 본격적으로 경험되기 시작하는 시기로 볼 수 있으며, 많은 연구가 1920년대의 역사와 문화에 주목하는 것은 바로 이런 이유 때문일 것이다.[13] 그런데 식민주의가 근대화의 외피를 입는 과정이 솔기없이 매

---

11 발터 벤야민, 이태동 역, 「기계 복제 시대의 예술작품」, 『문예비평과 이론』, 문예출판사, 1994, 257~292면.
12 김백영, 「일제하 서울에서의 식민권력의 지배전략과 도시공간의 정치학」, 서울대 박사논문, 2005, 26면.

끄러운 과정은 아니었으며, 대중문화를 통해서 그 거친 불협화음이 뚜렷하게 들리는 시점이 바로 1920년대 중반이기도 하다.[14] 그리고 〈아리랑〉의 '과도한 자극'이 위치하는 것은 바로 이 불협화음 속이다. 그렇다면 이 '과도한 자극'의 정체는 무엇인가? 그것은 먼저 일반적인 근대성의 경험이 초래하는 '감각기관의 복잡화'이다. 급격한 산업화, 도시화, 그리고 자본주의화 과정은 이전 시기보다 빠르며 혼란스럽고 파편화된 불가역적인 경험을 야기한다. 즉 대도시의 교통, 소음, 광고판, 네온사인, 군중, 백화점의 윈도우 전시 그리고 광고 등과 같이 혼란스럽고 덧없으며 일시적이지만 강력한 자극들은 강력한 인상, 충격 그리고 동요의 공세 속에 개인을 종속시키는 동시에 감각기관의 복잡화라는 새로운 지각양식을 양산한다.[15] 이것은 런던, 파리, 뉴욕, 동경 등 제국의 메트로폴리스라면 어디에서나 동시적으로 관찰할 수 있는 일반적인 근대성의 '지각의 현상학'이다. 그러나 식민적 근대성의 경험은 일반 근대성의 경험에 대한 여분 내지는 '잉여(excess)'를 가진다. 즉 식민 지배를 통한 근대성의 경험은 근대성 일반의 경험처럼 덧없고, 일시적이며 우연한 것들이 항상 변화하며 또 새롭게 변화하는 현재의 긴장을 경험하는 것인 동시에 식민 지배에 대한 좌절과 분노를 경험하는 것이기도 하다. 비유적으로 말한다면, 1926년 경성에는 화려한 쇼윈도의 백화점 건물만 들어선 것이 아니라 민족 해방의 가능성이 점점 사라져 가고 있음을 화려하게 전시하는 일본제국의 기념비적인 건물들과 신사(神祠)도 함께

---

13 그러나 다음 절에서 살펴볼 것이지만, 우리는 다이쇼 민주주의 시기의 문화정치를 통해서 허락된 근대성의 경험이 동화주의라는 식민지배 전략의 필요에 의한 것이었음을 간과해서는 안 될 것이다.
14 1920년대 소설의 경우, 최서해의 「홍염」을 비롯하여, 나도향의 「벙어리 삼룡이」, 김동인의 「감자」와 「광염 소나타」, 이태준의 「오몽녀」와 같은 작품들이 다소 선정적이며 폭력적인 내용을 가지고 있는 점을 염두에 둔다면, '과도한 자극'은 1920년대 대중문화의 중요한 특징으로 볼 수 있을 것이다. 이에 대한 일반화는 별도의 연구를 필요로 한다.
15 Ben Singer, *Modernity and Melodrama : Early Sensational Cinema and Its Contexts*, Columbia University Press, 2001, pp.34~35.

들어서기 시작했던 것이다. 식민 지배의 상황 속에서 이러한 좌절감은 왜곡된 '광기'로 나타나며 분노는 '폭력'으로 나타난다. 그리고 그것은 근대화 속 식민주의에 대한 피식민지인의 무의식적인 문화적 반응이다. 이러한 측면은 식민지를 경험한 지역의 대중문화에서 왜 '광인의 메타포'와 살인이나 방화와 같은 '폭력의 메타포'가 빈번하게 등장하는가에 대한 개연성 있는 해답을 제공해 줄 수 있다. 그리고 이런 맥락에서 〈아리랑〉의 '과도한 자극'은 유토피아와 디스토피아로서 근대성의 양가적인 역동적인 경험과 그 속의 식민주의에 대한 좌절과 분노의 동시적 표현이라는 '새로운 지각양식'으로서 식민적 근대성의 경험인 것이다.

한편 이와 같은 〈아리랑〉의 '과도한 자극'의 새로운 감각은 다음의 기록에서 알 수 있듯이, 관객에게 '정서적 강렬함'을 전달했다.

> 〈아리랑〉의 인상은 5, 6년 후인 오늘까지 뚜렷하고 관중의 가슴에 폭풍우와 같은 고동(鼓動)과 감명을 준 명작이었지요.[16]

> 이 노래가 영화의 클라이맥스에서 불려졌을 때 관객 치고 통곡하지 않은 사람이 없을 정도였다. (…중략…) 감정을 돋우다 못해 흐느끼기까지 했다.[17]

> 이 작품에 소박하나마 조선 사람에게 고유한 감정, 사상, 생활의 진실의 일단이 적확히 파악되어 있고, 그 시대를 휩싸고 있는 시대적 기분이 영롱히 표현되어 있었던 페이소스가 비로소 영화의 근저가 되어 혹은 표면의 색조가 되어 표현되었다.[18]

---

16 김유영, 「名俳優, 名監督이 모여 '朝鮮 映畵'를 말함」, 『三千里』, 1936.11, 김종욱 편, 『春史 羅雲奎 映畵 全作集』, 국학자료원, 2002b, 362면에서 재인용.
17 신일선 집필 분 발췌, 「남기고 싶은 이야기들」, 연도미상, 김종욱 편, 앞의 책, 2002a, 267면에서 재인용.

〈아리랑〉이 상영될 시 마지막 부분에서는 변사도 "감정을 돋우다 못해 흐느끼기까지" 했고, 관객은 "통곡"했으며 그런 경험은 "폭풍우와도 같이" 피가 솟구치는 듯한 강력한 느낌이었고, 그것에는 "시대적 기분이 표현되어 있었던 페이소스"를 느낄 수 있었다 한다. 그런데 영화연구에서 '감정', '흐느낌', '통곡', 피가 솟구치는 느낌, '페이소스' 같은 강렬한 정서의 표현은 원래 멜로 드라마를 기술하기 위해 사용되는 단어들이다. 그렇다면 '정서적 강렬함'을 전달하는 〈아리랑〉의 텍스트성은 멜로 드라마로 접근해 볼 수 있을 것이다. 그러나 이 장에서 규명하려는 〈아리랑〉의 멜로 드라마는 '드라마적인 범주(dramatic category)'나 장르(Genre)가 아니다. 지난 20년 동안의 멜로 드라마에 대한 영화연구의 결과는 그것이 응집성 있는 장르가 아니라 문화적인 표현 형식이자 양식(mode)이라는 것이었다.[19] 그렇다고 해서 린다 윌리엄스처럼 과잉으로서 멜로 드라마를 '대중문화의 근본적인 양식(fundamental mode)'으로 이해하는 것은 인과성의 고전적 할리우드영화를 대체하고 멜로 드라마를 보다 광범위한 문화적 맥락 속에 위치시키는 장점이 있을 수는 있지만 그런 식의 논의는 결국 역사적 현상이자 연구 대상으로서 멜로 드라마 자체의 응집성을 완전히 부정해버리는 한계를 가질 수밖에 없다.[20] 이에 대한 대안으로 벤 싱어가 제안한 '클러스트로서 멜로 드라마(cluster as melodrama)'를

---

18 임화, 「朝鮮映畵發達 小史」, 『三千里』, 1941.6, 김종욱 편, 앞의 책, 2002b, 414면에서 재인용.

19 Christine Gledhill, "Mapping the field", Christine Gledhill(ed.), *Home is the where the Heart is : studies in melodrama and the woman's film*, London : BFI, 1987, pp.5~39; Christine Gledhill, "Rethinking Genre", Christine Gledhill & Linda Williams(ed.), *Reinventing Film Studies*, New York : Arnold, 2000, pp.221~235.

20 린다 윌리엄스는 영화연구에서 '고전적 할리우드 서사(classical Hollywood narrative)' 패러다임의 타당성을 문제시하면서, 인과성을 기반으로 고전적 모델이 스펙터클이나 과잉 같은 멜로 드라마적 요소를 사건의 인과적 연쇄로부터의 일탈로 주변화시켰다고 비판하면서 그에 대한 대안으로 "멜로 드라마는 장르나 과잉 혹은 일탈이 아니라 문학, 연극, 영화, 텔레비전 등 대중적인 서사를 대표하는 것으로 보아야 한다"고 주장한다. Linda Williams, "Melodrama Revised", Nick Brown(ed.), *Refiguring American Film Genre : History and Theory*, Californial : University of California Press, 1998, p.42.

통해서 아래에서는 〈아리랑〉의 텍스트에 접근하고자 한다.

벤 싱어는 멜로 드라마에 대한 기존의 연구경향을 '과잉으로서 멜로 드라마'와 '상황으로서 멜로 드라마'로 규정하고 이 두 가지의 접근이 멜로 드라마의 중요한 속성들을 다루기는 하지만 그것의 포괄적인 정의에 이르기에는 무리가 있다고 지적하면서, 다음의 다섯 가지 형상의 '클러스터'로서 이해하자고 제안한다.[21] ① 페이소스(pathos), ② 과다한 정서(overwrought emotion), ③ 도덕적 분극화(moral polarization), ④ 비고전적 서사 구조(nonclassical narrative structure), ⑤ 선정주의(sensationlism). 그러나 이런 제안이 멜로 드라마에 대한 초역사적인 분석과 본질화를 겨냥하는 것은 아니다. 오히려 싱어는 이와 같은 다섯 가지 형상이 역사적으로 서로 다르게 결합하고 있었기에 멜로 드라마를 둘러싼 의미들이 그렇게 다양했을 뿐만 아니라 모호했다고 주장한다.[22]

'클러스터로서 멜로 드라마'를 〈아리랑〉에 적용시켜보면, 이 영화는 다섯 가지 형상을 모두 가지고 있는 거의 완벽한 멜로 드라마이다. 먼저 마름 오기호(주인규 分)의 성적인 폭력으로부터 여동생을 보호하기 위해 살인을 저지른 광인 최영진(나운규 分)이 처벌받는다는 점에서 강한 동정심을 유발하는 페이소스가 있다. 그러나 비록 영화연구가 멜로 드라마에서 페이소스에만 집중하는 경향이 있었다할지라도, 멜로 드라마에서 그것만이 정서를 유발하는 유일한 기제는 아니다. 멜로 드라마에는 페이소스를 비롯, 질투, 연민(compassion), 선망, 탐욕, 양심, 원망, 정욕, 분노, 실망, 좌절 등 수많은 정서들이 등장하며 서로 겹쳐진다. 〈아리랑〉에도 이렇게 과다한 정서들이 등장하며 서로 겹쳐진다. 누구에게나 선망의 대상

---

[21] Singer, *op. cit.*, pp.44~49.

[22] *Ibid.*, p.7.

이 되는 대학생 윤현구(남궁운 分)를 질투하고 그에게 앙심을 품고 있는 기호는 영진의 여동생 최영희(신일선 分)에게 탐욕과 정욕을 가지고 있으며, 박선생(김갑식 分), 윤현구 그리고 최영희는 좌절하고 분노하는 영진에게 연민을 가지고 있다. 계급, 인종, 젠더, 민족의 차원에서 근대성의 불확실성에 대한 징후적 반응으로 선과 악의 극단적인 도덕적 분극화 즉 누구라도 쉽게 인식할 만큼 윤리적으로 명확한 도덕적 이항대립이 멜로 드라마의 빼놓을 수 없는 중요한 형상이라면, '개와 고양이'의 이항대립적 몽타주로 시작하면서 서사의 전개를 통해 선과 악을 도덕적으로 명확하게 제시하고 있는 〈아리랑〉은 뚜렷한 도덕적 분극화를 보여주는 전형적인 사례이다. 다음으로 오랫동안 부르주아 비평가들에게 비판의 대상이 되어왔던 것인데, 고전적 서사의 논리적 인과 구조와 비교했을 때, 멜로 드라마는 우연함, 개연성 없는 구성, 반복되는 플롯 구성(convoluted plotting), 위기의 상황에서 급작스럽게 일어나는 서사 종결(deus ex machina resolution), 단일한 서사 전개가 포괄하기에는 너무 많은 사건들이 제시되는 에피소드적 구성 등 비고전적 서사 구조를 가지고 있다.[23] 최영진이 광인이 된 이유가 명확하게 제시되지 않은 것도 그러하지만, "윤형구가 황마차(幌馬車)일 망정 마차를 타지 않고 걸어왔던들 그리고 농토(農土)의 정령(精靈) 그것과 같은 착한 최영희와 좀 더 조선식으로의 러브 씬이 있었든들 이 영화는 이것 이상의 성공을 보았을 것"이라든지 "대학생이 사현금(四絃琴)으로 급우(級友)인 광인(狂人)의 부르는 '아리랑' 노래를 맞추는 것도 좀 서툴렀거니와 영희에게 카츄사의 이별을 이야기하는 것도 너무 농촌과는 거리가 멀었다"는 지적은 개연성 없는 구성을 그리고 "한 장면, 한 장면 씩 떼어놓고 보면 좋으나 한 개의 영화로 볼 때에 조화의 못된 곳이 이 영화의 결함(缺陷)"을 지적하는 것은 에피소드적 구성을 가리키는데,[24] 이

---

23 *Ibid.*, p.46.
24 拘永, 「10월 6일 : 新映畵 '아리랑'을 보고」, 『每日新報』, 1926.10.10, 김종욱 편, 앞의 책,

와 같은 측면들은 〈아리랑〉의 비고전적 서사구조를 보여주는 대목이다. 마지막으로 멜로 드라마의 중요한 형상은 액션, 폭력, 스릴, 놀라운 광경, 물리적으로 위험한 광경을 빈번하게 제시하는 '선정주의'인데, 여기에는 '액션과 폭력뿐만 아니라 놀라운 광경(amazing sights)과 디에제틱 리얼리즘(credible diegetic realism)을 결합하려고 시도하는 극적인 광경(scenic spectacle)의 특이한 양식이 포함된다.'[25] 앞서 지적한바, "구극(舊劇)조"의 영화와는 다른 활력을 가지고 있는 〈아리랑〉은 대단히 감각적이며 선정적이기까지 한 작품이다. 특히 마지막 두 시퀀스가 그러한데, 축제, 액션 그리고 물리적이며 성적인 폭력과 같은 선정적인 이미지가 꿈과 현실을 진동하는 매혹적인 판타지를 통해서 제시되는 시퀀스 그리고 약간의 휴지부를 두고서 여타의 멜로 드라마 영화의 전형적인 결말처럼 이전에 에피소드적 구성으로 제시된 모든 사건들을 서둘러서 종결시키려는 마지막 '아리랑 고개 시퀀스'는 살인, 폭력, 분노, 눈물, 애환, 페이소스 등 인간의 모든 감정선을 자극하는 선정성을 가지고 있다.[26] 멜로 드라마가 "페이소스와 액션의 변증법을 통해서 도덕적이고 정서적인 진실을 드라마틱하게 노출시키려고 하는 민주적 형식"이고 했을 때,[27] 이것은 멜로 드라마로서 〈아리랑〉에 대한 정확한 기술(記述)이 될 수 있다.

2002b, 624∼625면에서 재인용

[25] Singer, *op. cit.*, pp.48∼49.

[26] 아마도 이러한 액션과 폭력의 선정성은 다음과 같은 흥분한 변사의 해설을 통해 배가되었을 것이다. "영진이는 또 미쳐난다. 그리하여 그 사막을 환상하게 된다. 그리고 약한 남자에게 동정하며 상인을 가증(加增)하게 보고 부르짖으면서 담에서 뛰어 내리며 날카로운 낫을 뽑아들었다. (…중략…) 영진이는 달려 들어오는 하인을 물리치기 위하여 몸을 날리어 날카로운 낫으로 닥치는 대로 찍어 넘어트렸다 (…중략…) 성난 짐승 같은 기호는 도끼를 들어 현구를 찍으려 할 때 이것을 바라본 영진이는 날카로운 낫을 가지고 기호의 가슴을 찍었다." 文一綖, 『아리랑(映畵小說)』, 博文書館, 1929, 김종욱 편, 앞의 책, 2002b, 614면에서 재인용.

[27] Williams, *op. cit.*, p.24.

이렇듯 이 장에서 '천재적인 작가'의 '리얼리즘'으로 논의되어 온 〈아리랑〉을 식민적 근대성이 야기한 경험과 그것에 대한 문화적 반응으로서 멜로 드라마로 재위치 시킨 것은 선형적인 민족주의 역사기술의 신화화 너머에 있는 이 영화의 탈식민성을 규명하기 위함이다. 그렇다면 우리는 멜로 드라마로서 〈아리랑〉의 탈식민성을 "비록 사적인 개인의 운명에 관한 이야기라고 할지라도 항상 (제국주의와) 싸움을 벌이고 있는 공적인 3세계 문화와 사회에 대한 알레고리"로서 독해할 수 있는 '민족의 알레고리(natinal allegory)'로 볼 수 있지 않을까?[28] 그러나 디페시 차크라바르티가 "유럽의 지방화'에서 지적하였듯이, 비-서구의 역사를 사유함에 있어 '유럽의 사유는 불가피하지만 부적절하다."[29] '민족의 알레고리'

---

[28] Frederic Jameson, "Third-World Literature in the Era of Multinational Capitalism", *Social Text* 15, 1986, p.69.

[29] '유럽의 지방화'에서 차크라바르티가 지방화 혹은 탈중심화하려는 유럽은 '우리가 지도상에서 유럽이라고 부르는 지역'이 아니라, "(비-서구의) 정치적 근대성의 문제를 다루는 사회 과학의 일상적인 습관적인 사유 속에 상투적인 속기의 형식으로 깊이 뿌리박고 있는 상상적인 형상물"이다. 그리고 '지방화'는 역사에 대한 분석적 접근 그리고 비-서구의 역사적 현실과의 해석학적 만남을 동시적으로 추구해 나가는 것을 의미한다. 이런 맥락에서 유럽식 사유는 비-서구의 정치적 근대성의 경험을 다루는 과정에서 "불가피하지만 부적절 (indispensable and inadequate)" 하다. 그렇다면 유럽식 사유가 불가피한 이유는 무엇인가? 그것은 근대적인 국가 제도의 규칙, 관료제, 그리고 자본주의 기획과 같은 "정치적 근대성이라는 현상 자체가 유럽의 목적론적인 지적 전통에 뿌리박고 있는 특정한 범주와 개념들을 환기시키지 않고서는 사유가 불가능"하기 때문이다. 그리하여 유럽 없이는 어떤 정치적 근대성도 존재할 수 없기에 '탈식민적 사유란 유럽의 사유를 비켜가는 기획이 될 수 없다." 그럼에도 불구하고 유럽의 사유가 부적절한 이유는 무엇인가? 그것은 유럽의 사유가 정치적 근대성이 도래한 지역의 아이러니한 역사 즉 해방적인 민족주의나 시민성과 같은 서구의 근대적 가치가 억압의 도구가 되어버리는 아이러니한 역사를 해석학적으로 만날 준비가 되어 있지 않기 때문이다. 가다머에게서 이해란 누군가의 선전제 혹은 사전 이해가 전경화되면서 그것이 다른 지평들과의 대화적 만남을 통해 변경될 때, 대화적으로 확인된 타자성의 이해를 통해서 일어나며, 대화를 통해서 도달한 그러한 다른 이해를 가다머는 '지평의 혼융'이라고 하였다. 차크라바르티는 유럽의 사유가 비-서구와의 대화적 이해에 이르지 못한 이유 즉 그 '부적절함'을 유럽의 사유에서 선전제가 되는 역사주의가 충분하게 전경화되어 비판받지 못하였을 뿐만 아니라 변경되지 않았다는 것에서 찾고 있다. 물론 서구에서 역사주의에 대한 후기 구조주의의 비판은 이미 있어 왔지만, 그런 역사주의에 대한 비판 속에서도 근대성은 '서구에서 먼저 그리고 그다음에 다른 세계로(밑줄―인용자)'라는 진술에 내재되어 있는 진화론적인 이행의 시간적 구조를 통해서 여전히 활발하게 재생산되고 있다는 것이다. 그러니까 단계론적인 역사도식 즉 생산양식의 '이행의 서사'에 근거한 모든

역시 〈아리랑〉의 탈식민성을 사유함에 있어 "불가피하지만 부적절"하다. 이것이 부적절한 근본적인 이유는 레이 초우가 재치 있게 지적한바, 민족의 알레고리에서 정작 민족은 알레고리적으로 사유되지 못하고 있기 때문이다.[30] 즉 알레고리적 사유가 "동질적인 상징의 재현이 아니라 꿈의 다중적인 다의성이 가지는 파열과 이질성 같은 불연속적인 성질을 가진다"고 했을 때,[31] '민족의 알레고리'에서 정작 민족은 오히려 동질화되며 상징화되고 있기 때문이다. 그리고 이미 많은 연구가 지적했듯이, '민족의 알레고리'는 자본주의가 발전한 1세계 포스트모더니즘의 '아직 …… 아닌', 그것의 '이전' 단계에 3세계를 위치시키는 역사주의로부터 자유롭지 못하다. 그러나 제국의 질서에 오염되지 않은 순수한 민족 공간에 대한 서구의 진보적 지식인의 동양론적 향수가 짙게 배어 있는 선형적이며 단계론적인 '민족의 알레고리'에 내장된 발전론적 서사는 우리로 하여금 〈아리랑〉을 영원히 기억하게 만들어주는 식민적인 사막 판타지 시퀀스에 의해 '지체'된다.

유럽의 사유에서 비-서구의 역사는 서구가 '아직 …… 아닌(not …… yet)' 그리하여 그것의 과거로서 '이전(pre)'이라는 수식이 붙어 있으며 '미완', '부재' 심지어는 '실패'라는 이름이 붙은 '역사의 대기실'에 가두어 지게 되고, 이런 시간상의 역사주의가 결국은 인식론상에서 식민 지배를 용인하는 아이러니한 결과를 초래한다고 비판한다. 따라서 유럽의 지방화 기획이란 비-서구의 특수한 역사를 사유함에 있어 불가피한 서구의 보편적인 역사기술이 가지는 부적절함을 다시 고쳐 쓰는 번역의 과정을 가리키며, 그 핵심은 유럽의 사유를 '거부하는 것이 아니라, 다른 기존의 생활 실천과 그 아카이브를 특수한 유럽의 역사(역사의 주체로서 유럽의 시간)에 의해 점유된 공간으로부터 해방시켜 나가는 것이다.' 이런 맥락에서 비로소 우리는 '자본주의 근대성의 문제를 단순하게 사회학적인 역사적 이행의 문제가 아니라 번역의 문제로서' 볼 수 있게 되고 이런 번역의 과정 속에서 특수한 '식민적 과거와 차이'는 유럽의 보편성이 가지는 한계를 노출시키는 동시에 그것을 영원히 열어두게 만드는 전 지구적 보편성을 획득할 수 있게 된다고 차크라바르티는 주장한다. Dipesh Chakrabarty, *Provincializing Europe : Postcolonial Thought and Historical Difference*, Princeton and Oxford : Princeton University Press, 2000, pp.3~4 · 6~11 · 254~255; Hans-Georg Gadamer, rev. ed., trans. Joel Weinsheimer and Donald G. Marshall, *Truth and Method* 2nd, New York : Crossroad, 1989, pp.267~269.

30 레이 초우, 정재서 역, 『원시적 열정 : 시각, 섹슈얼리티, 민족지, 현대중국영화』, 이산, 2004, 130면.

31 Jameson, *op. cit.*, p.73.

영화 중간에 등장하는 영진의 이 판타지 시퀀스에는 사막에서 인디언 상인에게 물을 나누어 달라는 나그네 영진과 연인 윤현구와 최영희가 등장한다. 인디언 상인이 영희를 유혹하고 그가 유혹을 허락한 영희에게만 물을 나누어주자 격분한 현구가 상인과 격투를 벌인다. 결국 영진이 인디언 상인을 칼로 살해하고 난 뒤, 두 사람의 사랑을 다시 확인시켜 주는 것으로 이 시퀀스는 끝이 난다. 정신분석학적인 차원에서 이 시퀀스의 판타지는 파시즘과 가부장제의 심리적 기제를 마련해 주는 전형적인 '구원 판타지(rescue fantasy)'일 뿐만 아니라,[32] 홍인종인 인디언을 적대적으로 묘사한다는 점에서 인종주의의 성격도 가진다.[33] 파시즘, 가부장제, 인종주의를 드러내고 있다는 측면에서 이 '구원 판타지'는 근대성 내부의 '식민적인 무의식'을 가리키며, 이런 점에서 그것은 제국주의에 저항하는 민족주의 내부로부터 투사되어 나타난 식민주의다. 텍스트의 구조상에서도 역시 이 시퀀스는 결말이 판타지의 형식으로 '미리 보여진' 그리하여 미래 시제가 '앞서 나타나는' 영화적 장치인 플래시 포워드(flash forward)로서 기능한다. 그렇다면 〈아리랑〉은 포스트모더니즘 이전에 위치하는 과거로서 순수한 발전의 시간을 가지는 '민족의 알레고리'라기보다는 오히려 신화화된 민족을 현재의 시점에서 불연속적으로 알레고리화시킴으로서 역사주의로부터 벗어나고 그것을 영원히 열어두게 만드는, 과거와 현재가 혼종화된 근대성의 '시간 지체(time lag)'의 알레고리로 볼 수 있다.[34] '영화가 근대성이 경험되고 지각

---

32 파시즘과 가부장제의 심리적 기틀로서 '구원 판타지'에 관한 간략한 소개는 주창규, 「탈-식민 국가의 민족과 젠더 (다시) 만들기 : 신상옥의 〈쌀〉을 중심으로」(『영화연구』 15호, 2000, 201면)를 참조.

33 한국의 주체형성 과정에서 사회진화론의 도입으로 형성된 인종주의의 위계화 담론에 관한 논의는 다음의 글 참조. 전복희, 「19세기 말 진보적 지식인의 인종주의적 특성 : 『독립신문』과 『윤치호의 일기』를 중심으로」, 『한국정치학보』 29, 1995, 1125~1145면.

34 복잡한 바바의 이론에서 일관되게 작용하는 분석의 틀을 거칠게 정리하면, 그것은 "근대성 속에서 이중 부인된 식민주의 그러니까 억압된 것으로서 식민적 무의식(colonial unconsciousness)이 귀환하는 방식에 대한 분석"이라 할 수 있다. 이것은 정체성의 문제와 시간의 문제 두 가

되는 위기와 전복의 부분이자 징후'라면,[35] 〈아리랑〉은 식민적 근대성의 트라우마적 효과가 이중부인 · 거부 · 성찰 · 변형 · 협상될 수 있는 문화지평을 제공해준다. 그리고 '시간 지체'가 '근대성 안에 있는 더 많은 것들'을 발견하게 해주는 해석의 전략이라면, 그 '더 많은 것들'은 다음으로 논의하게 될 '유럽의 지방화'와 관련된 〈아리랑〉의 검열과 수용의 역사를 통해서 가시화될 것이다.

지 차원에서 공통적으로 살펴볼 수 있다. 즉 모방(mimicry)이 근대성의 공간에서 이루어지는 혼종화라면, 시간-지체는 근대성의 시간에서 이루어지는 혼종화라 할 수 있다. 먼저 바바에게서 식민적 스테레오타입화 과정이란 차이를 인식하면서 공포와 매혹이 양산되며, 부정을 통한 협상이 일어나는 불안정한 그러나 이중부인의 과정에서 차이의 인식은 사라지지 않는다. 오히려 차이는 언술행위의 층위에서 정체성에 출몰한다. 따라서 문화적 담론은 부정의 담론을 수반하게 되고, 차이는 식민주의와 근대성 텍스트 내부에서 징후적으로 독해될 수 있게 된다. 한편 '시간 지체'는 시간의 영역에서 이루어지는 혼종화를 가리킨다. 프란츠 파농의 '뒤늦음'의 시간을 긍정적인 방향으로 전유한 '시간 지체'는 '앞서 나타난' 미래로서 과거 속에서 미래가 그리고 현재 속에서 과거가 혼종화되는 것을 가리킨다. 즉 그것은 근대성과 식민주의 관계에서 과거로 여겨지는 식민주의가 현재로서 근대성 속에 혼종화되어 나타나고 있음을 가리킨다. 그리고 이런 맥락에서 '식민적 과거'는 탈근대로 추정되는 현재의 위기를 조망(illuminate)할 수 있는 현재성을 가지게 되면서 과거는 앞을 향해 움직이고, 근대성 내부의 '더 많은 것들'을 발견할 수 있게 해 준다. 이런 측면에서 '시간 지체'는 두 가지의 탈식민적인 유리한 분석의 위치를 제공한다. 첫째, '시간 지체'에서는 근대성이 식민주의와 분리되어 있다거나 근대성이 식민주의에 선행한다는 식의 논의는 애초에 불가능해진다. 왜냐하면 식민주의는 근대성의 영역에 부단하게 출몰하는 무의식과 같은 것이기에 근대성 내부로부터 투사되어 나타나는 어떤 것이기 때문이다. 둘째, '시간 지체'에서 과거 속에 현재가 현재 속에 과거가 혼종화된다면, 그것은 과거, 현재, 미래로 구성되는 역사주의의 시간성을 불가능하게 만들어버리면서 역사주의 때문에 가리워져 있던 근대성 안의 더 많은 것들을 발견하게 해준다. 호미 바바, 나병철 역, 『문화의 위치』, 소명출판, 2002, 333~342 · 447~452면.

[35] Miriam Hansen, "The mass production of the senses : classical cinema as vernacular modernism", Christine Gledhill · Linda Williams(ed.), *Reinventing Film Studies*, New York : Arnold, 2000, p.341.

3. 유럽이 지방화되었기에 제국이 검열할 수 없었던 저항

〈아리랑〉이 완성되었다. 단성사가 터질 듯 했다. 개봉 날이라 그런 것이 아니었다. 날이 갈수록 만원이었다. (…중략…) 마치 어느 의열단원(義烈團員)이 서울 한 구석에 폭탄을 던진 듯한 설렘을 느끼게 했다. 그것도 비밀이 아니라 공개적으로 느끼게 했다.[36]

〈아리랑〉의 검열 문제와 관련된 일반적인 평가는 이 영화의 항일의식이 효과적인 은유의 사용과 같은 나운규의 재치와 기지를 통해서 일제의 검열을 피할 수 있었다는 것이다. 즉 "진시황도 죽었다지"와 같은 자막의 사용은 일제 지배의 한시성(限時性)과 민족적인 저항의식을 은유적으로 표현한 것으로 해석하는 것이 대표적이다.[37] 그러나 이런 해석은 다음과 같은 문제들을 가지고 있다. 첫째, 제국의 검열 체제를 우회한 민족의 순수한 저항의식의 존재가 선전제가 된다는 점에서 '수탈과 저항의 이분법'으로 구성되는 민족주의 역사기술로부터 자유롭지 못하며, 이런 측면은 〈아리랑〉의 수용의 역사 역시 신화화되었음을 보여준다. 둘째, 〈아리랑〉이 검열을 '우회'했다고 보기 어려운 것은 총독부가

---

36 이경손, 「무성映畵時代의 자전」, 『신동아』, 1964.12, 김종욱 편, 앞의 책, 2002a, 273~274면에서 재인용.

37 신원선, 「무성영화 〈아리랑〉과 검열 : 검열이 〈아리랑〉에 미친 영향과 원형 재구 가능성을 중심으로」, 『한국극예술연구』 19, 2004, 133~170면. 한편 이와는 정반대로 나운규의 은유적 표현에 관해서 심훈은 다음과 같이 비판적으로 인식한다. "무슨 時局에 대한 大志나 품은듯한 룸펜의 써-커스적 活躍과 嗚咽而 不嗚하는 곳에 어떠한 思想의 暗示가 숨은 듯이 深刻 苦痛을 假葬한 一種 興行價値에 있었던 것이 아닐까?" 심훈, 「조선영화인 언파레드(1931)」, 김진송, 『서울에 땐스홀을 허하라』, 현실문화연구, 1999, 160면에서 재인용. 일단은 그것을 항일의식을 위한 재치로서 높이 평가하든지 아니면 흥행가치를 위한 것으로 폄하하든지 간에 나운규의 은유적 표현과 그 사용 자체에 관해서는 많은 논자들이 동의하고 있다고 볼 수 있다.

1926년 7월 5일 공포한 '활동사진필름검열규칙(총독부령 제59호)'에 의해 이 영화의 광고물이 압수당한 사실을 고려해 보았을 때,[38] 공식적으로 총독부로부터 최초로 검열의 규제를 받았고 비록 많은 어려움이 있었다 할지라도 검열을 '통과한' 것으로 볼 수 있기 때문이다. 셋째, 비록 검열관의 시선을 속이는 재치가 있었다 할지라도 그것은 일시적인 현상만을 설명할 수 있을 뿐, 이 영화가 식민지 시기동안 조선의 전 지역 나아가 홋카이도에서 조선인 강제노역자들을 위무하기 위해 상영된 측면을 해명하지 못하는 논리적 모순을 가지게 된다. 넷째, 무엇보다도 저항하는 민족의식을 제국의 상징질서 외부에 위치시키는 행위는 지배적인 제국의 완벽함을 상정하는 것이며 이는 식민 지배의 일방성과 성공적인 지배의 역사를 전제(前提)하게 된다는 점에서 오히려 일본의 식민 지배를 담론적으로 공고히 해 버릴 위험을 가지게 된다. 그렇다면 〈아리랑〉의 수용의 역사에서 일본 제국의 검열체제와 한국의 민족주의 역사 기술이 공통으로 놓쳐버린 것은 무엇인가?

이러한 문제를 살펴보기 위하여 아래에서는 나운규와 같은 시대를 살았고 한국 최초의 근대적인 영화감독 중 한 사람이었던 이경손(1903~79)의 기억을 통해서 〈아리랑〉의 수용의 역사에 접근하고자 한다. 앞의 인용문에서 알 수 있듯이, 이경손은 이 영화를 "마치 어느 의열단원이 서울 한 구석에 폭탄을 던진 듯한" 강렬한 민족주의 의식을 고취시킨 것으로 기억하는데, 흥미로운 것은 당시에 이 영화의 민족주의를 "비밀이 아니라 공개적으로" 느낄 수 있었다는 대목이다. 객관적인 정황을 고려한다면 이것은 어떤 '불가능성'을 경험하는 것이다. 왜냐하면 "〈아리랑〉이 개봉되기 전 조선총독부의 검열에 걸려 나운규는 무척 고민하지

---

38 정진석,『언론조선총독부』, 커뮤니케이션북스, 2005, 261면.

않으면 안 되었고, 갖은 까다로운 검열을 통과"하여 개봉되자 "서울 장안의 화제로 모두 이 영화에 집중했"으며 "문자 그대로 장사진을" 이룬 관객들 때문에 "영화관 앞에 기마 순사가 동원"되었고 변사가 "한참 신이 나서 해설을 하다가 임검(臨檢) 순경에게 붙들려가서 혼이 나면 그 사이에 다른 변사가 바통을 해설을 하는" 상황이었다는 것에서 알 수 있듯이, 이 영화의 제작과 상연은 일제의 철저한 통제와 감시 아래에서 이루어졌기 때문이다.[39] 즉 개봉 전 '영화 검열관'의 시선, 상영 중의 '임검 순경'의 감시 그리고 극장 앞의 '기마 순사'의 통제가 이루어지는 상황에서 저항적 민족주의의 감정을 "비밀이 아니라 공개적으로" 느끼는 것은 현실적으로 불가능할 것이기 때문이다. 그럼에도 불구하고, 이경손을 비롯한 많은 관객들이 '공개적으로' 그런 감정을 느낄 수 있었다면, 그것은 제국의 불가능성에 의해 가능한 경험 즉 제국의 통제가 불가능한 혹은 제국의 상징 시스템이 작동불능을 일으킨 경험이다. 졸지 않은 검열관이 두 눈을 부릅뜨고 검열을 하였고, 상영되는 순간의 임검 순경이 희번덕거리는 감시의 시선을 게을리 하지 않았더라도 검열할 수 없었던 제어불가능성의 경험 혹은 제국이 검열하고 싶었지만 그럴 수 없었던 저항의 경험 말이다. 이에 이 장에서는 광범위한 맥락에서 식민 지배 논리로서 '문화정치의 모순'과 미시적인 맥락에서 근대로 환원되지 않는 '비전통적인 전통'을 검토함으로써 〈아리랑〉의 수용의 역사를 '식민 지배의 불가능성과 저항의 제어불가능성' 속에 재위치 시키고자 한다.

먼저 검토하려는 '불가능성'은 일제의 지배논리로서 1920년대 문화정치 자체의 모순이다. 문화정치에 대해 마이클 로빈슨이 "한국인들은 허용의 한계가 어디까지인가를 실험하고 식민지 관리들은 관용의 한계를

---

39 신일선, 앞의 글, 김종욱 편, 앞의 책, 2002a, 265 · 267면에서 재인용.

숙고하는 실험실의 분위기가 식민지를 지배했다"고 묘사했듯이,[40] 이 시기에는 무단통치기에서 허락되지 않았던 다양한 사상과 문화가 표현될 수 있었다. 그러나 일본 제국의 식민 지배를 근본적으로 모순된 것, 그리하여 그 '필연적인 실패의 역사'로서 접근하는 한기형에 따르면, 문화정치는 일본 제국에서 '추구하는 정책'과 무단통치기의 식민지에서 '시행되는 정책' 사이의 모순을 해결하기 위해 고안된 것이었다.[41] 즉 일본의 원래 식민지 정책기조가 식민지를 통해 일본의 한계를 보완하면서 국력의 총력화를 가능하게 해 줄 수 있는 동화주의에 있었다면, 조선인을 동화의 대상보다는 탄압의 대상으로 상정했던 무단통치는 그런 동화주의에 오히려 역행하는 것이었으며 식민 지배의 경영과 관리 비용에서 보더라도 비효율적이었다. 이런 비효율성을 개선시키면서 일제 지배 초기의 모순을 해결하기 위해 도입된 것이 문화정치라면, 새롭게 도입된 문화정치 역시 또 다른 모순 즉 "근대적 주체성과 동화주의의 양립 불가능성"을 가지는 것이었다. 제국의 지배자들은 문화정치를 통해서 민족 갈등의 가상적 대립을 초래하고 총독부는 그것을 관리만 하면 될 것이라 기대하면서 문화라는 "현실이 아닌 경기장 속에서 분노와 욕망을 배출하는 것이 식민 지배에 도움을 줄" 뿐만 아니라 "시간이 지나면 자연스럽게 동화될 것"이라 기대하였지만, 이런 기대와는 정반대로 조선인의 근대적 의식의 성장은 더 많은 자유와 독립에 대한 요구로 이어졌으며 이것은 결과적으로 스스로 마련한 문화정치에 "가장 적대적인 세력이 총독부 자신이" 되어 버릴 수밖에 없는 모순 그리하여 동화주의를 포기할 수밖에 없는 내적 위기를 초래하는 것이었다.[42] 〈아리랑〉의 탈식민성은 바로 이런 1920년대 문화정치의 논리적 모순 속에 위

---

40 마이클 로빈슨, 김민환 역, 『일제하 문화적 민족주의』, 나남, 1990, 80면.
41 한기형, 「문화정치기 검열체제와 식민지 미디어」, 『대동문화연구』 51집, 대동문화연구원, 2005, 72~73면.
42 위의 글, 70 · 75면.

치해 있다. 비록 식민 지배 관리가 뒤늦게 이 영화의 예기치 못한 저항
성을 알아차렸다할지라도 상영금지 처분을 내리기는 어려웠을 것이다.
왜냐하면 1926년 4월 기존의 검열 업무가 경무국 고등경찰과 도서계에
서 경무국 도서과로 이관되고[43] 같은 해 7월 '활동사진필름검열규칙'이
공포된 이 후 공식적인 검열과정을 거치고 광고지 압수와 같은 최초의
제재를 받은 〈아리랑〉이 비록 저항적 민족주의를 고취시키는 것이 명
백해 보였다하더라도 총독부 관리가 이 영화의 상영을 중지시키는 행
위는 자신들이 애써 마련한 정책과 장치의 효율성을 스스로 부정해 버
리는 모순 그리고 나아가서는 동화주의 자체를 부정하는 결과를 초래
할 것이었기 때문이다. 이런 측면에서 〈아리랑〉의 역사적 상연은 동화
주의의 필연적인 실패 즉 제국의 근대성으로 포장된 식민주의로서 동
화주의의 '불가능성'을 의미하는 것이었다.

다음으로 검토할 수 있는 '불가능성'은 무성영화로서 〈아리랑〉의 특
정한 상연 양식과 관객성이 공통으로 가지는 구술성에 관한 것이다.

> 〈아리랑〉이 상영될 즈음 각 극장 변사의 인기는 대단한 것이었다. 그때만 해
> 도 영화 한 편을 죽이고 살리는 권한이 전혀 변사에게 달려 있었다. 관객을 울리
> 고 웃기고 희극을 비극으로 만드는 재주가 변사에게는 있었다.[44]

> 그런데 그것이 더 문제가 됐습니다. 장안의 북촌 일대에 당장 소문이 나요.
> "종로 네거리에서 〈아리랑〉이라는 영화를 선전하다가 광고지를 빼앗기고 잡혀
> 갔다더라" 한단 말이야. 이제 한 두어 시간 후에 종로 화신 뒤에서 다시 광고를
> 했는데 광고지에 구녁이 뚫어지고 말이 아니란 말이야. 그러니 사람들은 '이 속

---

43 정근식, 「일제하 검열기구와 검열관의 변동」, 『대동문화연구』 51집, 대동문화연구원, 2005, 1면.
44 신일선, 앞의 글, 김종욱 편, 앞의 책, 2002a, 226면에서 재인용.

에 뭐가 있겠구나, 이 영화는 보통 영화가 아니다' 이런 생각이 듭니다. 극장이 그야말로 인산인해. 그래 초입에 그렇게 히트하면서 계속적으로 손님이 드는데 조서과에서 속수무책이지 어떻게 해요?[45]

먼저 위의 기록에서 알 수 있듯이, 무성영화 시기는 변사가 '제3의 창작자'였다는 점에서 상연의 과정 자체가 대단히 중요했으며,[46] 어떤 면에서는 변사의 역할로 인해 제작보다 오히려 상연의 비중이 더 큰 시기이기도 하였다. 세계영화사에서 한국과 일본의 무성영화 시기에서만 발견할 수 있기에 동아시아 영화의 역사적 유산으로 볼 수 있는 변사는 스크린과 목소리 사이의 긴장을 생산하는 호소력 있는 연행 양식을 통해서 대중성을 획득했다.[47] 유성영화의 등장으로 쇠퇴하게 될 때까지 목소리 연기자로서 그들에게는 영화의 화법을 넘어서는 '과잉적 역할'과[48] 텍스트의 부분적 변용과 같은 제한된 창작의 자유가 부여되어 있었고, 〈아리랑〉이 상영되는 시기에는 그러한 작가이자 스타로서 변사의 인기가 최절정에 달해 있었다. 비록 제한된 영역이기는 하지만 변사에 의한 이야기의 변용이 가능하다는 점에서 무성영화 〈아리랑〉의 화법은 인과성을 바탕으로 텍스트의 의미가 고정되는 고전적인 서사체(narrative)보다는 비선형성, 즉흥성, 일시성, 우연성을 기반으로 하여 의미 생산을 끝없는 과

---

45 이구영, 이유미 기록, 「이영일이 만난 한국영화의 선각자들 구술기록 : 선전물 트집 잡혀 경찰에 연행되는 고초, 그러나 영화는 대흥행」, 『씨네 21』 321, 한겨레신문사, 2001.10.4.

46 제3의 창작자로서 변사에 대한 관점은 다음의 기록 참조. "위선 우리가 매일같이 대하는 저 외국 영화를 살피어봅시다. 먼저 작가와 감독으로 이중 창작이 되었던 것이 우리에게 와서는 해설이 가입(加入)한 연후에야 효과를 얻게 됨으로 삼중 창작이 되는 것이외다 (…중략…) 여기서 해설자는 어느 작품이던지 능히 그 생명을 죽이고 살릴 수가 있는 권리를 소유한 것을 알게 되는 동시에 또한 무거운 책임을 느끼게 됩니다." 김영환, 「영화해설에 대한 나의 의견」, 『每日新報』, 1925.1.3, 김종욱 편, 앞의 책, 2002a, 271면에서 재인용.

47 Hideaki Fujiki, "Benshi as Stars : The Irony of the Popularity and Respectability of Voice Performers in Japanese Cinema", *Cinema Journal* 45(2), University of Texas Press, 2006, Winter, p.69.

48 Aaron Gerow, "The Benshi's New Face : Defining Cinema in Taisho Japan", *ICONICS* 3, Japan Society of Image Arts and Sciences, 1994, p.86.

정 중에 위치시킬 수 있는, '스토리텔링(storytelling)'에 보다 가까운 것이었다. 이렇게 〈아리랑〉의 작가성에 변사라는 또 다른 변수를 추가할 수 있다면, 그에 대응하는 관객성에는 '소문'이라는 변수를 추가할 수 있을 것이다. 식민지 시기 대표적인 영화감독 이자 문제의 〈아리랑〉 광고지를 만든 이구영은 그 관객성을 '소문'으로서 기억한다. 즉 조선인 밀집거주 지역이었던 북촌에 〈아리랑〉의 광고지가 압수되었다는 '소문'은 순식간에 퍼졌고 조선인 관객들은 이런 소문을 기반으로 하는 어떤 선지식을 가지고서 이 영화를 열광적으로 관람하기 시작했다는 것이다. 그러나 여기서 이 영화의 또 다른 창작자로서 변사의 연행과 '소문'의 실제의 내용이 무엇이었는가는 그다지 중요한 문제가 아니다. 그것은 어쩌면 식민 지배에 반대하는 민족정신일 수도 있고, 아니면 지주의 착취에 분노하는 인민의식 혹은 또 다른 그 무엇일 수도 있다. 왜냐하면 '아리랑'이라는 탈식민의 기호는 고정화될 수 있는 상징이라기보다는 어떤 의미도 쉽게 점유할 수 있는 '텅 빈 기표' 같은 것이기 때문이다. 따라서 보다 중요한 것은 커뮤니케이션의 내용이 아니라 양식으로서 변사의 연행과 소문의 관객성이 공유하고 있는 구술성에 주목하는 일이다.

아론 지로우는 일본에서 변사의 기능이 원래는 상영되는 필름에 대한 '과잉적 역할'에서 산업적인 차원에서의 그것에 대한 종속으로 급격하게 변화한 것에 주목하면서 그 역사적 원인으로 제국의 시스템하에서 관객을 규제하려고 하였던 국가의 욕망을 들고 있다.[49] 여기서 유성영화의 도입으로만 설명되었던 변사 제도의 쇠퇴를 제국의 욕망과 연관 짓고 있는 그로우의 논의를 변사와 관객의 구술성의 차원으로 확장시킬 수 있을 것이다. 월터 옹은 구술성이 "종속이 아니라 부가적인 것",

---

[49] *Ibid.*, pp.69~86.

"분석이 아니라 끈적거리는 것", "추상이 아니라 상황의존적인 것", "객관적 거리 유지가 아니라 감정이입적이며 참여적인 것" 등을 특징으로 하며, 구술문화에서 발화자는 의미의 담지자나 생산자가 아니라 단지 경로에 지나지 않는다고 지적했다.[50] 이런 구술성의 특징을 염두에 둔다면, 일본 제국과 변사제도가 충돌을 일으키는 이유가 보다 선명해진다. 즉 '대동아'로의 제국을 향한 국가의 단일한 근대적인 욕망의 관점에서 본다면, 전근대적인 것으로 여겨지는 구술성이 지배하는 무성영화의 상영 공간은 성가신 방해물이었을 것이기 때문이다. 그러나 〈아리랑〉이 상영되는 시점에서 조선의 변사 제도는 최절정기를 구가하고 있었다. 변사제도가 일본에서 1920년대 들어 쇠퇴하기 시작했다는 사실을 염두에 둔다면,[51] 식민 본국의 상황과의 비교를 통해서 식민 관료는 〈아리랑〉의 변사 그리고 그들에게 열광하는 관객들을 시대에 뒤쳐진 전근대적인 존재로 여겼을 것이다. 그러나 〈아리랑〉의 검열을 둘러싼 '소문'은 구술성을 통해 저항담론을 생산하기 시작하였다. '소문'이 무엇이던가? 무엇보다 소문이란 제어가 불가능한 커뮤니케이션 양식이다. 즉 진실성 여부와는 무관한 담론 형태로서 '소문'은 단지 남의 말을 인용하는 형태를 취하고 있기에 기원으로의 추적이 불가능할 뿐 아니라, 그 유통은 끊임없이 다른 사람의 말을 참조하면서 집단적인 말이 되는 과정이며 그리고 이런 과정을 통해 '소문'은 집단의 희망, 불안, 그리고 기대를 반영할 수 있게 된다.[52] 즉 그것은 기원을 가지지 않기에 반박될 수도 통제될 수도 없는 집단적인 의식이다.

　이상과 같이 〈아리랑〉에서의 변사의 연행과 소문의 관객성을 구술성

50　월터 J. 옹, 이기우·임명진 역, 『구술문화와 문자문화』, 문예출판사, 1995, 60~92면.
51　Fujiki, *op. cit.*, p.68.
52　김종욱, 「구술문화와 저항담론으로서의 소문 : 이기영의 『고향』론」, 『한국현대문학연구』 12호, 한국현대문학회, 2004, 365~388면.

과의 연관 속에서 사유하게 되면, 우리는 〈아리랑〉을 관람하면서 이경손이 경험하였던 그 '공개적인 느낌'에 대한 역사적 이해에 도달할 수 있게 된다. 〈아리랑〉의 구술성은 이 영화의 저항성을 식민관료로 하여금 전근대적인 것으로 인식하도록 만들어 줌으로써 그것을 비가시화 시켰을 뿐만 아니라 비록 식민관료에게 어떤 불안을 야기하였을지라도 '포착할 수 없는 것' 그리하여 '제어불가능한 것'으로 만들어 버렸다. 포착할 수도 없기에 제어할 수 없는 그리하여 궁극적으로 길들일 수가 없는(recalcitrant) 그것은 역사주의의 시간도식을 파괴하면서 부상하는, 근대성의 '내재적인 외재성'이자 '구성적 외부'로서 '저항적 차이'라 할 수 있다.[53] 즉 그것은 근대성 속 식민주의의 폭력의 상처가 아로새겨져 있기에 '물화되지 않은 차이'의 역사 나아가 단계론적 생산양식과 전 지구적 자본주의에 포섭되어 버린 차이가 아니라 자본주의 이행의 서사 내부에서 그 자체와 마찰을 일으키면서 소동을 일으키며 식민 지배의 지속적인 수세적 작동을 야기하는 '식민적 차이(colonial difference)'라고 할 수 있다. 이것이 바로 앞에서 지적한, 〈아리랑〉의 수용의 역사에서 일본 제국의 검열체제와 한국의 민족주의 역사기술이 공통으로 놓친 부분이다. 그렇다면 이와 같은 〈아리랑〉의 저항적 구술성은 전근대적인가? 그것이 전근대적인 것으로 여겨지는 것은 '유럽의 지방화'가 '아직' 이루어지지 않았기 때문이다. 마치 유럽을 지방화할 수 없었기에 식민 관리가 〈아리랑〉을 검열할 수 없었듯이……. 그러나 제국이 검열할 수 없었던 그 '공개적인 느낌' 속에서는 습관적으로 서구에서만 기원한 것으로 가정되었던 '공적인 것' 혹은 '공론장(public sphere)'에 관한 '유럽의 지방화'가 '이미' 이루어지고 있었다.

---

[53] 근대성의 '구성적 외부'로서 저항적 차이에 관한 자세한 논의는 다음의 글 참조. 김택현, 「서발턴에게 역사는 있는가?」, 『트랜스토리아』, 창간호, 박종철출판사, 2002, 26~27면; 디페시 차크라바르티, 「맑스주의 이후의 맑스 : 역사, 서발터니티, 차이」, 『트랜스토리아』 창간호, 박종철출판사, 2002, 56~66면.

4. 유럽이 지방화된 공론장의 발견

지금까지 영화 〈아리랑〉에 대한 논의는 그 반식민성에 초점을 맞추고 그 성격을 규명하여 왔던 것에 비해, 이 장에서는 반식민성에 내재된 신화화를 비판적으로 인식하고 〈아리랑〉을 식민적 근대성의 멜로 드라마와 유럽이 지방화된 수용의 역사 속에 재위치시킴으로써 그 탈식민성의 역사에 접근하려고 시도하였다. 그리고 식민지 시기 한국사회의 문화는 유로-아메리카의 연구 성과를 적용해서 비교해 보면 무엇인가 결핍되어 있었다거나 아니면 정반대로 식민주의를 삭제시킨 채 자본주의를 경험한 지역이라면 어디서나 발견할 수 있는 일반적인 것이었다는 식의 상투적인 논의를 지양하면서, 식민지 시기 한국의 대표적인 대중문화였던 〈아리랑〉의 수용을 통해서 일본 식민 지배의 실패와 불가능성이 가지는 필연의 한 양상을 규명하고자 하였다. 그러나 원본 필름이 남아 있지 않는 현실은 이러한 시도를 탈식민성에 대한 분석이 아니라 그것에 대한 접근으로 한계짓도록 만들었다. 이러한 한계에도 불구하고, 이 장의 논의는 한국의 식민적 근대성과 역사기술(historiography)의 문제에서 두 가지의 시사점을 가진다.

첫째, 수탈과 저항의 이원화로 구성된 민족주의 역사기술이 가지는 한계 너머에 있는 저항의 역사와 접속할 수 있는 가능성의 문제이다. 동시대 한국의 역사기술이 가지는 근본적인 한계는 식민 지배에 저항하는 민족주의 비판에는 성공하였지만 그것을 대체할 만한 '차이를 가진 역사(들)'을 제시하는 데 실패함으로써 제국의 '식민지 근대화'를 담론적으로 정당화해 버릴 위험에 처해 있다는 점이다. 이에 앞에서 살펴본 〈아리랑〉의 수용에 나타난 저항은 민족주의와 근대주의 너머에 있는 저항의 역사와 접속할 수 있는 가능성을 영화관람이라는 '일상의 경험'을 통해서 제시하고 있다. 그리고 이러한 저항은 "민족주의와 근대화라는 프리즘으로 걸러지지 않는, 식민 지배기 대부분을 관통해 왔던 광범위한 (식민지 인식의) 회색지대" 속 저항의 한 단면을 가리킨다.[54]

둘째 '유럽이 지방화된 공론장'의 발견이다. 현실 사회주의의 몰락 이후 후기 자본주의 사회에서 '공론장'의 기능과 역할이 새롭게 조명되고 있지만, 그것은 여전히 서구의 부르주아 사회에서 기원하는 것이며 따라서 한국과 같은 지역에는 '이식'된 것으로만 이해되고 있다. 그러나 〈아리랑〉의 '공개적인 느낌'을 통해서 우리는 부르주아 공론장으로부터 배제되었지만 그것과 공진(共振)하고 있었던 그리고 '비전통적인 전통'에서 기원하는, 식민지의 경쟁하는 대안적 공론장의 흔적 같은 것을 느낄 수 있었다. 어떤 공식적인 기록을 가지고 있었다면 제국의 관리와 토착 엘리트들의 역사주의에 의해 체계적으로 파괴되었을 것이기에 그것은 비가시적인 흔적이나 향기 혹은 해체적 독해를 통해서만 경험할 수밖에 없는 것이다. 그러나 그것이 불연속적으로 나타나는 그 순간에 사라져 버리는 휘발성을 가진다 하더라도 그 강한 역사의 향기만은 지울 수가 없다. 이런 점에서 〈아리랑〉에서 제국이 검열할 수 없었던 그 공적인 느낌은 유럽 '공론장'의 한계를 그 '내부의 외부'에서 번역할 수 있는, '유럽이 지방화된 공론장'과의 접속가능성을 시사한다.

앞서 살펴본 〈아리랑〉의 영화적 경험을 식민지 시기 전체에 걸쳐서 적용한다면 그것은 성급한 일반화의 오류에 빠지는 것이겠지만, 일반화 자체를 미리 포기해 버리는 것도 성급한 결정일 수 있다. 유럽이 지

---

54 윤해동, 「식민지 인식의 '회색 지대' : 일제하 '공공성'과 규율권력」, 『당대비평』 13호, 생각의나무, 2000, 139면.

방화된 한국의 식민적 근대성 논의와 조선영화에 대한 접근은 이제 출발점 위에 서 있기 때문이다.

제2장

버나큘라 모더니즘의 스타로서
무성영화 변사

1. 보이지 않는 조선영화문화의 목소리

한국(1899~1940)과 일본(1896~1939)의 무성영화 시기에는 전설(前說)이라고 하여 영화 상영이 있기 전 영화 상영의 전체 내용을 간략하게 요약해 주고, 영화 상영이 시작되면 악사가 연주하는 음악에 맞추어 스크린의 왼편에 마련된 테이블에 앉아서 청중을 향해 큰 소리로 등장인물의 목소리를 흉내 내거나 영화의 내용을 설명해 주다가도 가끔은 대포소리 같은 효과적인 의성어를 들려줌으로써 청중의 영화 이해를 도와주면서 영화 감상의 분위기를 고양시켰던, 무성영화의 해설자로서 변사(辯士, benshi)가 하나의 제도로 존재하고 있었다.

그런데 영화가 상영되는 과정에서 육성으로 해설을 담당하는 무성영화의 내레이터는 한국이나 일본과 같은 특정한 지역에만 한정되지 않

그림 2. 동아시아 지역에서 무성영화 해설자 변사는 강연자로서 등장했지만(좌), 곧 스스로를 엔터테이너로 인식하기 시작하였다(우).

고 초기 영화(Early Cinema) 시기 세계의 거의 모든 다른 지역의 영화에서
도 공통적으로 등장했던 보편적인 인물이었다.[1] 그러나 동아시아의 변
사와 서구의 내레이터는 다음의 두 가지 차원에서 결정적인 차이를 보
인다. 첫째, 비록 영미 지역의 무성영화에서 내레이터가 존재했다할지
라도 그들은 영화를 자신들의 강연에 대한 보충물로 활용함으로써 스
스로를 '강연자(lecturer)' 즉 '교육자'로 생각하였지만,[2] 변사는 스스로를
'엔터테이너'로 생각하였다는 점에서 동아시아의 변사는 서구의 내레이
터와 차이를 보인다(그림 2). 둘째, 미국, 영국, 스페인, 네덜란드, 프랑스,
그리고 폴란드 등 유로-아메리카 지역의 무성영화 내레이터가 '엔터테

---

[1] Jeffrey A. Dym, *Benshi, Japanese Silnet Film Narrators, and Their Forgotten Narrative Art of Setsumei*, The Edwin Mellen Press, 2003, p.5.

[2] *Ibid.*, p.7. 다음의 신문기사에서 알 수 있듯이, 한국에서 기록으로 남아 있는 최초의 영화 해설자는 고종황제를 비롯한 황실인사들에게 활동사진을 처음으로 소개하는 자리에서 영화를 해설하였던 전무과 기사 원희정이라고 할 수 있다. "재작일 밤 하오 8시에 중면전(重明殿)에서 활동 사진회를 열고 대황제 폐하, 황태자 전하 내외, 영친왕 저하, 황귀비께옵서 구경을 하셨는데 전무과 기사 원희정(元熙貞) 씨가 설명을 한바, 얼음지치기, 군함의 수병이 바닷속에 뛰어들어 수영하는 모습, 해수욕장의 광경 등 20여 종을 관람하시옵고 전쟁화(戰爭畵) 등은 한 편도 없었다고 하더라." 『萬歲報』, 1907.5.12, 조희문, 「영화의 대중화와 辯士의 역할 연구」, 『디자인 연구』 6권, 1998, 233~234면에서 재인용.
이상에서 알 수 있듯이, 원희정에 의해 이루어진 최초의 영화해설은 '엔터테이너'로서가 아니라 '강연자'로서 국한되었지만, 1910년대에 접어들면서 변사는 곧 스스로를 엔터테이너로서 인식하기 시작하였다.

이너'로서 기능하였다 하더라고 그것은 초기 영화의 짧은 시기(1908~1
2)에 한정되어 있었던 것에 비해, 동아시아의 변사는 이 지역에 영화가
도입된 직후부터 1930년대 후반까지 무성영화 시기 전반에 걸쳐 존속하
였을 뿐만 아니라, 동아시아의 영화미학과 영화산업 그리고 영화문화
를 특징짓는 확고한 '영화제도'의 한 부분으로서 존재하였다. 즉 유로-
아메리카 지역에서 무성영화의 내레이터가 등장하기는 하였지만 그것
은 점차적으로 장편의 이야기를 다루는 영화가 나타나면서 복잡한 이
야기를 시·청각적으로 청중에게 전달하는 문제를 해결하기 위한 일시
적인 방편이었던 것이고, 1912년경부터 등장한 '시각적 내레이터 시스
템(visual narrator system)'에 의해 그들은 갑자기 사라져 버렸다.[3] 그러나 동
아시아에서 변사는 새로운 바벨탑으로서 '시각적 에스페란토어'[4]를 제
공했던 무성영화 시기의 고전적 할리우드영화를 번역하면서 그것과 오
랜 기간 공존하였을 뿐만 아니라 미발달된 문화산업에 의한 기술적 지
연이 초래한 결과였다고 할지라도 유성영화기술이 이 지역에 소개된
뒤인 1930년대 후반까지 대중적인 인기를 누리면서 영화산업과 문화에
서 핵심적인 역할을 수행하였다.

식민지 조선의 영화산업과 영화문화에서도 변사가 수행한 기능은 지

---

[3] 영화 학자들은 유로-아메리카 무성영화에서 내레이터는 두 가지 측면 때문에 사라졌다고
    본다. 첫째는 미학적 측면으로서 영화감독들이 인간의 육성을 사용하지 않고서도 복잡한
    이야기를 시각적으로 전달할 수 있도록 해 주는 프레이밍, 편집, 연기, 미장센과 같은 '시각
    적 내레이터 시스템'을 사용하기 시작하였다는 것이다. 둘째는 산업적 측면으로서 자신들
    의 영화를 상품으로서 완벽하게 통제하고 싶었던 제작자들이 내레이터를 고용하는 상영업
    자를 더 이상 선호하지 않게 되었다는 것이다. 즉 내레이터가 수반된 상영의 과정은 제작의
    통제를 벗어나기에 명확한 문화상품으로서 영화의 가치를 훼손시키고, 문화상품으로의
    성장을 방해하는 것이었기 때문이다. Tom Gunning, D. W. *Griffith and the Origins of American
    Narrative Film : The Early Years at Biograph*, University of Illinois Press, 1994; Miriam Hansen,
    Babel & Babylon : Spectatorship in American Silent Cinema, Harvard University Press, 1994,
    pp.95~98.
[4] Hansen, *Ibid.*, p.76.

그림 3. 1930년대 초반 영화관을 선전하는 광고지
에는 출연하는 변사의 사진도 함께 제시되었다.

대하다. 예컨대, 유성영화가 일반화되는 시기였던 1938년도까지 제작된 조선영화는 총 109편이었지만, 이 중 14편만이 유성영화였고, 나머지 95편은 무성영화였다.[5] 이 기간 조선에서 상영된 모든 외화의 상영에는 항상 변사에 의한 번역과 해설이 동반되었다는 사실을 염두에 둔다면, 변사는 식민지 조선에서 영화가 상영되는 모든 순간에 함께 했었다고 해도 과언이 아닐 것이다.[6] 뿐만 아니라 이 시기의 청중들에게서 영화를 관람하는 것은 영화를 보는 동시에 변사의 영화해설을 듣는 것을 의미하는 것이었는데, 청중의 영화선택에서 변사의 해설능력이 중요한 변수로 작용하였을 만큼 그들은 높은 인기를 누렸고, 이런 측면은 그들이 조선영화문화의 산업적 차원에서도 매우 중요한 인물이었다는 점을 보여준다(그림 3).[7]

그러나 이와 같은 영화사적인 비중에도 불구하고, 변사에 관한 국내의 공적인 담론을 찾아보기 어려운 것은 아이러니하다고 할 수밖에 없다. 신문자료에서 변사 활동에 관한 공식적인 기록이나 기사를 확인하

5 「朝鮮映畵製作年代譜」, 『朝鮮日報』, 1938. 12. 2.
6 유성영화 외화의 수입이 본격화되었을 때에도 낙후된 극장의 음향기술과 일본어 자막이 제공되는 프린터 때문에 변사는 쉽게 사라지지 않았다. 진광교, 〈영화인 다큐 : 신출〉, 2000(http://www.kmdb.or.kr/movie/mdpreview_list.asp?nation=A&p_dataid=03178).
7 1926년 1월 6일 『每日新報』는 「新春映畵界를 빛내는 興味 잇는 懸賞投票. 一等의 光榮은 何館에?」라는 제목으로 단성사, 우미관, 조선극장 세 곳의 북촌 조선영화 상설관 중에서 가장 인기 있는 영화관을 선정하는 현상투표를 실시하였다. 여기서 선호하는 영화관을 선택하는 기준으로서 다음의 세 가지를 제시하였다. ①설비와 관객대우, ②변사의 재주, ③사진의 흐름. 이 투표에서 일등 상영관은 단성사로 선정되었다.

기 어려울 뿐만 아니라, 변사에 관한 진지한 연구 역시 찾아보기 어렵기 때문이다. 이것을 대신하고 있는 것은 변사의 인기가 배우의 인기를 능가하였다는 막연한 회상 혹은 변사와 기생 사이에 이루어진 스캔들을 보도하거나 한때 조선 최고의 인기 변사였던 서상호가 약물에 중독되어 우미관 화장실에서 숨진 채 발견되었다는 식의 가십성 기사들이 대부분을 차지한다.[8] 그런데 이와 같은 변사에 대한 간과는 단순히 신문이나 학술적 담론과 같은 공적인 담론의 영역에만 국한된 것은 아니었고, 그것을 변사가 활발하게 활동하고 있었던 당시 영화문화 전반에 걸쳐서 살펴볼 수 있는 것은 대단히 흥미로운 일이다. 예컨대, 당시의 신문 지면에는 국내·외 배우와 감독의 근황과 작품 활동을 알리는 기사는 빈번히 게재되었지만, 인기있는 스타로서 변사에 관한 기사는 거의 찾아볼 수 없다. 1930년 3월에 5회에 걸쳐 연재된 『中外日報』의 '朝鮮映畵人 槪觀'에서도 비평가와 감독만 소개되고 있을 뿐 변사의 존재는 누락되어 있었던 것에서 알 수 있듯이, 변사는 '조선영화인'으로 고려되지 않았다.[9]

이와 같이 그 중요도로 보았을 때 실재의 역사에서는 명백하게 가시적이었지만, 담론의 영역에서는 비가시적인 변사의 아이러니한 위상을 부각시키면서 이 장에서는 다음의 세 가지 측면 즉 첫째, 그 '담론적 삭제'의 문화정치, 둘째, '선망의 대상'에서 '통제와 스캔들의 대상'으로의 그리고 제3의 창작자에서 단순한 해설자로의 변사제도에서 일어난 변형, 셋째, 이런 과정에서 나타난 '청중'에서 '관객'으로의 변화된 관객성에 주목하고자 한다. 일반적으로 변사 제도는 유성영화의 도입으로 인해 사라진 것으로만 고려된다. 그러나 우리가 '보이지 않는 변사의 목소

---

8 유흥태, 「인기변사 서상호 자살 사건의 전말」, 『朝光』, 1938. 10, 128면.
9 박원식, 「朝鮮映畵人 槪觀 1-5」, 『中外日報』, 1930. 3. 12~16. 마찬가지로 1930년대 조선영화계를 회고하는 지면에서도 변사는 여전히 누락되어 있다. 白夜生, 「朝鮮映畵15年 : 草創期에서 現在까지 走馬燈에 비친 記憶 1-7」, 『朝鮮日報』, 1936. 2. 21~29.

리'가 보여주는 '담론적 삭제'의 과정 그 자체와 변사제도와 관객성 양자의 변형 과정에 주목하게 되면, 영화기술의 발전뿐만 아니라, 미학적이고 산업적이며 정치적인 차원 그러니까 영화예술과 영화산업의 근대화와 제국의 식민 지배라는 보다 광범위한 역사적 맥락 안에 위치한 변사의 역사적 위상에 대한 이해에 이를 수 있게 될 것이다. 이러한 기획을 위해서 이 장에서는 변사제도를 '초기 영화'에서 '고전적 영화'로의 선형적인 영화의 역사적 발전 과정에서 비정상적으로 파생된 비-서구의 변종적인 영화문화로 보거나 순수한 영화예술로의 발전을 차단하는 전근대적인 불순물로 보는 기존의 관점을 거부하면서, 변사에 의한 영화상연과 그 수용의 역사를 제국주의와 민족주의의 이중주 사이-속에서 화려하게 부상했던, 전통과 근대가 혼종화된 일상의 영역에서 이루어진 버나큘라 모더니즘의 문화로서 논의하려고 한다.

2. 버나큘라 모더니즘의 스타로서 변사

여기에서는 이론적인 차원에서 변사에 관한 기존의 지배적인 관점과 노엘 버치의 대안적인 이론화를 서로 비교한 뒤, 무성영화의 변사를 '예술과 상품으로서 영화'의 '불순물'이나 '고전적 영화의 미적 대안'이 아니라 버나큘라(Vernacular) 모더니즘의 스타로서 재위치 시키려고 한다.

변사의 담론적 삭제는 무성영화라는 표현에서 이미 뚜렷하게 드러난다. 그 이유는 영화 상영 시 변사의 말과 소리, 악사들의 음악 반주 그리고 청중들이 내는 다양한 소음들이 항상 함께 했음에도 불구하고, 당시의 영화를 무성영화라고 지칭하였기 때문이다. 이와 같이 무성영화에서 변사의 역할에 대한 무시를 통해서 영화를 필연적으로 무성으로서 정의하려고 하였던 당시의 이데올로기적이고 맥락적인 요인들의 작동을 짐작할 수 있다. 그리고 무성으로서 영화에 대한 이러한 본질적인 정의는 무의식적으로 변사의 상연행위를 영화산업과 영화예술의 발전을 방해하는 불순물로 인식하게 만들었다.[10] 즉 변사는 대중성을 통해서 경제적으로 영화산업에 영향을 미칠 뿐만 아니라 관객에게 근본적으로 서사정보를 전달할 수 있는 권력을 가지고 있기에, 영화제작자들은 변사에게 의지할 수밖에 없는 상황을 초래하였고, 이와 같은 상황은 순수하게 시각적으로 의미를 전달할 수 있는 독자적인 영화방법의 발전에 대한 모색이나 영화산업의 진화에 대한 필요성을 차단하는 것으로 여겨졌던 것이다. 그리하여 이와 같은 지배적인 관점에서 보았을 때, 변사는 영화산업의 발전을 주장하거나 예술로서 순수영화의 추구를 주장하는 토착적인 영화개혁가들에게서 영화라는 매체 자체의 발전을 방해하는 장애물로 여겨졌던 것이다.

이러한 영화의 불순물로서 변사에 대한 지배적 관점이 한국과 일본의 민족영화사 기술에서 토착 비평가와 영화역사가들에게 영향력을 크게 행사해왔다면, 정반대의 대안적 관점을 서구의 영화학자 노엘 버치의 변사에 대한 이론화에서 살펴볼 수 있다.[11] 버치는 변사가 일본영화의 발전을 방해하는 존재라기보다는, '영화적인 것'을 서구식으로 정의하려는 식민적인 시도를 불가능하게 만들어 버린 존재로서 이해한다. 간단히 말하면, 변사가 있었기에 일본영화는 지배적인 할리우드 양식

---

10 Gerow, *op. cit.*, p.70.

11 Noel Burch, *To the Distant Observer : Form and Meaning in the Japanese Cinema*, University of California Press, 1979, pp.77~80.

과는 근본적으로 다른 형식을 가질 수 있었다는 것이다. 즉 제2차 세계대전이 발발하기 전까지 변사의 연행과 함께 보여진 영화는 단선적인 서사가 창조하는 디에제시스(diegesis)의 초월적 창문으로서 기능하는 할리우드 텍스트와 근본적으로 다른 영화적 경험을 부여하였다는 것이다.

버치는 이것을 영화 텍스트의 형상과 그 수용의 양상 두 가지 측면에서 살펴보고 있다. 먼저 영화 텍스트의 형상의 차원에서 변사는 내레이터의 역할을 가정하고 서사 텍스트 자체를 정리해서 청중들에게 제공함으로써 언술행위의 허구적 자원들을 분리시키는 역할을 수행하게 된다. 그리고 이런 측면 때문에 영화에서 보이는 환영적 세계는 더 이상 스스로 관객에게 말을 걸 수 없게 되면서 변사라는 디에제시스 외부의 형상에 의해 대변되게 된다. 즉 고전적 영화의 재현체계가 변사에 의해서 파편화된다는 것이다. 그렇다면 변사에 의해 파편화된 재현체계 때문에 영화를 관람하는 청중들은 영화를 허구로서 동일시하는 것이 아니라 텍스트로서 독해해야 하는 것으로 인식하게 된다. 즉 변사에 의한 영화 수용의 과정은 영화 텍스트의 광경을 보는 동시에 독해하는 관객성을 야기하였기 때문에 일본영화의 관람자들은 영화의 허구적 효과에 굴복하지 않게 되었다는 것이다. 그리고 노엘 버치는 이런 문화적 차이가 1930년대 일본영화가 할리우드영화나 여타의 유럽영화와 근본적으로 다르게 발전할 수 있는 토대가 되었다고 주장했다.

이와 같은 버치의 논의는 한국과 일본의 영화개혁가들에게서 부정적으로 비난받아왔던 변사의 역할을 긍정적으로 새롭게 발견하였다는 점에서 의의를 가지지만, 두 가지 측면에서 변사를 본질화시켰다는 한계를 보여준다. 첫째, 버치의 논의는 고전적 할리우드영화와 일본영화라는 형식주의적 이항대립의 이론적 토대로 변사의 실천에 본질적인 접근을 시도함으로써, "제도로써 변사의 역사적 변형을 해명하지 못할 뿐더러 청중의 독해 유형이 변사와 영화 사이의 텍스트적 관계를 구성해 내는 방식을 무시하고 있다"는 점에서 한계를 보여준다.[12] 둘째, 버치의 변사에 대한 이론적 접근이 고전적 할리우드영화와 모더니즘 영화의 이항대립에 기초해 있는 한, 버치의 논의에서 변사는 서구중심주의와 동양론에 의해서 본질화되는 동시에 고전적 할리우드영화의 타자로 머물게 되는 한계를 가진다. 변사의 미적 기능을 통해서 일본영화의 특수성을 발견하려고 하였던 버치의 시도는 그것을 일종의 모더니즘 영화로 위치시켜 버리게 되는 결과를 가지게 되는데, 버치가 설명하는 변사의 역할은 고전적 영화의 허구적 동일시를 차단하는 모더니즘 영화작가의 거리두기 전략과 거의 차이를 보여주지 못하고 있기 때문이다.

이와 같은 측면은 다음과 같은 의문들을 야기한다. 그렇다면, 변사에 의한 영화상연이 일본영화 관객으로 하여금 영화를 즐긴 것이 아니라, 영화 텍스트를 비판적으로 독해하도록 만들었다는 것인가? 버치는 유로-아메리카의 영화 특히 고전적 할리우드 시스템으로부터 일본영화를 미학적으로 보호하면서 1930년대의 독특한 영화 미학을 발전시키는 데 중요한 공헌을 하였다고 하지만, 실제로 한국과 일본에서 변사가 수행한 중요한 역할 중의 하나는 영어를 해석할 수 없었고 자막을 읽을 수 있는 능력이 부족했던 당시의 관객에게 할리우드영화를 해설하는 일이었다. 그렇다면 한국과 일본에서 변사의 기능의 기능과 역할은 미적인 차원과 산업적인 차원에서 고전적 할리우드영화에 적대적이거나 대

---

12 이런 한계점에 대해서 제도로서 변사에 대한 맥락적인 연구는 앤더슨의 풍부한 실증적인 연구에 의해서 그리고 그것이 가지는 역사적 변형의 성격에 대한 연구는 그로우의 연구에 의해서 이미 보완된 바 있다. J.L. 앤더슨, 「설명이 곁들여진 일본의 무성영화 또는 화면을 보며 이야기하기」, 아서 놀레티 외, 편장완·정수완 역, 『일본영화 다시 보기』, 시공사, 2001; Gerow, *op. cit.*, pp.69~86.

립적이었다기보다는 그것과 공생하면서 오히려 친화력을 가지고 있었지 않았는가?

이와 같은 문제는 세계영화사를 고전적 할리우드영화와 민족적인 예술-모더니즘 영화의 대립과 전개로 이해하고, 그런 과정에서 비-서구 지역의 대중적인 영화를 누락시켜 왔던 영화연구의 습관적인 역사기술에서 기인한다. 그렇다고 해서 변사가 활동했던 1930년대 일본영화를 고전적 할리우드영화에 비견될 만한 또 다른 고전적 영화로서 이해하려는 시도는[13] 버치의 논의에서 드러난 고전적 영화의 '대안으로서 변사'의 식민적인 전유보다는 진일보한 측면을 가지지만, 여전히 고전적 할리우드영화와 또 다른 민족적 고전적 영화의 이항대립을 가정함으로서 양자 사이에 이루어진 역동적인 교섭의 양상을 고려하지 못하는 한계를 가지고 있다. 즉 민족 간의 명확한 경계에 의해 구획된 이러한 논의는 글로벌과 로컬의 이항대립을 지속적으로 양산함으로써 전형적으로 근대와 전통의 혼종화에 기반하고 있는 즉 할리우드영화와 같은 서구의 근대적인 문화와 구술적인 전통문화의 혼종에 근거한 변사제도를 적절히 해명하지 못하는 한계를 여전히 가지고 있는 것이다.

이러한 문제를 해결하기 위하여 이 장에서는 미리엄 한센이 영화연구에서 새롭게 제안한 '버나큘라 모더니즘으로서 고전적 영화'를 변사연구에 적용시키고자 한다. 한센은 20세기 초반 할리우드영화를 두고서 명백하게도 새로움을 연상시키는 모더니즘과는 대조적으로 고전주의를 연상하게 해주는 '고전적 영화'로 정의내리는 것이 시대착오적인 발상이었다고 비판하면서, 이 시기의 할리우드영화가 전 지구화될 수

---

13 데이비드 보드웰, 「화려한 영화: 전전 일본의 장식적 고전주의」, 아서 놀레티 외, 편장완·정수완 역, 『일본영화 다시 보기』, 시공사, 2001.

있었던 근본적 원인은 보편적인 영화 화법의 등장이라는 영화 형식이 아니라, 다른 지역으로 번역 가능한 역동적인 아메리카 지역의 근대성을 이 시기의 할리우드영화가 체화하고 있었기 때문이라고 주장하였다.[14] 즉 포드 테일러주의가 지배적이었던 사회적, 성적, 젠더 관계에서 그리고 일상의 물질적 그물망에서의 감각지각과 경험의 조직화에서 급작스러운 변화와 함께 했던, 그리하여 근대성 자체가 체현된 것으로 볼 수 있는 할리우드영화의 역동적인 경험이야말로 초국적인 호소력을 가질 수 있었던 근본적인 이유라는 것이다. 그리고 이러한 할리우드영화의 역동적인 근대 경험을 "미적인 자율성을 추구하는 예술적 스타일의 레퍼토리나 예술가와 지식인 집단이 추구하는 관념의 집합으로서 기존의 협의의 모더니즘"이 아니라 광의의 모더니즘으로 그리고 이러한 광의의 모더니즘으로서 할리우드영화가 가지는 아메리카의 지역적인 특수한 경험을 가리키기 위하여 그것을 '버나큘라 모더니즘'으로 재정의 내린다.[15]

---

14 Miriam Hansen, "The mass production of the senses : classical cinema as vernacular modernism", Christine Gledhill & Linda Williams(ed.), *Reinventing Film Studies*, New York : Arnold, 2000, p.337.

15 버나큘라 모더니즘이 '협의의 모더니즘'이 아니라 '광의의 모더니즘'이라는 것을 이미 지적하였다. 그렇다면 '버나큘라'가 의미하는 것이 정확히 무엇인지를 살펴볼 때, 비로소 버나큘라 모더니즘의 진의를 파악할 수 있을 것이다. 먼저 언급이 되어야 할 것은 토착어나 소수집단의 방언부터 일상적인 대중문화의 가공품까지 광범위한 의미를 가지고 있는 영어의 'vernacular'에 필적할 만한 단어의 등가물을 비영어권에서 발견할 수 없다는 점이다. Miken Umbach and Bernd Huppauf, *Vernacular Modernism : Heimat, Globalization, and the Built Environment*, Stanford University Press, 2005, p.9. 이런 이유 때문에 이 책에서는 별도로 한국어의 번역어를 찾기 보다는 버나큘라로 사용한다. 그리고 이 책에서는 버나큘라 모더니즘에 다음과 같은 의미가 포함되어 있는 것으로 사용한다. 첫째, 버나큘라의 어원이 시장에서 사온 노예가 아니라, 원래 주인 소유인 노예에게서 태어난 아이 노예를 가리키는 라틴어, 'verna'에서 기원한다는 점을 염두에 두었을 때, 비록 그 기원이 외래적이어도 이제는 그 생성력에 의해서 토착화된 모더니즘을 그리하여 '지구적인 혼종화에 의한 토착화된 모더니즘'을 의미한다. 이런 점에서 전 지구적인 것과 버나큘라는 배치되기 보다는 상호의존적인 관계를 함축한다. 둘째, 버나큘라가 국가의 공적인 영역과는 반대되는 가사의 영역에 소속되어 있거나 부속되어 있는 사물을 의미한다는 점에서 '모더니즘이라는 추상적인 영역을 구체화 시키고 있는 일상의 모더니즘'을 의미한다. 따라서 하이 모더니즘과 버나큘라 모

이와 같은 버나큘라 모더니즘으로서 고전적 영화에 대한 한센의 논의는 고전적 영화와 모더니즘 영화의 이항대립 그리고 할리우드영화와 비-서구의 민족영화의 이항대립을 불가능하게 만들어 버리고 보편적인 엘리트 국제적 모더니즘의 단일한 흐름과는 별도로 그 저류의 영역에서 촘촘히 그물망처럼 짜인 지역적 모더니즘들 간의 번역, 전유, 협상과 같은 역동적인 상호교차 속에서 영화를 사유할 수 있게 함으로서 세계영화를 새롭게 기술할 수 있는 가능성을 보여준다. 이런 맥락에서 이 장에서는 할리우드 버나큘라 모더니즘에 대한 청중들의 반응을 번역하고 대표하는 스타로서 식민지 조선의 변사를 위치시키고자 한다. 즉 무성영화의 변사는 초기 영화에서 고전적 영화로의 미학적 발전, 무성영화에서 유성영화로의 기술적 발전, 그리고 미성숙한 문화산업에서 발달된 문화산업으로의 발전과 같은 선형적인 발전의 영화사에서의 '영화적인 것'의 불순물이나 전근대적 대상도 아니고 그렇다고 동양론적 향수가 투사된 고전적 영화의 대안도 아니며, 무성영화 시기 조선에서 누렸던 스타로서 변사에게 쏟아진 규제와 압박 그리고 그에 반하는 대중적 인기와 같은 그들의 양가적 지위는 할리우드의 버나큘라 모더니즘을 번역하고 재전유함으로써 그 자체의 버나큘라 모더니즘을 생산하는 수용의 역사에 대한 논의를 통해서 보다 효과적으로 규명될 수 있다는 것이다.

더니즘은 서로 배치되기 보다는 보완적인 것으로 볼 수 있다. 셋째, 버나큘라 모더니즘은 '하이 모더니즘과 대중문화의 혼종화'를 의미한다. 버나큘라 모더니즘을 대중적 모더니즘이라고 지칭하는 것은 고급 예술과 대중문화의 위계화를 재생산하기에 적절하지가 않다. 한센이 러시안 몽타주 영화이론의 부상에는 할리우드영화의 영향이 지대하였다는 점을 그리고 할리우드영화 역시 몽타주 영화이론에서 많은 영향을 받았다는 것을 지적하였듯이, 버나큘라 모더니즘은 하이 모더니즘과 대중문화의 혼종화와 상호작용을 가리키고 모더니즘 자체를 부정하는 것이 아니라 추상적인 모더니즘 내부의 '대안적인 잠재성'을 가리킨다. 정리하면 이 책에서 버나큘라 모더니즘은 '하이모더니즘과 대중문화의 위계화를 허무는, 토착화된 일상의 모더니즘'이라는 의미로 사용한다.

3. '제3의 창작자'에서 비난과 통제의 대상으로, 무성영화 변사의 위상 변형

식민지 시기 조선에서 변사의 지위는 단일하고 고정되어 있었던 것은 아니다. 활동사진이 대중에게 최초로 소개되기 시작하던 1910년도 전후의 변사가 유로-아메리카 무성영화의 내레이터처럼 '강연자'로서 교육자의 지위와 기능을 가지고 있었다면,[16] 1910년대의 변사에게는 대중의 인기를 한몸에 받았던 선망의 대상으로서 밤의 시인으로 불리기까지 하면서 일종의 '제3의 창작자'로서 예술가의 지위가 부여되어 있었다. 그런데 1920년대에 접어들면서 갑자기 변사는 예술가의 지위에서 가십과 스캔들의 주체로서 '통제의 대상'이 되다가, 1930년대 중반 이후에는 역사적 발전에 뒤처진 '전근대적인 존재'가 되어 버린다.

일반적으로 무성영화 변사제도의 쇠퇴는 발성영화의 등장을 통해서만 설명된다. 그러나 변사제도의 쇠퇴라는 결과를 발성영화의 등장이라는 기술적 발전의 한 가지 원인으로 설명해버리면 이 같은 변사제도의 역동적인 변형과정과 그것이 가지는 다층위적인 역사적 측면들을 간과해 버리기 쉬운 한계를 가질 수밖에 없다. 예컨대, 변사제도의 쇠퇴를 발성영화의 등장과 간단하게 등가로 위치시켜버리는 것은 식민지

---

[16] 최초의 변사가 교육자이자 강연자의 기능을 수행하였음은 다음의 기록에서 짐작할 수 있다. 「活動寫眞 辯士 座談會」, 『朝光』, 1938. 4, 288면.
  서상필 : 그러니 아마 처음 드러온 것은 한 三十 七八年될걸요.
  함대훈 : 그때도 解說이 있었습니까.
  서상필 : 없었습니다.
  함대훈 : 그러면 解說은 언제부터 생겼습니까.
  박응천 : 처음에는 그대로 보다가 <u>내용이 궁금하니까</u> 說明을 하게 됫는데 그것을 前設이라고 했습니다.

조선에서 변사가 누렸던, 인기와 선망의 대상이자 가십과 스캔들의 대상이라는 양가적이며 모순된 위상에 대해 어떤 것도 해명할 수 없게 된다는 것이다. 이에 아래에서는 변사제도의 변형과 쇠퇴를 영화 기술의 발전이라는 한 가지 원인에서 찾기보다는 영화예술의 근대화와 같은 미학적인 측면, 영화산업의 근대화와 관련된 산업적인 측면 그리고 제국의 식민 지배라는 정치적인 측면과 같은 다양한 측면이 중층적으로 결정하는 과정을 통해서 논의할 때, 버나큘라 모더니즘의 스타로서 변사제도의 변형과 식민지 조선의 역사적 관객성을 보다 광범위하고 입체적으로 조망할 수 있을 것이라 가정한다.

변사제도의 변형과 관련해서 먼저 고려되어야 할 것은 미학적인 원인으로서 초기 영화에서 고전적 영화로의 영화예술에서 일어난 근대화와 관련된 문제이다. 1910년대 전반에 걸쳐서 변사는 당시에 수입된 외국의 영화들의 해설을 담당하면서, 강연자이자 교육자로서의 기능을 벗어나 엔터테이너로서의 확고한 지위를 누리기 시작하였고, 곧 대중의 스타로 부상하였다.[17] 그런데 1919년에 들어서 변사에게 다음과 같은 비판이 갑자기 제기되기 시작하였다.

---

17 이와 같은 측면은 다음의 기사를 통해서 살펴볼 수 있다.
"경성 내에 활동사진관은 처음 실시되었던 고등 연예관에서 처음으로 사진 설명하는 변사로 초빙되어 일어와 조선말로 물 흐르듯이 설명하는 사람은 아마 서상호가 첫째로 일컬이로다. (…중략…) 우미관 활동사진에 같이 있던 이한경도 여러 해 설명의 근고를 담다가 요사이는 평양 가무기좌 활동사진부에서 주임 변사로 있어 여러 관객의 다대한 환영을 받는 중이라 하니 서상호와 이한경은 막상막하로 조선 활동계에 웅변가로 지목을 받을 만 하겠도다." 『每日新報』, 1914.6.11.
"본관이 전일 내지인 전문을 폐지하고 조선인 전문으로 일층 개혁하여 구조의 참신한 사진을 선택하여 평양의 유일한 오락기관을 만들어 유감이 없도록 여러분에게 보이고자 하오며 또한 여러분이 사랑 하신던 변사장, 김덕경, 최병룡을 초빙하여 열심에 열성을 더하여 객에 대하여는 친절을 위주로 하오니 사진을 사랑하시는 제 씨는 영구 애관하시어 속속 왕임하여 주시기를 바라옵니다." 『每日新報』, 1915.11.6.

활동사진은 다만 형용으로 만의 미를 나타내는 일종의 무언극이다. 그럼으로 변사의 설명이 있은 후에 비로소 보는 사람이 자세히 할게 되는 것이다. 동시에 변사의 설명으로서 그 사진에 대한 예술적 가치를 드러내게 되는 것이다. 그럼으로 변사는 불가분 그 극에 대한 성질과 성질여하를 자세히 본 뒤에 출연하는 배우의 표정을 따라 틀림없이 설명을 하여야 비로소 예술적 가치를 완전히 드러내게 되는 것이다. 그러므로 활동사진 변사는 연극배우들보다 지식과 사상이 우월한 자로 인지의 발전을 관찰하여서 그에 따라 손님에게 만족을 주어야 하는 것이다.

그러나 지금 조선인 측 활동사진 상설관 변사는 십여 년 전에 활동사진이 처음 광무대에서 영사케 되었을 때 무엇인지도 모르고 단지 일종의 신기한 것으로만 여겨 웃음거리로만 알고 구경 다닐 때나 십여 년을 지나서 깊은 인상도 얻고자 하며 혹은 그에 대한 미점도 취하고자 하는 지금이나 조금도 다를 것이 없다. 관객들은 이것을 무식하다고 할 터이나 이 사람은 경성시내에 유수한 변사이다. 아 이같이 무식하고야 어찌 변사라 할까. 더구나 유수한 변사라고 할까. 경성시내 각 성설관 변사 제군이여. 연극이라 하는 것 아니 활동사진이라 하는 것은 적어도 국풍을 개량하고 인지를 발전시키는 데 한층 위대한 기관임을 이해한 뒤에 그에 대한 예술적 가치를 충분히 드러내고자 힘쓸지어다.[18]

변사의 개혁을 요구하고 있는 위의 기사에서 유추할 수 있는 부분은 이 시기를 전후하여 수입되는 영화의 성격이 변화하였다는 점이다. 즉 '십여 년 전에 활동사진이 처음 광무대에서 영사케 되었을 때'의 영화는 '단지 일종의 신기한 것으로만 여겨 웃음거리로만 알고 구경' 다니던 것 이었으나, 지금의 영화는 변사가 '극에 대한 성질과 성질여하를 자세히 본 뒤에 출연하는 배우의 표정을 따라 틀림없이 설명을 하여야 비로소

---

18 『每日新報』, 1919.8.22.

예술적 가치를 완전히 드러내게 되는 것'으로 변화했다는 것인데, 이 같은 상영영화의 변화는 '초기 영화'에서 '고전적 영화'로의 변화에 정확히 상응한다. 탐 거닝은 '초기 영화'를 '고전적 영화'와 비교하였을 때 미성숙한 '원시적 영화(primitive cinema)'가 아니라, 고전적 영화와는 다른 종류의 시각적 쾌락을 양산하는 '매혹의 영화(cinema of attraction)'로서 정의내린 바 있다. 즉 초기 영화의 본질적 특징은 관객의 주의를 끌기 위한 공격적인 말 걸기에 있었고, 이러한 특징은 초기 영화의 외형성이 관객에게 서사를 전달하기 보다는 일련의 구경거리들(기이한 비허구적인 현상들, 춤 · 곡예 · 익살을 보여주는 보드빌극, 유명한 광경, 그리고 마술적인 환영을 촬영한 눈속임 영화)을 전시하는 행위에 집중하는 것으로 나타났다는 것이다.[19] 1910년대의 변사는 이와 같은 초기 영화의 '내레이터'이자 '현시자(monstrator)'로서 기능하면서 '엔터테이너'로서의 지위를 확고히 다져나갔지만,[20] 새롭게 등장한 영화는 '극에 대한 성질과 성질여하를' 가질 뿐만 아니라 '출연하는 배우의 표정을 따라 틀림없이 설명을 하여야 비로소 예술적 가치를 완전히 드러'낼 수 있을 만큼 미디엄 쇼트와 클로즈업 쇼트로 분화되는 편집시스템을 가지고 있는 고전적 영화였던 것이다.

---

19 Tom Gunnng, "The cinema of attraction", *Wide Angle* 8, Johns Hopkins University Press, 1986, pp.3~4.
19 Tom Gunnng, "The cinema of attraction", *Wide Angle* 8, Johns Hopkins University Press, 1986, pp.3~4.
20 이러한 초기 영화에 대한 변사의 해설은 다음의 좌담회 기록에서 확인할 수 있다. 「活動寫眞 辯士 座談會」, 『朝光』, 1938.4, 290면.
　함 : 최초의 封切館은 어데였습니까.
　박 : 高等演藝館이란데였습니다.
　함 : 그때는 대개 무슨 寫眞들이였습니까.
　서 : 대개 佛蘭西 파데寫眞이였는데 왜 맨 처음과 다 맛치고 나면 닭이 나와서 우는 것이 있었지요. 그것이었습니다. 그때도 天然色 映畵가 있었습니다.
　함 : 內容은요?
　박 : 忍術映畵였지요. 天然色이라고 해도 佛蘭西 三色映畵라고 해서 세 가지 빛갈을 썼습니다.
　서 : 朴君말 같이 忍術映畵이지요. 중간에 가다가 무슨 魔術을 하면 꽃이 확 퍼지면서 비닭기가 나려 나간다는둥 하는 것들이였습니다.

60 식민적 근대성과 한국영화
60 식민적 근대성과 한국영화

그리고 다음의 기사에서 알 수 있듯이, 새롭게 등장한 고전적 영화에 대응해서 변사들은 이전의 초기 영화와는 다른 방식의 해설을 시도했던 것으로 보인다.

우리 조선인 측 활동사진 변사 중에도 극계가 발전되며 관객의 지식이 변천되어 취미성이 향상 진보됨을 깨닫고 요사이 제법 예술적 가치 있는 설명을 하고자 노력하는 자가 있다. 단성사 변사들 중에 서상호, 김덕경 군 등은 본래부터 이름난 변사들이었으나 근일에 이르러서는 더욱 미적 시적으로 설명하고자 케케묵은 곰팡 냄새나는 되지 않은 문자와 말은 다 내어 버리고 새로이 새 말을 연구하여서 관객에게 큰 환영을 받는 모양이다. 그러나 관객들 중에 아직까지도 깨닫지 못하고 그 같은 설명을 오히려 듣기 싫다고 하는 자들이 있는 모양이다. 그러나 그런 무식한 자들로서 별안간 전에 듣던 설명과 다르니까 혹시 나쁘게 하는 것이 아닌가 하는 자들인 듯하다. 그자들도 차차 귀에 익어질 것 같으면 또한 재미있게 여길 것이니 변사들은 더욱 연구에 연구를 더하여 자기의 의무를 다하여 사회를 위하여 노력할 것이다.[21]

기록이 남아 있지 않은 상황에서 이들이 새롭게 시도한 해설방식이 정확하게 무엇인지 확인할 수는 없지만, 그것이 관객에게 환영을 받았다는 것에서 알 수 있듯이, 초기 영화와는 다른 고전적 영화의 극적 화법에 변사의 해설은 성공적으로 적응하기 시작하였고, 1919년에 이루어진 변사들의 변화된 해설방식은 1925년의 다음의 논설에서 알 수 있듯이, 변사로서 자신들의 지위를 제3의 창작자이자 예술가로서 명확하게 재설정하고자 하였다.

---

21 『每日新譜』, 1919. 10. 2.

위선 우리가 매일같이 대하는 저 외국 영화를 살펴어봅시다. 먼저 작가와 감독으로 이중 창작이 되었던 것이 우리에게 와서는 해설이 가입한 연후에야 효과를 얻게 됨으로 삼중 창작이 되는 것이외다. (…중략…) 여기서 해설자는 어느작품이던지 능히 그 생명을 죽이고 살릴 수가 있는 권리를 소유한 것을 알게 되는 동시에 또한 무거운 책임을 느끼게 됩니다.[22]

그러나 근본적으로 시각적 에스페란토어로서 보편적인 영화 언어를제공했던 고전적 영화의 미학과 제3의 창작자로서 변사의 지위는 근본적으로 양립 불가능한 것이었다. 왜냐하면 미장센, 촬영, 편집, 음향의구성 차원에서 복잡한 이야기를 경제적으로 전달하는 고전적 영화의시각적 내레이터 시스템은 영화 텍스트의 의미생산을 영화 텍스트 그자체에 한정시켜 버림으로써, 변사에 의한 의미의 전유와 새로운 의미생산 행위를 불필요한 것으로, 그리하여 적어도 '잉여의 것'으로 만들어버렸기 때문이다. 이런 이유 때문에 변사의 말 많음, 즉 다언어성은 '시대착오'라는 비판을 받게 된다.[23] 그리고 이와 같은 고전적 영화의 잉여로 변사의 위상에 대해 토착 엘리트 비평가들은 그들의 기능과 역할이영화 텍스트의 의미를 새롭게 창작해 내는 예술가에 있지 않으며, 외국영화에서 제시된 자막을 언어적으로 정확하게 전달하면서 영화에 내재된 의미를 미학적으로 정확하게 전달할 수 있는, 그리하여 영화 텍스트에 내재된 의미와 극적효과 전달의 보조적인 해설에 그 기능과 역할이국한된다고 주장하였다.[24]

---

22 김영환, 「映畵解說에 대한 나의 意見」, 『每日新譜』, 1925.1.3.
23 惑星生, 「館主, 辯士, 樂師 새 希望과 새 生活에 살자 : 그들에 대한 주문」, 『每日新報』, 1926.1.1.
24 「영화해설과 어학」, 『朝鮮日報』, 1926.1.1; 심훈, 「觀衆의 한 사람으로서 : 解說業者에게」 『朝鮮日報』, 1928.11.18; 金潤雨, 「映畵解說에 대한 片感」, 『東亞日報』, 1929.11.17.

그런데 미학적인 차원에서 고전적 영화를 넘어서려는 예술가에서 영화의 단순한 번역자와 보조적인 해설자로의 위상의 변형에 대한 토착 엘리트 비평가들의 이 같은 요구는 식민지 조선의 영화관을 검열하고 관리함으로써 대중문화를 제어하려고 하였던 제국의 관료가 변사에게 요구하는 바와 내용상으로나 시기상으로 정확히 겹쳐지는 부분이 있어 주목을 요한다. 이러한 측면은 변사제도의 변형에는 고전적 영화의 미학뿐만 아니라 식민 지배라는 정치적 요인도 중요한 작용을 하였음을 시사한다. 1919년은 조선영화문화에서 고전적 영화의 수입과 이식을 뚜렷하게 관찰할 수 있는 시기이기도 하지만, 일본 식민 지배의 무단통치에 저항하면서 민족의 독립을 요구하였던 3·1운동이 조선 전역을 휩쓸었던 시기이기도 하다. 사후적으로 평가하였을 때, 3·1운동은 일제의 무단통치를 문화정치로 수정하는 성과를 거두기도 하였지만, 이 운동의 실패는 조선인들을 집단적인 상실감에 빠져들게 만들었으며, 이러한 집단적 상실감에서 변사들도 그다지 자유롭지는 못하였던 것으로 보인다. 그리고 이처럼 변사들이 경험한 상실감은 극장에서 그들이 이전에는 보여주지 않았던 돌출적인 행동으로 나타나기도 하였음을 당시의 신문기사는 다음과 같이 전하고 있다.

自由를 絶叫하고 우미관 변사 정한설은 마침내 종로서에 구인
시내장사동 사십팔번디(市内長沙洞 48)사는 정한설(鄭漢舌, 二二)은 이제로부터 삼년 전에 우미관(優美館) 변사로 무대에 오른 이후 금일까지 매우 근실히 지나 오든 중 지난 오일 오후 구시 반경에 활동사진이 중간에 끝나고 십분간 휴식을 하게 된 틈을 타서 무대에 나타나 일반 관객을 향하야 긴장한 표정과 흥분된 어조로 주먹에 힘을 주면서 오날은 자유를 부르짓는 오날이요 활동을 기다리는 오날이라 우리의 맑고 뜨거운 붉은 피를 온 세상에 뿌리여 세계의 이목을 한 번 놀내여서 세계만국으로 하야금 우리의 존재(存在)와 우리의 정성을 깨닷게 하

자는 등 활동사진과는 아모 관계가 업는 온당치 못한 말을 하얏슴으로 즉시 입
장하얏든 경관에게 취톄되야 목하 종로경찰서에 구인 조사 중인대 활동사진변
사로서 언론에 대한 관계로 취톄 구인되기는 이번이 처음이더라.[25]

비록 검열로 인해 기사의 내용이 우회적으로 표현되어 있음에도 불
구하고, 22살의 젊은 우미관 변사 정한설이 영화 상영 중 막간에 우발적
으로 부르짖은 내용이 식민 지배로부터의 민족 해방이었음은 쉽게 짐
작이 된다. 그런데 이와 같은 돌발행동은 식민지 관료로 하여금 영화의
검열을 강화하고 변사의 인물검정실행을 제도화시킴으로써 공론장으
로 극장을 통제하는 계기를 마련하였다.[26] 변사에 대한 통제는 총독부
에서 시행하는 변사시험에 통과한 자에게 면허장을 부여하는 허가제를
통해서 이루어졌다. 비록 "흥행장 내의 풍기문란을 방지"하기 위한 명
목으로 시행되었다고는 하지만, 변사시험에서 출제된 다음의 문제들은
변사의 연행에서 식민지 관료들이 궁극적으로 통제하고 싶었던 것과
변사에게 요구하였던 것이 무엇이었는지를 오히려 반증해 주는 지점이
있어 흥미롭다.

> 경기도 경찰부에서는 지난 삼월 삼십일에 활동사진 변사시험을 치루엇는 데
> 수험인원 십일 명(소학졸업 칠 명, 중학중도퇴학 삼 명, 중학졸업 한 명) 중 합격
> 자는 여덜 명이라고 한다. 시험문제 : '흥행장내에서 준수할 사항이 무엇이냐',
> '경성인구', '사회대중', '스크린', '키네마팬', '모던걸', '공산당'[27]

주관식으로 출제된 이 문제를 통해서 식민지 관료들이 변사에게서

---

25 『每日新報』, 1920.7.8.
26 「活動寫眞辯士의 人物檢定實行 : 흥행장 내의 풍기문란을 방지키로」, 『朝鮮日報』, 1921.6.2.
27 「活動寫眞辯士 試驗問題에 대한 答案의 一節」, 『東亞日報』, 1927.3.1.

요구하였던 것은 근대적인 인식과 소양 그리고 사상의 통제였다는 것을 알 수 있다. 그것은 이 문제들이 집단이 모이는 공적인 공간에서의 공중도덕이 무엇인지를 그리고 사회 대중, 스크린, 키네마 팬, 모던 걸과 같은 근대적인 현상과 개념의 뜻을 질문하고, 공산당과 같은 반자본주의 개념을 질문하고 있기 때문이다. 그리고 이러한 근대적인 인식과 사상의 통제는 식민지 조선을 탄압의 대상에서 관리와 동화의 대상으로 다르게 상정하기 시작했던 문화정치의 식민 지배 이념과 정확히 상응한다. 그러나 변사에게서 근대적인 인식을 요구하였던 문화정치기의 지배 이념은 그 자체로서 모순을 가지는 것이었다. 앞에서 살펴보았듯이, 문화정치가 허용한 근대적인 인식의 수준이 증가할수록 식민 지배의 부당함에 대한 인식도 함께 증가하였기에 그것은 결국 제국으로 동화의 불가능성을 의미하였기 때문이다. 이런 이유 때문에 변사면허 제도가 시행되고 난 뒤에도, 사상문제 때문에 검열을 받고 구인되었다는 변사에 관한 신문기사를 빈번하게 살펴볼 수 있는 것이다.[28]

그러나 이 책에서 변사가 식민 지배 정책으로부터 직접적인 탄압을 받았거나 물리적인 강제로 구속받았다고 주장하는 것은 아니다. 그보다는 1920년대에 접어들면서, 신문과 같은 공론장에서 변사의 지위가 인기있는 스타에서 조롱과 멸시의 대상으로 변형된 것에 주목하고자 한다. 즉 이 시기에 접어들면서 영화해설에 서툴다고 변사에게 불덩이를 집어던지는 사건이 발생하는가 하면,[29] 변사시험문제의 기발한 답안을 우스꽝스럽게 소개하면서 변사의 무식함을 지적하거나[30] 변사의 학

---

[28] 사상문제와 관련된 변사의 활동에 관한 신문기사는 다음의 자료에서도 살펴볼 수 있다. 「活動寫眞 說明 中 辯士 突然檢束 : 오백군중이 고함을 쳐 장내가 대 소란을 이뤄」, 『朝鮮日報』, 1926.3.13; 「各 劇場마다 數十警官配置 : 변사엽혜 순사가 안저 觀衆을 間斷업시 注視」, 『朝鮮日報』, 1930.1.19; 「자본주의 사회를 저주한 映畵辯士의 舌禍」, 『朝鮮日報』, 1931.9.19.

[29] 「변사에게 불덩이 : 설명을 잘 못한다고」, 『每日新報』, 1919.1.18.

력을 조사하고[31] 기생과 변사의 스캔들을 보도하거나[32] 한때 조선 최고의 인기변사였지만 이제는 약물중독자로서 몰락한 서상호의 가십성 기사를 앞다투어 보도함으로써[33] 이제 변사는 예술가나 제3의 창작자가 아니라 풍기문란을 조장하는 스캔들과 가십의 대상[34]이 되면서 비난과 조롱의 대상이 되어 버린다. 이와 같이 스타 그리고 제3의 창작자로서 예술가에서 비난과 조롱의 대상으로 변사의 지위가 급격하게 변형된 이유는 변사의 본질적인 측면보다는 바로 앞에서 살펴본 고전적 영화의 등장이라는 미학적 요인과 식민 지배라는 정치적 요인이 복합적으로 작용한 결과에서 찾을 수 있을 것인데, 이것은 미학적 차원과 정치적 차원 이 두 가지가 결국 근대라는 단일한 시간성을 공유하고 있는 것이었기 때문이다. 즉 고전적 영화의 등장으로 제기된 토착 엘리트 비평가의 영화예술의 근대화에 대한 요구와 문화적인 영역에서 식민지 조선을 탄압의 대상에서 제국의 충성스러운 신민의 주체로서 동화시키려고 하였던 (그리하여 결국은 수탈을 위한) 식민지 관료의 정치적 근대화에 대한 요구는 조선영화문화의 변사를 근대적인 영화예술의 불필요한 잉여이자 제국화로의 근대적인 이행을 방해하는, 그리하여 그 기능과 역할이 축소되고 억제되며 통제되어야할 존재로 위치시키면서, 시대에 뒤쳐진 비난과 조롱의 대상으로 변형시켜 버렸던 것이다.

이렇듯 비록 고전적 영화의 등장이라는 영화미학의 차원과 식민 지배라는 정치적 차원이 가지는 근대적 시간의 강제에서 통제와 조롱의

---

30 「두려운 문제의 두 文字, 글자들을 몰라서 活動辯士가 卒倒」, 『東亞日報』, 1920.7.8; 「活動寫眞辯士 試驗問題에 대한 答案의 一節」, 『東亞日報』, 1927.3.1; 「活寫辯士 試驗에 기상천외 答案」, 『東亞日報』, 1929.4.3; 「변사시험에 진기한 답안」, 『朝鮮日報』, 1929.7.29.

31 「活動寫眞解說者 學歷調査」, 『中外日報』, 1928.2.4.

32 「辯士에게 반한 大同의 梁○花」, 『朝鮮日報』, 1921.3.18.

33 「서상호의 末路」, 『東亞日報』, 1925.10.6; 「虛榮의 末路」, 『東亞日報』, 1925.10.7.

34 「風化를 壞亂케 하는 京城의 제劇場」, 『朝鮮日報』, 1920.7.22.

대상이었지만, 그럼에도 불구하고 유로-아메리카의 무성영화와 비교하였을 때 식민지 조선에서 변사제도는 오랜 기간 존속할 수 있었고, 변사의 인기 역시 1935년까지 지속되었다. 그렇다면 그 이유는 무엇인가? 그 이유는 다음의 산업적인 차원과 수용의 차원에서 살펴볼 수 있다.

산업적인 차원에서 살펴보았을 때, 변사는 경제적인 이유 때문에 조선영화산업의 필수적인 존재였다. 유로-아메리카 무성영화사에서 강연자로서 내레이터가 갑자기 사라진 것에 비해 한국과 일본의 변사가 오랫동안 존속할 수 있었던 경제적 이유 중의 하나는 영화가 일반화되고 대중화되는 최초의 시기에 조선과 일본의 극장 수는 유로-아메리카에 비해 작았지만 규모에서는 더 컸기 때문이다.[35] 즉 유로-아메리카에서 무성영화의 내레이터처럼 변사와 유사한 인물이 있었다 할지라도 소규모의 극장들이 주종을 이루는 배급 시스템에서 모든 극장들이 내레이터를 고용하는 것은 많은 비용을 필요로 하는 것이었고, 이런 측면 때문에 시각적 내레이터 시스템의 등장 이후, 그들은 갑자기 사라져 버리게 되었다. 그러나 많은 관객들이 입장할 수 있는 거대한 극장을 가지고 있었던 조선과 일본의 배급시스템에서 변사를 고용하는 것은 경제적으로 이익이 되었다. 본격적인 영화상연을 목적으로 1910년 경성고등연예관이 개관한 이후, 1912년에는 우미관이 그리고 1918년에는 단성사가 영화전용관으로 재개관하고 1922년에는 조선극장이 개관함으로써 식민지 조선에서는 경성과 대구, 부산, 평양 등 대도시를 중심으로 대규모의 극장이 들어서기 시작했다. 그리고 이 극장들은 대여섯 명의 원변사와 세 명 정도의 견습 변사를 고용하였으며, 이런 고용방식은 극장주로 하여금 충분한 이윤을 보장해 주었다. 또 다른 경제적 이유는 외

---

[35] Gerow, *op. cit.*, p.82.

국 영화가 시장을 장악하고 있는 상황에서 번역된 자막이 들어간 프린터를 제작하고 배급하는 것보다 변사를 고용하는 것이 훨씬 더 적은 비용이 소요되었기에 경제적으로 더 많은 이득이 되었을 뿐만 아니라, 문맹률이 높은 상황에서 자막이 들어 있는 프린터보다 변사에 의한 해설을 통해서 영화를 관람하는 것은 관객들이 영화의 허구적 효과를 생산하는 데 중요한 역할을 수행할 수 있었다.[36] 그리고 여기서 산업적인 차원의 종속변수로서 기술적인 측면도 고려될 수 있는데, 할리우드영화산업과 같은 기술과 자본을 가지고 있지 못하였던 조선영화산업의 제작과 상연에서 유성영화기술의 도입과 정착은 더디게 이루어졌기에 변사제도는 유성영화기술이 소개된 뒤에도 상당 기간 존속할 수 있었던 것이다.

그런데 이와 같은 조선영화산업과 변사제도의 상관성은 식민지의 전형적인 미발달된, 그리하여 전문적인 분화가 이루어지지 않은 문화산업의 한 단면을 드러내는 것이기도 하다. 초기 영화에서 고전적 영화로의 할리우드영화의 발전 단계에서 살펴 볼 수 있었던 제작과 상연의 분화과정을 관찰할 수 없기 때문이다. 할리우드영화산업에 대해서 미리엄 한센은 초기 영화에서 고전적 영화로의 발전 과정을 '산업의 성장과 안정화는 산물이자 상품으로서 영화 내부의 의미의 집중화를 요구했고, 그것은 점점 상연의 장으로부터의 독립을 의미하는 것'이라고 기술하였다.[37] 이와 같은 문화상품으로서 영화의 성립이라는 맥락에 비추어 보았을 때, 일회성, 우연성 그리고 예측 불가능성에 기반을 둔 변사의 상연행위는 영화제작자들이 엄격한 문화상품으로서 영화를 통제하는 과정에서 명백한 방해물이었음에도 영화산업의 차원에서 이에 대한 문

---

36 Gerow, *op. cit.*, p.82.
37 Hansen, *op. cit.*, p.98.

제 제기와 비판은 전혀 제기되지 않았다. 즉 자신이 생산한 영화 텍스트의 의미와 효과를 변사가 새롭게 해석하고 전유하는 것에 대해 감독이나 제작자의 문제 제기는 어디에서도 발견할 수 없다는 것이다. 앞에서 살펴보았듯이, 변사에게 비판을 가했던 토착 엘리트 비평가와 식민지의 관료들이 변사에게 요구하였던 것 역시 창작자에서 단순한 기계적 해설자로 그들의 목소리에 대한 역할의 축소와 의미의 규제이었지, 그들의 존재 자체를 삭제시키거나 부정하는 것은 아니었다. 이런 측면에서 어떠한 영화산업의 견제도 받지 않은 채 변사제도가 식민지 조선의 극장에서 존속하였다는 사실 자체는 제작과 상연의 과정 자체가 아직 분화되지 않은 미발달된 식민지 문화산업의 한 단면을 드러내는 것이라 할 수 있다.

비록 미발달된 조선영화산업이 계속 필요로 하였다 할지라도, 궁극적으로 변사제도를 오랫동안 존속하게 만든 이들은 변사의 연행에 열광적으로 환호하였던 조선영화문화의 관객들이었다. 공적인 담론에서 1920년대 들어 변사의 지위가 조롱과 가십의 대상으로 급격하게 변화했지만, 실제의 영화소비에서 각 극장의 변사의 존재는 구매선택의 중요한 동기로 작용할 만큼 그들의 인기는 여전히 높았기 때문이다.[38] 다음 부분에서는 이와 같은 변사에 대한 조선영화 관객의 열정적인 수용의 역사를 본래적으로 생성적인 버나큘라 모더니즘으로서 논의하려고 한다.

---

[38] 「新春映畵界를 빗내는 興味 잇는 懸賞投票. 一等의 光榮은 何관에?」, 『每日新報』, 1926.1.6; 이 장의 각주 7 참조.

4. 근대의 시간과 경쟁하는 버나큘라 공간의 소리

상영시간도 광고에는 일곱 시 전후로 되어 있으나 여덜 시경부터 관객이 들기 시작하야 아홉 시쯤 되면 그래도 관내가 빽빽하게 사람이 들었다. 이 동안 먼저 온 손님은 입안에 손가락을 넣고 휘파람을 부는 사람, 손벽을 치는 패, 발을 구르는 떼 등 어서 하라고 야단들 이다. 엔간이 떠들썩거려 놓으면 해설자가 '스테-지' 뒤에서 휘장 틈으로 객석을 엿보아 이만하면 상영하여도 좋으리라는 시기를 보고 사진기사에게 신호를 한다. (…중략…) 돌리는 사이에도 '이층이다, 눈머렀냐', '변사 좀 크게 해라'는 둥 고함이 그칠 사히가 없으며 어디로 보나 당시의 돈 시세로는 상당히 고가인 십전 내지 이삼십 전의 입장료를 물고 일부러 먼 길을 찾어 온 이유를 캐내기 어려울 지경이다. 지금도 도화극장 신부좌 제일극장 같은 데 가면 간혹 볼 수 있지만 활극장면에 박수를 한다든가 연애장면이 나오면 짐승의 소리 같은 외마디 소리를 지르는 것은 전부 이 시대의 유물이라고 볼 수 있다. (…중략…) 서상호는 굴다란 목청으로 익살을 떨어가며 짐짓 인기를 끌기 시작하였는데 대본을 한 번 보고 대번에 화면의 진행과 해설의 템포를 맞추는 점에 있어 그를 따를 사람이 없으리만치 천재적 기능을 보였다. 제 이 단계에 드러가 타이틀에 없는 말을 그럴듯하게 창작하야 집어넣어서 더 한층 갈채를 받기 시작하였으며 타이틀에 쫀이나 메리로 있건 말건 대중에 영합하기 위하여서 김서방 박서방 훗두루 맛두루 이름을 붙이다가 나종에는 메리가 뺑덕어멈이 되어 나오기까지 하였다.[39]

전일 '양·키프라'의 노래를 들으려고 시외 모관에 갔더니 '키프라'가 한참 가극 '토스카'를 노래하고 있는대 갑자기 그 중간에서 발성이 적어지며 변사 아저

---

39 유홍태, 「인기변사 서상호 자살 사건의 전말」, 『朝光』, 1938. 10, 122~123면.

씨가 '맑은 시냇물 소리와도 같은 그의 노래는 사랑하는 사람의……' 하고 나오기 시작함으로 변사의 뱃심에 어처구니가 없어서 얼이 도망갔다. 그랬더니 다음 장면에 음악이 나오면서 주역의 두 사람이 사랑을 속삭이는 '러브씨인'에 이르러 영화는 바욜린의 선율로 반주되고 들리는 것은 영사실에 기계도는 소리. (…중략…) 라고 하는 판에 벽력같은 소리와 함께 '변사 죽었니 해설해라!'하는 고성이 관중 속에서 일어났다. 나는 이런 속에서 구경하는 것이 어쩐지 소름이 끼쳐져 나와버린 일이 있다.

변사가 전성이었던 시절에는 관중도 지금 관중과 달리 좀 광폭한 편이어서 사진이 흐리거나 잘못되면 '이층이다' 하고 떠들고 변사가 서투르면 '변사 집어내라' 소리가 장내를 흔들었다. 한 번은 모관에서 사진이 원악 헐은지라 스크린에 비처도 잘 보히지 않으니까 관중 소에서 하나이 '야아 사진 떴다!'고 고성을 치니까 변사군 對曰 '동지가 지냈으니 사진도 떰니다' 하였다. (…중략…) 또 한 번은 고속촬영(슬로우 모슌)으로 된 장면이 나와서 동작이 극히 느린 것을 성미가 불같은 자 고함을 치며 '좀 빨리 놀려라!' 하니까 변사군의 대답이 걸작이다. '놀리기를 천천히 놀리는 게 아니라 박일 때 천천히 박인 때문입니다.[40]

경성 중심가의 극장에서 유성영화 기술의 도입이 정착되고 변사가 시 외곽의 변두리 극장으로 밀려나기 시작했던 1937~38년 사이에 과거의 극장문화를 회상하고 있는 위의 자료에서 알 수 있는 것은 변사에 의한 무성영화의 상연이 이루어지는 극장은 무성이라기보다는 다양한 소음들로 가득 차 있는 떠들썩한 공간이었다는 점이다. 변사가 등장하기 전 청중들은 '휘파람', '손뼉', '발을 구르는 소리'들로 자신들의 흥분된 기대감을 표현하였으며, 영화가 상연되는 동안에도 자신들의 의사를 표현하기도 하며, 에로틱한 장면에서의 '외마디 비명'과 액션 장면에서의

---

40 夏蘇, 「映畫街 白面相」 『朝光』, 1937.12, 235~237면.

'박수'로써 자신들의 감정을 집단적으로 표현하기도 하였다. 이와 같은 측면들은 고전적 영화의 재현적 서사가 관객과 스크린 사이에 창조해 내는 공간과는 사뭇 다른 것이었음을 보여준다. 즉 재현적 서사영화가 관객과 스크린 사이에 창조해 내는 공간은 결정적으로 사적인 공간(private space) 그러니까 스크린의 말 걸기가 집단적인 다중이 아니라 극장의 친밀한 모호함 속에서 고립되어 있는, 개인적이며 개별적인 관객을 향해 있는, 묵상의 안락한 공간(intimate space)이라면,[41] 변사에 의한 상연이 이루어지는 공간은 이러한 묵상의 안락함을 침해하는 것이었을 것이다. 아마도 이런 이유 때문에 뮤지컬 영화를 관람하러 시외 변두리 극장을 찾았던 하소(夏蘇)는 시대착오적인 변사의 해설과 그에 대한 관객의 요구를 보면서 자신의 친밀하며 안락한 사적인 공간이 침해 받고 있음에 소름이 끼쳤을 것이다. 그런데 여기서 고전적 영화가 스크린과 관객 사이에서 창조해 내는 사적인 공간을 침해하고 있는 것은 변사의 목소리와 초기 영화의 관객성이다. 쟝 샤토베르와 앙드레 고드로는 재현적 서사영화가 창조해 내는 사적 공간과는 달리 초기 영화가 스크린과 관객 사이에서 창조해 내는 것은 공적인 공간(public space)이며, 이것은 재현적 서사영화의 개인화된 관객이 아니라, 집단적인 실체를 가진 청중(audience)을 생산하였다고 주장한 바 있다. 실제로 관객들은 움직이는 이미지의 광경에 집단적으로 참여하도록 인도되기도 하였는데, 이런 참여는 박수나 노래 따라 부르기 같은 음향을 발생시켰고, 이런 과정을 통해서 개인들은 청중의 성원들 즉 공동체로 전환될 수 있었다는 것이다.[42] 여기서 집단적인 참여로서 초기 영화의 관객성은 손뼉과 휘파람 그리고 박수로 변사의 연행에 환호했던 조선의 무성영화 관객성과

---

41 Jean Cahteauvert · Andre Gaudreault, "The Noises of Spectators, or the Spectator as Additive to the Spectacle", Richard Abel and Rick Altman(ed.), *The Sounds of Early Cinema*, Indiana Unversity Press, 2001, p.183.

42 *Ibid.*, p.183.

형식적인 차원에서 일치하는 지점이 있다.

　그렇다면 이것은 무성영화시기 조선의 극장에서는 재현적 서사영화의 관객성과 초기 영화의 관객성이 공진하고 있었다는 것을 의미한다. 왜냐하면 1910년대 이후 식민지 시기 조선에서 상영된 영화 중에서 가장 많은 비중을 차지하였던 것은 고전적 할리우드영화이었기 때문이다. 그러나 유로-아메리카 지역의 초기 영화 관객성이 고전적 영화의 등장으로 급격히 변형되었다는 것에서 알 수 있듯이, 사적인 공간을 창조하면서 보편적이고 개인적인 소비자 관객을 생산하는 고전적 영화와 관객을 산만하게 만들면서 지역적 상황에서 영화에 반응하는 이질적인 공적인 집단을 양산하는 초기 영화 관객성은 근본적으로 양립 불가능한 것이기도 하다. 즉 그것은 형식적인 차원에서 조화롭게 공진하는 것이기 보다는 정반대의 힘과 성질을 가지고 있기에 그리하여 궁극적으로는 마찰을 일으킬 수밖에 없는 것이었다. 그럼에도 불구하고, 식민지 조선의 극장에서 고전적 영화와 초기 영화 관객성이 오랫동안 조화를 이루면서 공진할 수 있었던 것은 수입된 고전적 영화에서 할리우드의 지역적 버나큘라 모더니즘을 번역하고 매개할 수 있는 변사의 능력 덕분이었다.

　이 지점에서 먼저 변사는 관객의 독해를 규정지을 뿐만 아니라 그들의 영화에 대한 그릇된 해석이 관객을 호도할 수 있다는 토착 엘리트 비평가와 식민지 관료들이 변사에 대해 공유하고 있었던 당시의 일반적인 인식이 틀린 것일 수도 있다는 점을 지적하고 싶다. 비록 토착 엘리트 비평가와 식민지 관료들의 관념 속에서 변사는 객석의 실제 관객에게 강력한 영향력을 행사하는, '스크린의 일차적인 관객'으로 가정되고 있었다 하더라도, 실제로 무성영화가 상영되는 극장의 공간에서 변사는 청중들의 영화적 경험을 대리하고 그들의 사유와 감정을 대변하는, 그리하여 '청중의 대표적 관객'으로서 기능한 측면들도 많았기 때문이다. 이것은 변사의 해설이 동반되는 무성영화에서 의미와 감정의 생산은 영화 텍스트에 의해 일방적으로 결정되기 보다는 변사를 통한 청중의 집단적 참여에 의해서 이루어졌음을 의미한다. 앞의 인용문에서, "관중도 지금 관중과 달리 좀 광폭한 편이어서 사진이 흐리거나 잘못되면 '이층이다'하고 떠들고 변사가 서투르면 변사 집어내라는 소리가 장내를 흔들었다"라든지 흐릿한 스크린 이미지에 대해서 "야아 사진 떤다"라고 큰 목소리로 고함을 쳤던 것은 이런 참여의 한 단면을 가리키며, 에로틱한 장면에서 객석에서 들리는 기이한 외침이나 호쾌한 액션 장면에서 객석으로부터 터져 나오는 박수소리 등 청중의 반응에 의해서 변사의 해설은 한층 더 열기를 더했을 것이고, 정반대로 영화의 해설에 대해 청중의 싸늘하고 냉소적인 반응이 돌아왔다면 변사는 다음번 상영에서 이전 해설의 방식과 내용을 수정했을 것이기 때문이다. 뿐만 아니라, 청중은 변사의 능력과 성향을 즉각적으로 판단하고 그에 대한 즉각적이며 직접적인 반응을 제공함으로써 자신들의 취향과 기호에 맞는 변사를 능동적으로 선택하기까지 하였는데, 변사의 해설방식이나 내용이 청중들의 마음에 들지 않으면 쫓겨 들어가는 일이 빈번했다든지, 기생조합 중 하나였던 한반권번이 우미관을 대여했을 때 당시의 가장 특징 있는 관객집단 중의 하나였던 기생들이 변사 "성동호를 데려오시오"라고 주문했던 것은 이런 청중들의 능동적인 참여와 선택을 보여주는 기록들이다.[43]

---

43 「活動寫眞 辯士 座談會」, 『朝光』, 1938.4, 291〜293면; 한국예술연구소 편, 『이영일의 한국영화사를 위한 증언록 : 성동호·이규환·최금동 편』, 소도, 2003, 21면; 성동호, 최예정 기록, 「이영일이 만난 한국영화의 선각자들 구술기록 : '활동사진 설명업자 면허증' 따서 주로 연애극을 맡았지」, 『씨네 21』 317호, 한겨레신문사, 2001.8.29.

그렇다면 '스크린의 일차적인 관객'이 아니라 '청중의 대표적 관객'으로서 변사의 연행이 구성해 내었던 내용들은 무엇인가? 달리 말하여, 재현적 서사로서 고전적 영화와 청중의 상호작용을 매개하였던 변사의 연행이 구성해내었던 것은 무엇인가? 실증할 만한 자료가 부재하는 상황에서 그 구체적인 내용은 파악할 수 없지만 그것은 아마도 레이몬드 윌리엄스의 '잔존하는 것', '지배적인 것', '부상하는 것'이 역동적으로 얽혀 있어 혼합적인 그 무엇이었을 것이다.[44] 즉 그 속에는 근대를 부정하고 전통으로 회귀하려는 반근대적인 것 그리고 그것의 샴쌍둥이로서 전통을 완전히 부정하고 식민주의와 함께 도래한 근대를 무비판적으로 수용하려고 했던 근대주의도 분명 작동하고 있었을 것이다. 그러나 동시에 그 속에는 근대의 비가역성을 인정하면서 근대가 된다는 것의 모순적이며 양가적인 경험을 만끽하는 동시에 근대와 전통의 이항대립적 짝짓기를 문제시하는 역동적인 경험도 함께하였을 것이다. 그리고 이 모든 것들이 만들어내는 소음과 소리들이 변사에 의한 무성영화가 상연되는 극장 공간을 가득 채우고 있었던 것이다.

가장 대표적인 소리는 고전적 영화에서 할리우드의 지역적 버나큘라 모더니즘에 반응하는 청중이 내는 소음과 그것을 대표해서 번역해 내는 변사의 목소리이다. 사적이고 내밀한 영화적 경험을 방해했기에 토착 엘리트 비평가에 의해 유치한 '박수' 소리나 '짐승의 소리'로 기록되어 있는 극장의 소음들도 이런 맥락에서 이해할 수 있다. 마치 아이같이 할리우드영화에서 에로틱한 장면이 나오면 객석 곳곳에서 터져 나오는 '외마디 소리'는 이전의 전통사회에서 금기시 되었던 성적인 자유와 표현에 대한 호기심의 표현이며, 그것을 의도적으로 소리내는 것은 할리

---

44 레이몬드 윌리엄스, 박만준 역, 『문학과 문화이론』, 경문사, 2003, 175면.

우드의 지역적인 버나큘라 근대성에 대한 호기심과 매혹을 집단적으로 공유하고 싶은 욕망의 표현이라 할 수 있다. 그리고 호쾌한 액션 장면이 나올 때마다 어김없이 터져 나오는 '박수소리'는 할리우드영화가 "페이소스와 액션의 변증법을 통해서 도덕적이고 정서적인 진실을 드라마틱하게 노출시키려고 하는 민주적 형식"에 대한 집단적인 반응으로 이해할 수 있다.[45]

청중의 이 같은 수용과 반응이 순간적이며 찰나적인 광경의 순간에 집중되는 것이었다면, 이미지가 전경화되는 광경의 순간에 터져 나오는 박수와 외마디 소리를 기반으로 혹은 그것에 힘입어 변사는 서사의 해설을 통해서 할리우드영화의 버나큘라 근대성을 번역할 수 있었다. 1926년 3월 13일자 『朝鮮日報』의 한 기사는 이러한 번역의 순간을 다음과 같이 전하고 있다.

> 대구 만경관 활동사진 순업단이 지난 팔일 진주에 도착하야 련일 만원의 성황을 이루엇는데 십일 밤 영사하는 사진 암흑의 시(暗黑市)에 설명변사 김성두(金成斗)군이 동 영화 중에 나타나는 주인공이 빈한한 사람을 위하야 일하다가 결국 감옥생활을 하게 되고 판결을 담임한 판사의 아들이 역시 법망에 걸리는 경로를 설명하면서 현대사회조직이 불합리할 뿐만 아니라 법률이 업서도 리상적 사회를 건설할 수 잇다는 설명을 마치자 곳 임석경관이 검속을 식히고 다음 사진도 못하게 하매 오백여 군중이 리류를 설명하라고 고함을 처 장내는 대소란을 이르켯는데 활동사진설명까지 가혹히 취췌함은 처음 일이며 진주 경찰서의 근래 언론 취췌는 너무 가혹하다 하야 일반의 비난이 자자하다더라.[46]

---

45 Linda Williams, "Melodrama Revised", Nick Brown(ed.), *Refiguring American Film Genre : History and Theory*, University of California Press, 1998, p.42.
46 「寫眞說明 중에 活辯 拘引 : 불온흔 언사로 사상 고취 혐의」, 『朝鮮日報』, 1926.3.13.

정확한 제목이 확인되지 않는 이 영화는 내용상으로 유추하여 보았을 때, 액션이 동반된 느와르 풍의 사회범죄물 장르 초기 형태의 할리우드영화로 추측된다. 그런데 변사 김성두는 이 영화를 통해서 근대사회의 비합리성이라는 근대성의 어두운 측면을 독해해 내면서 법률이 없어도 이상적 사회를 건설할 수 있다는 유토피아적인 열망을 청중에게 해설하였고, 이런 해설 내용 때문에 임석경관에게 구인되면서 영화 상영이 중단되자 관객들이 항의하면서 소동을 벌였다는 것이다. 여기서 청중들이 옹호했던 김성두의 해설은 미리엄 한센이 지적한 할리우드영화의 버나큘라 모더니즘과 정확하게 일치한다. 고전적 시기의 초기 미국영화를 '최초의 전 지구적인 버나큘라'로 재위치 시키면서 한센은 할리우드영화가 지구화될 수 있었던 것은 "생리적으로 꽉 짜인 영화적 구조나 보편적인 서사의 형판과 같은 동원력 때문이 아니라, 근대성과 근대화에 대한 경쟁적인 문화적 담론을 매개하는 중요한 역할을 수행하였기 때문에 즉 그것이 특수한 역사적 경험을 절합·다중화·전 지구화할 수 있었기 때문"이었다고 주장하였다.[47] 이렇듯 고전적 영화의 보편적 영화 언어와 마찰을 일으키는 전근대적 존재가 아니라 할리우드영화의 특수한 근대 경험을 번역할 수 있는 변사의 능력에 주목한다면, 우리는 왜 임석경관이 변사 김성두의 해설을 즉각 중지시켜야 했으며, 나아가 1930년대 중반 이후에 식민지 관료들이 왜 양화수입을 금지시켰는가에 대한 역사적 이해에 도달할 수 있게 된다. 즉 그것은 20세기 초반 역동적이고 활발한 아메리카 지역의 근대성을 체화하고 있는 할리우드영화가 식민지 근대화를 통해서 전통사회로부터 이제 막 벗어나기 시작한 조선의 부상하는 것을 절합하고 다중화시킴으로서 제국과 민족의 수렴된 근대화의 시간과는 다른 (그리고 이런 의미에서 그것과 경쟁하고 있었던)

---

[47]　Hansen, *op. cit.*, p.337.

버나큘라 공간의 이질적인 근대화와 근대성의 시간을 일상의 미학과 경험 속에서 촉진시키고 확산시켜 나가고 있었기 때문이다. 변사의 열정적인 해설과 청중의 박수, 그리고 객석에서 간간히 터져 나오는 탄성과 신음소리 같은 무성영화가 상영되는 극장을 시끌벅적하게 만들었던 다양한 소리 속에서 말이다.

제3장

문예봉, 발명된 '국민 여배우'의 계보학

1. 문예봉과 '국민 여배우'의 계보학

'삼천만의 연인', '친일 배우', '인민 배우'

서로 어떤 관련성도 없어 보이는 이 세 호칭은 한국영화사의 대표적인 여배우 중 한 명인 문예봉(1917~99)과 함께하는 수식어들이다(그림 4). 〈임자 없는 나룻배〉(1932, 이규환)로 데뷔한 이후 1930년대 조선영화계의 가장 비중 있는 여배우로 성장한 문예봉은 '삼천만의 연인'으로 불리면서 대중의 인기를 한 몸에 받았지만, 1940년대에 접어들어 〈조선해협〉(1943, 박기채)을 비롯한 일련의 친일영화에 출연하면서 일제에 협력했고, 해방 이후에는 월북하여 북한 최초의 공훈배우에 오르기도 하였지만 숙청되었다가 다시 인민배우로 복권되어 파란만장한 삶을 마감하였다. 친일과 월북으로 이어진 그의 삶에서 알 수 있듯이, 한국영화사에서 '친일 배우로서의 문예봉'은 민족주의 역사기술에 의해 망각된 기억으로 남

아 있어야 했고 '인민 배우로서의 문예봉'은 냉전 이데올로기에 의해 억압된 기억으로 남아 있어야 했다. 그럼에도 불구하고 매우 의아한 것은 배우로서 문예봉의 명성은 세월의 흐름에 결코 사라지지 않았고, 한국인들에게 문예봉은 낯설지 않은 이름으로 여전히 남아 있다는 점이다. 제3장에서는 민족주의의 망각된 기억과 냉전 이데올로기의 억압된 기억에도 사라지지 않았던 문예봉의 명성을 이해하려고 시도한다.

그림 4. 한국영화사에서 문예봉은 '삼천만의 연인', '친일 배우', '인민 배우'라는 명칭을 가지고 있다.

지금까지 문예봉에 대한 본격적인 연구는 현실적인 제약 때문에 거의 불가능한 것으로 여겨져 왔다. 문예봉의 필모그래피는 크게 세 시기로 그러니까 1932년 데뷔작 〈임자 없는 나룻배〉부터 〈수업료〉(1940, 최인규)까지의 '조선영화기', 〈집 없는 천사〉(1941, 최인규)부터 〈태양의 아이들〉(1944, 최인규)까지의 '친일영화기' 그리고 〈내 고향〉(1949, 강홍식)부터 〈우리 새 세대〉(1996, 장인학)까지의 '북한영화기'로 나눌 수 있다. 그러나 조선영화에서 친일영화 그리고 북한영화로 이어지는 세 시기의 단절이 워낙 큰 까닭에 그의 생애 전체를 아우르는 통시적 연구 자체가 불가능할 뿐만 아니라, 각각의 시기에 개별적으로 초점을 맞추어 보더라도 '조선영화기'에는 현존하는 그의 출연 영화가 없었고, '친일영화기'는 한국영화사 기술에서 맹목적으로 망각, 삭제되어 있었으며, '북한영화기'에는 자료에 대한 접근이 차단되면서 그의 행적 자체도 불분명한 점이 많았기에 어느 한 시기라도 온전한 형태의 접근과 연구가 어려운 상황이었다.

그러나 문예봉이 출연하는 일련의 영화들이 발굴됨에 따라 기존의 문예봉 연구의 현실적 어려움을 넘어설 수 있는 발판이 마련되고 있다. 최근에 DVD로 공개된 문예봉 출연 영화는 다음의 총 5편이다. 〈미몽(죽음의 자장가)〉(1936, 양주남), 〈군용열차〉(1938, 서광제), 〈지원병〉(1941, 안석영), 〈집 없는 천사〉, 〈조선해협〉(1943, 박기채).[1] 하지만 이 목록에는 〈임자 없는 나룻배〉, 〈춘향전〉(1935, 이명우), 〈나그네〉(1937, 이규환) 등 문예봉의 대표작이라 할 수 있는 작품들은 여전히 누락되어 있다. 오히려 공개된 영화들은 문예봉의 필모그래피 중에서 예외적인 성격을 가지고 있기에 신문 자료나 비평 그리고 후세의 영화사 서적과 같은 아카이브상에서 의도적으로 침묵하고 있거나 삭제된 작품들이 대부분이다. 〈군용열차〉, 〈지원병〉, 〈집 없는 천사〉, 〈조선해협〉은 친일적인 성격을 가지기에 한국영화사기술에서 왜곡되었거나 누락 삭제되어 있었던 작품일 뿐만 아니라 문예봉이 악녀를 연기하는 〈미몽〉은 그의 필모그래피에서 가장 예외적인 작품인 동시에 당시의 신문·잡지 관련 기사나 비평 자료를 전혀 발견할 수 없는 의외의 작품이기도 하다.

그럼에도 불구하고 제3장에서는 발굴된 문예봉의 영화 중 〈지원병〉, 〈집 없는 천사〉, 〈조선해협〉이 친일영화로 손쉽게 분류될 수 없는 '이행적 친일영화(1941~43)'라는 점에 주목하면서[2] 이 영화들이 문예봉이라는 여성 스타를 동원하는 양상을 분석하려고 시도한다. 이런 시도는 방법론상에서 두 가지의 장점을 가진다. 첫째는 문예봉 연구에서 분리되어 있는 불연속적인 세 시기를 연속적으로 사유할 수 있게 된다는 점이다. 신체제를 소비하려는 조선영화인들의 산업적 욕망에서 자발적으로 추동된 '이행적 친일영화'는 일본의 전쟁 이념을 선전하기 위하여 1930년

---

1 『발굴된 과거 : 1940년대 일제시기 극영화모음집』, 한국영상자료원, 2007; 『발굴된 과거 두 번째 : 1930년대 조선영화 모음』, 한국영상자료원, 2008.
2 '이행적 친일영화'의 개념화에 대해서는 제4장을 참조.

대를 지나오면서 '조선영화기'에 축적된 여성 스타들, 문예봉, 김신재(1919~99), 김소영(1913~?) 등의 명성과 인기를 적극 활용하려고 하였다. 그리고 이렇게 여성 스타로서 문예봉이 국가의 이념을 선전하는 양상은 해방 이후 북한영화를 통해서 반복 재생산되게 된다. 이런 맥락에서 '이행적 친일영화'에 나타난 문예봉의 스타 이미지는 과거의 조선영화에서 나타난 '삼천만의 연인'과 미래의 북한영화에서 나타날 '인민배우'로 문예봉의 이미지가 응축된 형상을 띠게 된다. 둘째는 '국민 여배우'로서 문예봉의 발견이다. 친일 배우로서 문예봉의 이미지에 이전의 '삼천만의 연인'과 이후의 '인민 배우'의 형상이 응축되어 있다면, 세 시기의 문예봉의 이미지는 심한 단절과 결락으로 특징짓기 보다는 어떤 공유된 연속성 위에서 사유가 가능할 것인데, 제3장에서는 그 연속성을 '국민 여배우'라는 범주로 상정한다. 즉 '삼천만의 연인', '친일 배우', '인민 배우'로서 문예봉의 이미지는 '친일과 반일의 이분법'과 같은 민족주의 역사기술이나 냉전 이데올로기의 관점에서 바라보듯이 서로 모순되거나 충돌을 일으키는 것이 전혀 아니라, '국민 여배우'로서 문예봉의 탄생과 성장 그리고 그것에 대한 국가 이념의 전유라는 연속적인 틀 속에서 사유가 가능하다는 것이다.

문예봉에 대한 중요한 연구는 박현희에 의해 이미 진행된 바 있다.[3] 1930년대 후반과 해방 이전까지 친일영화기에 초점을 맞추고 있는 이 연구에서 그는 문예봉과 김신재의 삶 그리고 영화를 당시 신문기사와 새롭게 발굴된 영화를 통해 재구성하고 있다. 특히 이 연구에서 주목해야 할 점은 문예봉의 필모그래피에서 〈조선해협〉의 중요성을 복원시키면서 이 영화의 대중성을 재조명하고 있는 부분이다.[4] 그는 이 영화의

---

[3] 박현희, 『문예봉과 김신재 1932~1945』, 선인, 2009.
[4] 위의 책, 133~149면.

역사성을 '스타 문예봉과 총후 부인의 간격'으로 규명하면서 그동안 민족주의 역사기술에 의해 망각되어 온 〈조선해협〉의 대중성을 상기시키고 있는데 이는 이 장에서 주목하고자 하는 조선영화에서 '삼천만의 연인'과 북한영화에서 '인민 배우' 사이의 연결점을 제시할 수 있는 가능성을 시사하고 있다. 그럼에도 불구하고 당시의 영화산업이나 비평과 같은 제도와 맥락에 대한 광범위한 분석을 보여주지 못하는 그의 연구는 관심을 협소하게도 자연인으로서 문예봉 개인과 그의 생애에 초점을 맞추고 있다는 점에서 아쉬움을 남긴다.

이에 비해 제3장에서는 '국민 여배우'의 계보학으로서 문예봉의 스타 이미지에 대한 분석을 시도한다. 즉 '국민 여배우'로서 문예봉이 가지는 특권적인 스타 이미지의 역사성을 이해하기 위하여 이 장은 미셸 푸코의 계보학적 분석(genealogical analysis)을 시도한다.[5] 이 장에서 규명하려는 '국민 여배우'의 계보학이란 '국민 여배우'로서 특권화된 문예봉의 스타 이미지를 권력 테크놀로지의 산물로서 이해하는 동시에 '국민 여배우' 라는 "법적 주체를 생산하면서 그 생산과정을 은폐하는 정치작용을 추적"[6]하는 시도라 할 수 있다. 이렇듯 '국민 여배우'의 계보학으로서 문예봉의 스타 이미지를 분석할 때 우리는 두 가지의 유리한 분석의 시각을 가지게 된다. 첫째는 '이행적 친일영화'에 나타난 여성 스타 재현의 문제를 민족주의 역사기술이 아니라 통치성(governmentailty), 그리고 권력 형식의 실행 문제로 접근할 수 있게 되면서 '친일과 반일의 이분법'을 넘어설 수 있게 된다는 점이다. 둘째는 푸코가 의도한 대로 권력의 억압성이 아니라 그 생산성에 주목하여 '국민 여배우'로서 문예봉이라는 주체는

---

5 Michel Foucault, "Nietzsche, Genealogy, History", Paul Rabinow, Penguin(ed.), *Foucault Reader*, 1984, pp.76~100.
6 주디스 버틀러, 조현준 역, 「옮긴이 해제」, 『젠더 트러블 : 페미니즘과 정체성의 정치학』, 문학동네, 2006, 17면.

권력의 이중적 기능성의 산물이었음을 밝힐 수 있게 된다는 점이다. 즉 '국민 여배우'로서 문예봉의 스타 이미지가 단순히 억압적 권력의 산물임을 지적하는 것을 넘어서 그것이 '이행적 친일영화'를 통해서 생산적으로 실행되는 주체화 과정 속에서는 예기치 못한 변종화의 과정이 수반되었고 이런 우연성의 역사가 〈조선해협〉의 대중성 속에 자리 잡고 있었다는 것을 규명할 수 있다는 것이다. 정리하면, 푸코의 계보학적 접근을 통해서 '국민 여배우'로서 문예봉의 스타 이미지 형성을 논의하려는 이 장은 이행적 친일영화가 일본 제국주의의 총력전 수행을 위해서 조선영화의 여성 스타덤을 적극적으로 동원하려고 하였지만 동시에 그것에 의해 심각하게 도전받기도 하였던 이중적인 역사를 논의하고자 한다. 결과적으로 제3장에서는 문예봉의 스타 이미지 형성에 있어 권력의 대상으로서 '국민 여배우'의 주체화가 이루어졌지만, '이행적 친일영화'에서 '국민 여배우'의 활용은 권력의 실패를 야기하였다는 점을 논의하고자 한다.

이 같은 기획을 위하여 2절과 3절에서는 '국민 여배우'로서 문예봉이라는 스타 이미지의 '고고학적 기원'을 계보학적으로 논의하게 된다. 먼저 2절에서는 '은막의 여배우'를 전통적인 부인이나 근대적인 신여성과 다른, 무한한 유동성(mobility)이 허락된 '새로운 주체'로서 위치시킨다. 그리고 1920~30년대의 신문기사나 영화 비평을 통해 이루어진 '은막의 여배우'에 대한 지식생산과 그들을 향한 미시 권력의 그물망으로서 다양한 권력 테크놀로지의 상호작용을 담론 분석을 통해 규명하게 되는데, 1920년대 초·중반 '새로운 주체'로 부상한 '은막의 여배우'를 '유순한 신체(docile body)'로 길들이고 훈육하는 과정 그리고 '국민 여배우'로서 문예봉의 스타 이미지가 그것을 내면화하는 과정에 대해 논의한다. 3절에서는 '국민 여배우'로서 문예봉의 특권화된 스타 이미지가 영화산업 그리고 관객의 수용을 통해 형성되는 제도적 맥락을 분석한다. 스타 이미지의 조형성을 강조하는 이 부분에서는 문예봉의 수행성(performativity)을 '침묵의 쿨레쇼프 효과'로 분석하면서 '국민 여배우'로서 문예봉의 계보학적 탄생은 영화산업의 요구, 비평, 영화 관객의 수용, 그리고 문예봉 자신의 의도적인 노력을 포함하는 '조선영화제도'에 의해 중층적으로 결정되고 구성되는 과정이었음을 논의 한다. 그리고 4절에서는 그렇게 탄생된 '국민 여배우' 문예봉의 스타 이미지가 '이행적 친일영화'인 〈지원병〉과 〈조선해협〉에서 전유되고 수행되는 양상을 논의함으로써 비록 신체제의 이념에 의해 동원되었지만, 그 결과는 성공적이지 못하였고 심지어는 그것에 의해 도전받기도 하였다는 점을 논의한다.

2. '새로운 주체'로서 '은막의 여배우'를 훈육하기

'은막의 여배우'로서 문예봉은 식민지 시대를 화려하게 밝혔던 다른 스타들과 차별화되는 '국민 여배우'로서의 특권화된 지위에 어떻게 오르게 되었는가? 그 과정을 논의하기 위하여 영화 배우로서 문예봉의 성격을 규명하는 것으로부터 출발하려고 한다. 무엇보다 영화 스타로서 문예봉의 일차적인 성격은 식민지 시기 '은막의 여배우'에게 항상 따라 다녔던 성과 관련된 스캔들을 전혀 일으키지 않은 모범적인 배우라는 점에 있다. 식민지 시기 은막의 여배우를 이월화(1904~33), 복혜숙(1904~82), 신일선(1912~90) 등 1세대와 문예봉, 김소영, 김신재 등의 2세대로 구분할 수 있다면, 2세대 여배우들은 1세대를 특징짓던 스캔들, 그러니까 이월화와 복혜숙의 성적 일탈이나 신일선의 급작스러운 결혼과 같은 주로 성적인

1세대 '은막의 여배우' (왼쪽부터 이월화, 신일선, 복혜숙)

2세대 '은막의 여배우' (왼쪽부터 문예봉, 김신재, 김소영)

그림 5. 1세대 은막의 여배우들이 성적 스캔들로 세간의 이목을 집중시켰다면, 2세대 은막의 여배우들은 스캔들과는 다소 무관한 삶을 살았다.

문제와 연관된 스캔들과는 다소 무관한 삶을 살았다는 것으로 특징지을 수 있다(그림 5). 비록 김소영의 경우 1940년 김신재의 남편이기도 한 최인규(1911~?)와 스캔들을 일으키기도 하였지만,[7] 그 파장은 1세대와 비교하면 극히 미미한 수준에 불과한 것이었다. 김신재가 성적으로 방종한 생활을 했던 남편 최인규 때문에 어쩔 수 없이 입방아에 오르내렸을 것을 감안한다면, 문예봉은 2세대 중에서도 성적인 스캔들과 가장 무관한 삶을 살았다고 할 수 있다. 이렇게 된 원인은 문예봉이 17세에 극작가 임선규(1912~?)와 이미 결혼을 한 기혼자였던 점, 그리고 남편 임선규가 1936

---

7 「설한(雪恨)이 만흔 김소영. 동경서 도라와서」, 『三千里』, 1940.4, 152~157면.

년 〈사랑에 속고 돈에 울고〉로 유명해지기 전까지 가난한 살림을 책임져야 했던 점 등을 들 수 있다. 이런 이유 때문에 문예봉은 이전 세대의 여배우들과는 달리 스크린의 안과 밖에서 가장 신뢰할 수 있는 존재가 되었다. 즉 스크린 안의 '은막의 여배우'로서 문예봉은 치명적 스캔들의 이월화, 급작스러운 결혼과 단명한 신일선, 연극, 영화, 화류계를 불규칙하게 오갔던 복혜숙 등의 1세대 여배우들과는 달리, 오랜 기간 안정적으로 영화제작에 참여할 수 있는 '예측 가능한 성실한 여배우'였던 동시에, 스크린 밖의

그림 6. '은막의 여배우'로서 부적절한 문예봉의 외모에 대해 안석영은 '대비양(大鼻孃)' 즉 코가 큰 여자라 부르면서 조롱하고 실제로 자신이 그린 측면 캐리커처로 큰 코를 우스꽝스럽게 묘사하고 있다

문예봉은 아내로서 어려운 살림을 도맡아 남편의 성공을 뒷바라지 하는 '현모양처'로 인식되었던 것이다.

그러나 모순되게도 영화배우로서 문예봉의 자질은 많은 단점과 한계를 가지고 있었다. 무엇보다 당대의 대표적인 영화감독들은 문예봉의 외모는 '은막의 여배우'로서 어울리지 않는다고 여겼다. 안석영은 『朝鮮日報』의 한 연재기사에서 문예봉을 '대비양(大鼻孃)'이라 부르면서 그의 큰 코를 조롱하고 실제로 자신이 그린 문예봉의 측면 캐리커처로 큰 코를 우스꽝스럽게 묘사하고 있다(그림 6).[8] 박기채는 문예봉이 "여성의 매력으로서 성가를 높일 만한 이성적 매력을 갖지 못하였다"면서 "자태로

---

8   안석영, 「은막의 천일야화 : 대비양 문예봉 등장으로 최초의 발성 〈춘향전〉 완성」, 『朝鮮日報』, 1940.2.28.

서는 여배우의 자격을 상실한 편"이라 단언하고, "아무리 예봉에게서 여성다운 색기를 찾아내 볼려고 하여도 찾아낼 수 없는 것은 비단 나뿐만은 아닐 것"이며 그 "인상은 영화 여배우의 매력보다는 현모양처로서의 문예봉이 더욱 깊다"고 직설적으로 지적한다.[9] 외모뿐만 아니라 듣기 거북한 쉰 목소리와 억센 함경도 사투리를 가진 문예봉의 발성 역시 영화배우로서의 성장에 큰 장애가 되는 것이었다. 아이러니하게도 "듯는 사람으로써 원인업는 침울을 느끼게 하는"[10] 문예봉의 발성은 '극단의 여배우'로서 성장하기에 문제를 가지고 있었고 그가 무성영화의 배우로 데뷔하게 만드는 원인을 제공했지만,[11] 유성영화 시대로 접어들면서 "지방적 악센트를 버리지 못한대 있어서 크나큰 치명상이 있는" 문예봉은 "발성영화여배우로서 큰 기대를 갖지 못하게" 만들었다.[12] 문예봉의 연기 역시 카리스마를 가지고 있는 인상적인 것은 아니었다. 발굴된 영화에서 살펴 볼 수 있는 문예봉의 실제 연기도 그러하지만, 당시의 비평에서도 이런 문제는 이미 지적되고 있었다. 이런 이유 때문에 박기채는 비록 그의 노력도 있었겠지만 "조선 여배우 가운데 문예봉인 큰 출연마다 좋은 긔회를 만나는 여배우" 즉 '운'이 좋은 여배우라 지적했다.[13] 안석영 역시 스타로서 '문예봉의 영화적 매력'은 배우나 연기 그 자체에 있는 것이 아니라 "이규환 씨의 영화의 매력"이라고 단언해 버린다.[14] 1940

---

9   박기채, 「내가 감독한 주연 여우 인상 : 청아한 백합 문예봉양」, 『朝光』 3(10), 1937, 190~193면.
10   YY生, 「여배우 「언파레이드」, 연극편(13) 연극시장 명일(明日)을 약속하는 문예봉양, 옷독한 코에 매끈한 얼굴」, 『東亞日報』, 1931.7.12.
11   문예봉의 영화 데뷔는 나운규의 추천으로 이루어졌다. 당시 연극배우였던 문수일의 딸로서 '극단의 여배우'로 활동하고 있던 15세의 문예봉에게 나운규는 〈임자 없는 나룻배〉의 출연을 부탁하면서 아버지 문수일에게 문예봉은 목소리 때문에 연극배우로서 성공할 수 없다면서 다음과 같이 설득했다. "당신의 딸은 연극무대에서 성공을 못해, 저런 목소리를 가지고서 어떻게 연극배우 구실을 하겠어. 예봉이는 무성영화가 적역이네." 최창호 · 홍강성, 『라운규와 수난기 영화』, 평양출판사(한국문화사 영인), 1999, 167면.
12   박기채, 앞의 글, 193면.
13   위의 글, 190면.
14   안석영, 「여배우 난」, 『映畵時代』, 1939.7.

년 총독부 도서과에 근무하던 일본인 니시키[西龜元貞] 역시 문예봉은 연기를 못한다고 직설적으로 지적한다.[15] 그렇다고 해서 문예봉 개인에게 이 모든 단점을 덮어버릴 수 있는 연기에 대한 강렬한 열정이 있었다고 보기도 힘들다. 식민지 조선에서 대부분의 여배우들이 영화배우에 대한 막연한 동경과 연기에 대한 강한 열정에 사로잡혀 스크린에 데뷔한 것과 비교해 볼 때, 극단을 운영하면서 배우로 활동하는 아버지 밑에 자라면서 언니와 함께 자신의 의지와 상관없이 배우의 길로 들어서야만 했던 그리하여 연기 자체가 생활이었던 문예봉에게 배우로서 자신의 단점을 모두 덮어버릴 만큼의 연기에 대한 강렬한 열정을 기대하기는 어려운 일이기 때문이다.

그렇다면 '은막의 여배우'로서의 이 모든 단점에도 불구하고 문예봉은 어떻게 '국민 여배우'가 될 수 있었는가? 아마도 가장 중요한 원인은 앞서 지적한 단 한 번의 성적인 스캔들에도 휘말리지 않았던, 스크린의 안과 밖에서 예측 가능한 성실한 여배우이자 현모양처의 이미지에서 찾을 수 있을 것이다. 그러나 이 장에서는 문예봉을 특징 지웠던 성실한 여배우와 현모양처의 이미지를 문예봉 개인의 성격이나 삶에 대한 개인적인 선택의 문제로서 이해하지 않으려 한다. 대신에 '국민 여배우'로서 문예봉이라는 주체는 식민지 시기 지속적으로 그리고 일관되게 '은막의 여배우'를 '유순한 신체'로 길들이고자 했던 권력의 성공적인 내면화 과정의 산물이자 대상으로 이해하고자 한다. 이런 권력의 실행 과정을 살펴볼 수 있는 대표적인 사례는 '은막의 여배우'에 대한 언론의 관심과 반

---

[15] "연기를 잘못하기도 하지만 연출이 그녀를 제대로 활용하지 못하고 있다고 생각합니다. 〈지원병〉에서도 그렇고 〈수업료〉에서도 그렇습니다. 〈새로운 출발〉에서는 젊은 역에서 늙은 역까지 30년의 역할을 하고 있는데 이규환 씨의 공으로 문예봉의 새로운 면이 드러나고 있지요." 홍선영·박미경·채영미·윤소영 역, 「반도영화계를 짊어진 사람들 좌담회」, 『일본잡지 모던일본과 조선 1940 : 완역 모던일본 조선판 1940년』, 어문학사, 2009, 373면.

응이다. 식민지 시기 신문이나 잡지를 살펴보았을 때 가장 뚜렷한 특징 중의 하나는 '은막의 여배우'에 대한 기사로 넘쳐나고 있다는 점 그러니까 푸코 식으로 표현하자면, '은막의 여배우'에 대한 '앎의 의지'로 충만해 있었다는 것이다. 국·내외 여배우의 사진은 물론이고, 그들의 이력에 대한 상세한 소개와 정보가 동반된 기사, 출연 작품과 앞으로의 전망을 소개하는 기사, 스크린 바깥에서의 일상생활과 스케줄에 대한 상세한 보도, 감명 깊게 본 작품과 개인적인 취향을 조사하는 설문지 문답, 여배우와 단독으로 이루어진 인터뷰, 스크린의 안과 밖의 삶에 대한 여배우의 자전적인 에세이, 다른 명사에게 보내는 여배우의 공개 서한, 여배우들 사이에 이루어진 좌담회의 지상 중계 등 '은막의 여배우'와 관련된 기사와 에세이는 식민지 시기 언론을 통해서 가장 빈번하게 접할 수 있는 소재였고, 이는 '은막의 여배우'에 대한 언론과 대중의 관심이 지대하였음을 방증한다. 그러나 어떤 경우에는 언론의 여배우에 대한 관심이 그 정도를 넘어 집요한 관음증과 가학증의 수준에까지 이르는 등 비정상적인 강박관념과 병적인 집착을 보여주기도 하였다. 아래에서는 미셸 푸코의 지식 / 권력(knowledge / power)의 이론을 바탕으로 이 같은 식민지 시기 언론을 통해서 생산된 '은막의 여배우'에 대한 다양한 담론들이 '국민 여배우'를 발명하려는 권력 테크놀로지 즉 '감시', '참조', 그리고 '고백'으로 구성되는 권력 테크놀로지이었음을 논의할 것이다. 그러니까 '국민 여배우' 문예봉의 스타 이미지는 식민지 조선 사회를 화려하게 장식했던 '은막의 여배우'들을 감시하면서 그들 중에서 '국민 여배우'의 자질을 시험해서 선별하고 인증하였던 언론의 집요한 검증 과정의 결과물로 볼 수 있다는 것이다. 그러나 우리는 먼저 '은막의 여배우'가 누구였는지 살펴볼 필요가 있다.

식민지 조선의 영화 여배우를 향해 있는 모든 이중적인 것들의 분기(分岐, bifurcation) 즉 '은막의 여배우'와 '국민 여배우', 사랑과 증오, 관심과 병적인 집착, 호기심과 강박, 그리고 숭배와 훈육의 분기가 드러나는 사례는 영화 〈아리랑〉의 스타, 신일선의 급작스러운 결혼을 보도하는 언론의 비정상적인 반응에서 살펴볼 수 있다. 이 사태는 '은막의 여배우'와 '국민 여배우'의 분기가 극단적으로 드러난 사례인 동시에 숭배의 대상으로서 '은막의 여배우'에서 훈육의 대상으로서 '국민 여배우'로의 변형을 추적할 수 있는 기원적 사례이기도 하다. 1927년 8월 7일부터 14일까지 『中外日報』는 총 5회에 걸쳐 신일선 결혼에 대한 기사를 실었다. 최초의 8월 7일자 기사는 '섭섭한 소문 (…중략…) 신일선 양이 약혼, 남자는

그림 7. 신일선의 연애를 허위로 보도하는 당시의 신문기사.

능주부호 자제'라는 제목으로 당대의 최고 인기 스타였던 신일선이 전라남도 부호의 아들인 량성환과 결혼을 하게 되었다는 사실, 결혼에 이르게 되는 과정 그리고 아직 정확한 결혼식 날짜는 확정되지 않았다는 사실을 간략하게 보도를 하고, "일주일에 편지 한 장씩 하는 '브로마이드'만 사노코 들여다보는 신일선당들–자세한 후보(後報)를 기대리라"로 기사를 끝맺고 있다.[16] 그런데 이 기사가 비교적 사실에 입각한 보도성 기사였던 것에 비해, '혜성 신일선 운무에 가릴 때까지'의 제목으로 4회에 걸쳐 연재된 후속 기사에서는 아래와 같이 사실과 허구가 뒤섞인 형태의 날조된 기사가 쏟아져 나왔다. 연재된 기사 제목은 다음과 같다.

---

16 「섭섭한 소문, 신일선 양이 약혼, 남자는 능주 부호 자제」, 『中外日報』, 1927.8.7.

「혜성 신일선 운무에 가릴 때까지 (1) : '정든 임 버리고 길 떠나면 십리를 못가서 발병나리', 그립어 하는 텬하 사람을 다 내어 더지고 한 사람을 쪼차서 고개 넘어라 하는 신일선」 (8월 11일자)

「혜성 신일선 운무에 가릴 때까지 (2) : 화려한 무대 생활의 반면엔 빈한한 현실 생활이 잇섯다. 남보기에는 호화로운 신양의 무대생활. 그러나 집에 돌아가면 가난한 가뎡생활」 (8월 12일자)

「혜성 신일선 운무에 가릴 때까지 (3) : 신일선 당은 놀라지 말아! 일선에겐 숨은 애인이 잇섯다. 일선양이 그 애인에게 보낸 편지의 사연. 당신의 사랑에서 떠나거든 죽여주셔요」 (8월 13일자)

「혜성 신일선 운무에 가릴 때까지 (4) : 조선호텔의 일실에서 량청년과 수집은 초대면(初對面). 박모의 소개로 량성환군과의 첫 상면한 후 그는 번민하얏다. 금전이냐? 사랑이냐?」 (8월 14일자)[17]

기사 제목에서 드러나듯이, 이 연재기사는 〈아리랑〉의 성공 이후 〈봉황의 면류관〉(1926, 이경손), 〈들쥐〉(1927, 나운규), 〈괴인의 정체〉(1927, 김수로), 〈금붕어〉(1927, 나운규), 〈먼동이 틀 때〉(1927, 심훈)에 연이어 출연하면서 최고의 스타의 자리에 오른 신일선의 급작스러운 결혼을 그 자신을 유명하게 만들어 주었던 영화 주제가 '아리랑'의 가사에 비유하면서 아쉬운 감정을 표현하고 있고, 신일선이 이렇게 급작스럽게 결혼에 이르게 된 것은 영화배우의 화려한 외양과는 달리 신일선이 집안의 가난한 살림을 책임지기 위하여 부호에게 시집갈 수밖에 없었다는 동정어린

---

17 『中外日報』, 1927.8.11~14.

기사를 전달하고 있다. 그러나 8월 13일자 세 번째 연재기사에서는 이런 이전의 아쉬움과 동정심과는 전혀 어울리지 않는 허구의 날조된 기사가 게재된다(그림 7). 신일선에게 알려지지 않은 연인 김괴수(가명)가 있었고, 두 사람이 극단 생활을 통해서 사랑에 빠지게 된 경위를 소상히 소개하는 이 기사는 누가 보더라도 독자의 흥미를 끌기 위해 가상의 인물과 관계를 만들어낸 허구임을 짐작할 수 있다. 이 날조 기사의 압권은 신일선이 김괴수(가명)에게 보냈다는 연애편지의 전문을 소개하고 있는 부분이다. "그립은 K씨"로 시작하는 이 편지는 대부분의 내용이 "내가 만일 당신의 사랑에서 떠나게 된다면 당신은 나를 죽여 주셔요"라는 신일선의 연인에 대한 강렬한 애정을 고백하는 내용으로 이루어져 있고, 마지막은 "배우하면 금전에 눈이 어두어 사랑도 버리는 것 가티 세상 사람은 말합니다마는 K씨! 나 미더 주시오 그러면 긔테 만강하옵시기를 업들여 비옵고 월선 올림"으로 끝을 맺고 있다. 8월 14일자 마지막 기사는 다시 신일선의 결혼으로 돌아가 "금전이냐? 사랑이냐?" 즉 "가정을 위할까? 애인을 쪼츨까?"의 선택의 갈림길에 선 신일선의 갈등을 부각시킨 뒤, "이미 아내와 아들까지 잇는" 남자에게 시집을 가는 신일선이 "과연 행복한 날을 보내는 몸이 될 것인가? 누가 이것을 장담하랴?" 하면서 연재기사의 전체를 마무리한다.

독자의 흥미를 자극하기 위해 사실과 허구를 뒤섞어 만든 이 기사는 신일선의 결혼을 바라보는 당시의 시선 속에 모순된 두 가지의 감정 즉 '동정심'과 '저주'가 뒤엉켜있었다는 것을 알려주고 있다. 표면적으로 드러나는 것은 금전적인 문제 때문에 원치 않는 결혼을 한다고 여겨지는 현실의 신일선에 대한 동정심이다. 그러나 이 연재 기사의 심층에 흐르고 있는 것은 '그립어 하는 텬하 사람들을 다 내어 던지고' 한 남자의 아내가 되는 신일선에 대한 원망과 그의 미래에 대한 저주이다. '정든 임

버리고 길 떠나면 십리를 못가서 발병 나리'라는 민요 '아리랑'의 가사를 연재기사의 첫머리에 올려놓은 이유 역시 영화 〈아리랑〉 속 주인공이 기도 했던 신일선에게 사랑을 버리고 간 민요 속 허구 세계의 주인공처럼 나쁜 일이 드라마틱하게 일어날 것임을 소망하는 마음 때문이며, 이런 저주의 마음 때문에 결혼을 앞 둔 신일선 개인에게 치명적일 수 있는 루머 즉 숨겨둔 애인이 있다는 터무니없는 날조 기사를 양산하게 했던 것이다. 신일선이 '과연 행복한 날을 보'낼 수 있을 지 장담할 수 없다는 기사의 마지막은 경악하는 표정을 짓고 있는 신일선의 사진과 함께 제시되고 있는데, 이것은 그가 불행한 미래를 맞이하게 될 것이라는 이 기사의 저주가 현실화 될 것임을 확신하는 듯이 보인다(그림 8).

동정심과 저주라는 양립 불가능한 모순된 감정에 휩싸여 있는 이 기사는 단순히 인기 있는 스타 여배우의 사생활을 소재로 독자의 흥미를 만족하게 하기 위해 가공의 인물과 사건을 날조한 것을 넘어 당대 '은막의 여배우'에 대한 무의식의 한 단면을 드러내고 있다. 즉 신일선의 결혼에 대한 이 같은 비정상적인 반응을 양산한 것은 신일선 한 개인에 대한 특정 언론의 비윤리적 태도가 아니라 신일선 이전의 1세대 '은막의 여배우'에 대한 공론의 축적된 감정이 폭발한 것으로 볼 수 있다는 것이다. 이월화와 복혜숙은 식민지 조선 최초의 '은막의 여배

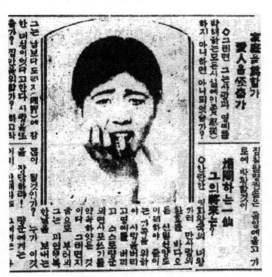

그림 8. 신문기사에 실린 신일선의 불행한 미래를 확신하는 사진.

우'로서 지대한 관심과 화려한 조명을 받기도 하였지만, 동시에 '탈선'을 일삼던 '말썽 많던 여배우'로서[18] 1920년대 후반 최고의 '스캔들 메이커' 이기도 하였다. 특히 '극단 여배우'로서 이미 활동하다가 〈월하의 맹세〉(1923, 윤백남)로 영화계에 데뷔한 뒤 〈해의 비곡〉(1924, 왕필렬) 등 1920년대 후반 대표적인 '은막의 여배우'로 활동했던 이월화는 수많은 스캔들을 제공하는 진원지였다. 정확한 출생을 확인할 수 없고, 편모슬하의 어려운 살림 속에서 돈에 팔리다시피 15세 이른 나이에 한 결혼, 출산, 아이의 죽음, 그리고 이혼 등 '극단의 여배우'로 데뷔하기 전의 사생활도 그러하지만, 여배우로 활동하는 중에도 이응수, 박승희, 안석영 등 숱한 남성들과의 염문설, 〈운영전〉(1925, 윤백남)의 여주인공 캐스팅을 둘러싼 다툼, 상하이에서 기생으로 팔렸다가 구사일생으로 탈출한 일, 조선권번의 기적에 이름을 올리고 기생 생활을 했던 일 그리고 부호의 애첩으로 살기도 했던 일 등 이월화는 재능 있는 여배우로서보다는 '말썽 많던 여배우'로서 그리고 자신의 천부적 재능을 썩히는 배우로 유명했고 '타락한 여자'라는 비난을 받았다.[19] 이렇듯 이월화가 당대의 성애적 규범을 위반하는 스캔들의 진원지 역할을 했다면, 복혜숙은 주로 남성적인 영역을 침범하는 행위와 연관된 스캔들을 일으켰다. 기독교 목사의 딸로 태어나 이화학당에 일본 유학까지 다녀온 엘리트였지만 의외로 당시 인식이

---

18 「말썽 많던 여배우 이월화」, 『朝鮮日報』, 1928.1.5; YY生, 「여우 「언 파레이드」 영화편 인기도 한 때런가 복혜숙양 탈선으로 다른 여배우에게 영향이 만타」, 『東亞日報』, 1931.8.9.

19 당시 이월화의 스캔들에 대한 기사의 대표적인 사례는 금강도인(金剛道人), 「허영(虛榮에서 영허(榮虛)으로 지금은 부호애첩, 석일(昔日) 화형여우(花形女優) 이월화 소식」,(『中外日報』, 1925.8.26) 참조. 다음의 기사 소제목만으로도 당시 이월화의 스캔들과 루머가 무엇이었는지 짐작할 수 있다. "변화만코 위험만헛든 그의 전반생, 요새는 남의 첩이나 표면 학생생활, 천재적 여배우 월화 염명진제(艶名振世), 초(初)무대는 부산 간호부로 배우, 16세에 산아 첫 남편과 이혼, 토월회의 화형 괴상한 상해행, 활동회사퇴사 지금은 마마(媽媽)님, 첩은 첩이로되 생활은 문화적." 이월화의 불행했던 삶에 대한 변호는 그의 죽음을 애도하는 복혜숙의 「당대 명여우, 이월화양의 최후 : 타락한 여자라 비웃지 마시오」,(『別乾坤』, 66호, 1933, 10~11면)를 참조. 이월화의 일생에 대한 소개는 유민영, 「이월화 : 박행한 초창기 여배우」(『한국인물연극사』 1, 태학사, 2006, 267~285면) 참조.

좋지 않았던 '극단의 여배우'가 된 복혜숙은 여장부다운 거침없는 말과 행동으로 비난을 받았다. 즉 "음주무량(飮酒無量)하사대 필급란(必及亂)이요 현하(懸河)의 웅변이 여간 사내는 그의 앞에서 머리를 들지 못하"게 만드는[20] 복혜숙이 비록 "〈낙화유수〉(1927, 이구영)에서 지금까지 나온 영화 중에 볼 수 업는 조흔 연기를 보여"주었으나 본래 "얼굴의 륜곽이 선명하지 못하고 원형이며 눈이 가늘어서 광선을 조케 바들 만한 점이 업"기에 "본래부터 도저히 영화배우로서의 장점이 업다고 보겟"고, "적지 안흔 음주에 누구에게든지 얼듯하면 점잔치 못한 욕설만 퍼붓고 모-든 남자들과 손목을 잡고 대로를 활기잇게 쏘다"닐 뿐만 아니라 "인천에서 기생 노릇을 한다 하니" 복혜숙의 "탈선으로 다른 여배우에게 영향이 만타"는 것이다.[21] 이렇듯 1세대 '은막의 여배우'로서 이월화와 복혜숙이 보여주었던 성적 규범에 대한 위반과 일탈 그리고 그들의 위협적인 섹슈얼리티는 남성 엘리트들에게 충격, 불안, 공포 그리고 분노를 누적시키고 있었던 것이고 그렇게 누적된 감정이 신일선의 급작스러운 결혼에 대해서 한편으로는 동정하지만 또 다른 한편으로는 저주하는, 모순되고 과잉된, 비정상적인 정서적 반응으로 드러나게 된 것이다.

그러나 1세대 여배우들의 위협적인 섹슈얼리티와 성적 일탈만으로는 '은막의 여배우'에 대한 언론의 비정상적인 집착과 집요한 담론 생산 과정을 이해하기에는 충분하지 않다. 예컨대 그것만으로는 신일선의 결혼에 대한 모순된 반응 즉 동정과 저주가 뒤엉킨 감정을 해명하기에는 아직도 충분하지 않다. 여기서 염두에 두어야 할 것은 이월화와 복혜숙의 스캔들이 신문지면을 장식하고 신일선의 결혼에 대한 터무니없는 기사가 등장하게 되는 1920년대 후반을 전후하여 '은막의 여배우'에 대

---

20 심훈, 「조선영화인 언파레드」, 『東光』 23호, 1931, 66면.
21 YY生, 앞의 글, 『東亞日報』, 1931.8.9.

한 담론의 성격이 비난에만 머물지 않고 '훈육'으로 바뀌고 있다는 점이다. 이 '훈육'을 위한 '권력 테크놀로지'에 대해서는 다음 절에서 상세하게 논의할 것이지만, 그전에 식민지 조선에서 권력이 훈육하려고 했던 '은막의 여배우'는 최초에 어떤 존재였는가를 명확히 할 필요가 있다. 캐서린 러셀은 "제1차 세계대전과 제2차 세계대전 사이의 전간기(interwar period)에 중국과 일본은 서구에 열등의식을 가지고 그것에 저항하고 있었지만, 이 시기는 또한 양국의 영화 작가, 비평가, 여성 잡지, 엘리트 민족주의자들에게서 공론장의 생산에 있어 매스 미디어의 중요성이 인식되기 시작한 중요한 문화적 시기이기도 하"였고, "이 시기의 정치적이고 비평적인 논쟁의 맥락에서 보자면, 무성영화의 미학이 '아시아의 새로운 주체(new Asian subject)' 즉 신여성도 전통적 여성도 아닌, '은막의 여배우(film actress)'를 생산했으며, 그들은 그 시기에 감히 어느 누구도 누릴 수 없었던, 확실한 유동성(mobility)을 가지고 있었던 독립적인 공적 여성들이었다"고 주장한다.[22] 비록 러셀의 주장이 중국과 일본의 사례에 한정되고 있지만, 아래에서는 식민지 조선에서 권력이 훈육하려고 했던 '은막의 여배우' 역시 전간기 중국과 일본의 영화 여배우와 동일한 이유에서 '새로운 주체'였음을 주장하려 한다.

식민지 조선에서 '새로운 주체'로서 '은막의 여배우'는 러셀이 지적한 '전통적 여성과 신여성'과의 차이뿐만 아니라 '극단의 여배우'와의 차이를 통해서 명확해진다. '은막의 여배우'는 1920년대 초반 〈월하의 맹세〉와 같은 일련의 영화들을 통해서 처음 등장한 새로운 직업이었다. 이 시기 식민지 조선 사회에서 '은막의 여배우'가 된다는 것은 급작스러운 지위 변동과 그에 따른 '사회적 유동성(social mobility)' 즉 평범한 일반인

---

[22] Catherine Russell, "New Women of the Silent Screen : China, Japan, Hollywood", *Camera Obscura* 60, 20(3), Duke University Press, 2005, pp.6~7.

에서 대중의 관심과 환호를 집중적으로 받는 스타로의 지위의 급상승, 그에 따르는 사회적 명성 그리고 부를 축적할 수 있는 기회가 제공된다는 것을 의미하였다. 이 시기 '은막의 여배우'라는 지위가 가졌던 새로움은 '극단의 여배우'와의 차이를 통해서 선명해진다. 최초의 '은막의 여배우'였던 동갑내기 이월화와 복혜숙은 영화에 데뷔하기 전, 이미 '극단의 여배우'로 활동하고 있었지만, 이들이 대중의 관심을 한 몸에 받는 스타가 된 것은 당시 서구영화나 일본영화에 비할 수는 없지만 조선의 극단과 비교했을 때 상대적으로 대량생산과 대량소비가 가능했던 조선영화에 데뷔한 이후의 일들이다. 즉 이들은 당시 불안정한 수입과 전근대적인 생활양식 때문에 비천한 존재와 비난의 대상으로 여겨졌던 '극단의 여배우' 출신이었지만[23] 단 한 편의 영화 출연으로 일약 스타의 지위에 올라섰던 것이고, 이들의 급작스러운 지위 상승, 즉 비천한 '극단의 여배우'에서 고귀한 '은막의 여배우'로의 지위 상승은 식민지 조선에서 당시 '은막의 여배우'가 누릴 수 있었던 '사회적 유동성'을 극적으로 증명하는 것이었다. 이 같은 '사회적 유동성'은 영화라는 환상 세계가 제공하는, 그러니까 극 중에서 어떤 존재로도 변형 가능한 무한한 '허구적 유동성'과 결합함으로써 '은막의 여배우'를 1920년대 초반 식민지 조선 사회의 '새로운 주체'로서 자리매김하게 했던 것이다. 따라서 '은막의 여배우'는 전근대적인 '극단의 여배우'들과도 달랐을 뿐만 아니라 전통질서의 함정에 빠져 있었던 '부인'과도 달랐고 민족주의와 제국주의가 설치해 놓은 무거운 '진보'라는 덫에 걸리게 될 운명의 근대적인 '신여성'과도 다른, 무한한 '유동성'이 허락된 '새로운 주체'였던 것이다. 이제 비로소 우리는 식민지 조선에서 일관되게 지속된 '은막의 여배우'에 대한 언론의 비정상적인 집착 그리고 그들에 대한 집요한 담론 생산 과정이

---

23 당시 연극계의 전근대적인 운영방식은 극단의 여배우를 '지나다니면 여배우라 손가락질' 받게 하였다. 「웃음 속에 눈물 생활 : 강석연, 석금성」, 『每日新報』, 1930.10.1.

이루어진 이유를 충분히 해명할 수 있게 되었다. 그것은 1세대 '은막의 여배우'들의 위협적인 섹슈얼리티와 성적 규범의 위반 때문이기도 하였지만, 그보다 애초부터 마음 깊은 곳에서 작용했던 어떤 삐뚤어진 감정 즉 '새로운 주체'로서 '은막의 여배우'가 가졌던 무한한 '유동성'에 대한 남성 엘리트 지식인들의 질투심 그리고 두려움에 기인하는 것이었다.

 '새로운 주체'로서 '은막의 여배우'가 가진 '유동성'에 대한 남성 엘리트 지식인들의 질투심과 두려움 그리고 우연히도 그런 감정에 기름을 끼얹은 1세대 '은막의 여배우'들의 위협적인 섹슈얼리티와 성적인 규범의 위반은 곧바로 '은막의 여배우'에 대한 담론의 성격을 훈육의 과정에 집중하게 만들었고, '새로운 주체'를 '유순한 신체'로 길들일 수 있는 다양한 '권력 테크놀로지'들을 실행시키게 만들었다. 1930년대 이후 신문과 잡지를 통해서 실행된 이 '권력 테크놀로지'는 크게 다음의 세 가지를 통해서 이루어졌다. 첫째, '감시의 테크놀로지.' 둘째, '참조의 테크놀로지.' 셋째, '고백의 테크놀로지.' 신문이나 잡지와 같은 공론장을 통해서 실행된 이런 '권력 테크놀로지'의 목적은 영화산업의 안과 밖에서 '은막의 여배우'의 일상 그리고 삶을 촘촘한 권력의 미시적 그물망으로 짜여 있는 투명한 감옥으로 만들어 버림으로서 궁극적으로는 자기 스스로 자신을 통제할 수 있게 하는 것이었다.

 첫 번째는 '감시의 테크놀로지'이다. 『감시와 처벌』에서 미셸 푸코는 중세로부터 근대로의 이행 과정 중 처벌 형식의 근본적인 변화에 주목하면서, 근대적인 권력의 탄생은 범죄의 물리적 처형에서 감금과 감시로의 변형으로부터 출현한 것이라고 주장했다.[24] 즉 18세기에는 범죄자

---

[24] 미셸 푸코, 오생근 역, 『감시와 처벌 : 감옥의 역사』, 나남, 1994, 289~329면.

신일선의 결혼 이후 새로운 스타로 부상한 김연실 소개 기사   김소영의 일상 소개 기사

그림 9. '은막의 여배우'의 이력, 일상, 동정을 상세하게 전시하는 1930년대의 신문기사

의 처형을 대중적인 광경으로 전시하였으나 근대에 들어서는 범법자의
감시와 감금으로 변화되었고, 이런 감시의 시스템이 복종적인 주체 즉
권력을 자발적으로 내면화하는 유순한 주체를 훈육하고 생산하게 되었
다는 것이다. 권력의 생산을 기술하기 위하여 푸코가 상징적으로 예를
드는 것은 제레미 벤담(Jeremy Bentham)의 원형감옥, '판옵티콘(panopticon)'
이다. '판옵티콘'의 특수한 설계방식 중의 하나는 수감자들을 밝은 빛
속에 두고 간수는 역광으로 인하여 보이지 않게 하는 독특한 시선의 배
치에 있는데, 이런 배치는 간수의 수감자에 대한 감시는 가능하지만, 그
역 즉 수감자가 간수를 보는 것은 불가능하게 만듦으로서 수감자로 하

여금 실제로 간수가 존재하지 않을 때조차도 감시받고 있는 것처럼 행동하게 만들어 버린다. 이런 '판옵티콘'의 핵심적인 새로움 중의 하나는 수감자들을 보호해 주기도 하였던 지하 감옥의 어두움을 완전히 제거해 버렸다는 점에 있다. 식민지 조선에서 '새로운 주체'로서 '은막의 여배우'를 '유순한 신체'로 길들이는 과정에서도 이와 유사한 '감시의 테크놀로지'가 실행되었다. 식민지 조선의 신문과 잡지에서 가장 빈번하게 다룬 소재 중의 하나는 '은막의 여배우'의 일상에 대한 보도였다(그림 9).[25]

어떤 동기로 영화에 데뷔하게 되었고 데뷔 이전에는 어떤 이력을 가지고 있었는지, 앞으로 어떤 작품에 어떤 배역으로 출연하고 싶은지와 같은 영화와 관련된 내용뿐만 아니라, 성격은 어떠하고 실제 거주하는 장소는 어디이며 하루의 일과는 어떠한지, 좋아하는 영화배우, 영화, 음식, 음악은 또 무엇인지, 최근에 방문한 장소와 앞으로의 일정은 어떠한지 등 '은막의 여배우'의 세세한 일상 모든 것을 들여다보고 싶어 했던 기사들로 넘쳐나고 있었다. 그러나 관음증적 욕망으로 충만한 이 기사들은 일상에 대한 단순한 소개를 넘어 '은막의 여배우'들에게 있어 조선 사회 전체를 '판옵티콘' 즉 유리로 만든 밝은 감옥으로 만들어 버리는 효과를 발휘하게 된다. 오늘날의 '매니저'라든지 '연예기획사'처럼 '은막의 여배우'로서 개인과 사회를 매개하는 단위가 당시에 전혀 부재하였던 점을 염두에 둔다면, 이런 '감시의 테크놀로지'의 효과는 배가되었을 것이다. 그리고 '은막의 여배우'의 일상에 대한 감시는 그 시선의 방향을 현재와 미래뿐만 아니라 과거로도 향함으로써 그들의 모든 시간을 통제하고자 하는 치밀함과 집요함을 보여주기도 하였다. 즉 '감시의 테크놀로지'는 그 관심의 대상을 현재 인기의 절정을 구가하는 여배우나 장

---

25 「여우 「언 파레이드」, 시들지 안는 인조화(人造花), 김연실 양, 신일선 양 숨은 뒤엔 여왕격」, 『東亞日報』, 1931.8.6; 「스타의 기염, 그 포부, 계획, 자랑, 야심 : 영화를 더 연구, 어렵기는 극, 영화가 같겟지요(영화인 김소영)」, 『東亞日報』, 1937.12.4; 「동경에 도착한 문예봉」, 『每日新報』, 1937.1.23.

래를 촉망받는 갓 데뷔한 신인 여배우뿐만 아니라 스캔들 때문에 은막에서 사라졌거나 앞으로의 활동이 불투명한 지난날의 '은막의 여배우'들까지 포함하고 있었다. 이런 이유 때문에 1930년대 식민지 조선의 신문과 잡지에는 몰락한 1세대 '은막의 여배우'들, 즉 이월화, 복혜숙, 신일선의 과거 행적과 사생활 그리고 불행한 현재의 근황을 소개하는 기사들이 끊이지 않게 된다. 일례로 '탈선으로 다른 여배우에게 영향이 만타'[26]는 비난을 받았던 복혜숙은 자신의 과거 행적을 끄집어내어 신문기사의 소재로 활용하는 1930년대 언론의 행태를 두고서, "내 과거는 나보다 남이 더 잘 안다"고 비꼴 정도였다.[27] 언론의 이런 행태는 과거의 '은막의 여배우'들까지 '감시의 테크놀로지'의 통제하에 두고 싶어 했던 권력의 관음증적 욕망에서 기인하는 것으로 이해할 수 있으며, 이 모든 것을 종합해 볼 때 결국 '은막의 여배우'에 대한 '앎의 의지'란 '권력의 전략'에서 출현하는 것이었다.

둘째, 권력이 '새로운 주체'로서 '은막의 여배우'를 훈육하는 과정에는 '참조의 테크놀로지'가 실행되었다. 1세대 '은막의 여배우'들의 몰락이 기정사실화되는 1930년대 초반이 되면, 말썽 많았던 1세대 '은막의 여배우'들의 빈자리를 대안적으로 메우기 위해 그리고 영화계에 갓 데뷔하기 시작한 2세대 '은막의 여배우'들에게 남성 엘리트 지식인의 소망이 담긴 '여배우'의 이미지를 교육하기 위하여 외국 특히 그중에서도 서구영화 여배우에 대한 참조가 이루어지게 된다. 이런 이유 때문에 우리는 1930년대 초반 언론에서 서구영화 여배우에 대한 담론이 급격하게 증가하는 현상을 목격할 수 있는 것이다. 그런데 이 시기 서구영화 여배우에

---

26 YY生, 앞의 글, 1931.8.9.
27 「문예봉 등 당대 가인이 모여 「홍루·정원(紅淚·精怨)」을 말하는 좌담회」, 『三千里』, 1940.4, 136면.

대한 담론은 그 양의 증가도 뚜렷하지만, 담론의 성격 역시 급격한 변화를 보이고 있다는 점에서 주목을 요한다. 1920년대부터 서구영화 여배우에 대한 담론은 있어 왔지만 그 성격은 약력과 같은 단순한 소개에 머무는 것이었다. 그러나 1930년대에 접어들면 두 가지 측면에서 뚜렷한 변화를 보인다. 하나는 '구체화'이다. 단순한 이력 소개에 거치고 말았던 이전과 달리, 이제는 '세계 명여우 순례'와 같은 연재기사를 통해서 성장한 가정환경, 받은 교육과 학창생활, 친구 관계, 첫사랑, 결혼관 그리고 결혼생활 등 매우 상세하고 구체적인 정보를 전달하고 있다는 것이다.[28] 또 다른 하나는 '에로티시화'이다. 이것은 성적인 매력이 풍부하거나 성적 욕망이 과도한 가상의 서구영화 여배우를 설정해 놓고, 그들의 과도한 성적 욕망을 비난하거나 풍부한 성적 매력을 적절하게 관리하지 못한 부적절한 처신의 대가로 불행한 삶을 살게 되었다는 식의 교훈적 메시지를 전달하는 기사로 나타났다.[29] 이 같은 서구영화의 여배우에 대한 담론은 당시 영화제작에서 여배우의 중요성을 지적하는 담론 그리고 그에 걸맞은 '교양 있는 여배우'의 출현을 소망했던 남성 엘리트 지식인들의 담론과 맞물리면서,[30] 2세대 '은막의 여배우'에게 바람직한 훌륭한 여배우의 구체적인 상과 '반면교사(反面敎師)'로 삼아야 할 여배우의 상을 함께 제시하는 참조의 기능을 수행하게 된다.

셋째는 '고백의 테크놀로지'이다. 미셸 푸코는 『성의 역사』에서 고해성사는 "권력 안에서 전개되는 의식"에 다름 아니며, 권력이 성에 대한

---

28 함대훈, 「세계 명여우 순례」, 『朝鮮日報』, 1934.9.5~11.
29 북해도인(北海島人), 「호색여우 크라라 보-론(論)」, 『映畵時代』, 1932.2, 28~29면; 춘소몽인(春小夢人), 「촬영소의 비화」, 『映畵時代』, 1932.3, 50~51면.
30 임로, 「영화배우독본」, 『映畵時代』, 1932.5, 23~24면; 박기채, 「배우를 지향하는 여성들에게」, 『映畵時代』, 1935.11, 264~265면; 유벽촌, 「영화배우가 되고저 하는 분에게」, 『映畵朝鮮』, 1936.9, 43~44면; 「영화인 좌담회」, 『映畵朝鮮』, 1936.9, 46~54면.

고백을 과학적 형태로 어떻게 강탈하는 지를 보여주었다.[31] 비록 중세의 종교적 의식에서 출현했지만 근대에 들어 "심문, 진찰, 자전적 이야기, 편지" 등으로 다양화된 절차와 장소를 통해 확산된 '고백의 테크놀로지'는 근대적 주체를 생산하는 핵심적인 권력의 장치가 되었다. 1930년대 '은막의 여배우'에 대한 가장 중요한 담론 유형은 '개인 문답', '집단 설문 조사', '인터뷰', '좌담회', '일기', '자전적 에세이', '미상 혹은 사회의 저명인사에게 보내는 편지' 등과 같이 '은막의 여배우'의 진실한 목소리를 듣고 싶어 하는 것과 관련된 것들이다. 이런 담론 유형은 '은막의 여배우'가 자신의 내면을 스스로 드러낼 수 있도록 고안된 장치라는 점에서 '고백의 테크놀로지'라고 부를 수 있다. 그 형식과 내용에서 매우 다양하고 광범위한 영역을 포괄할 수 있게 고안된 '고백의 장치'들은 '은막의 여배우'들의 내면을 관리하기 위한 '권력 테크놀로지'였다. 이 장치의 형식은 '은막의 여배우'가 수동적으로 참여하게 고안된 간접적인 간단한 설문 조사부터 사제나 정신과 의사처럼 진실을 고백하도록 도와주는 매개자에 의한 인터뷰, 그리고 어떤 윤곽도 제시하지 않기에 '은막의 여배우'가 적극적으로 참여할 수밖에 없는 '일기' 혹은 '에세이'까지 매우 다양한 형식을 취하고 있었다. 즉 '고백의 테크놀로지'는 간접적인 형식부터 직접적인 형식까지 그리고 수동적인 참여부터 능동적인 참여까지 매우 다양한 고백의 형식을 취하고 있었고, 이것을 통해 '은막의 여배우'는 자신의 내면에 자리 잡고 있는 매우 광범위한 범위와 깊이의 내용들을 고백할 수 있게 되었다. 이렇게 고백된 내용들은 "체중은 얼마이며 신장은 얼마인가? 조아하는 음식은 무엇인가"[32] 혹은 "댁에서 무슨 신문과 잡지를 보서요? 댁에서 라디오에서 무얼 드르서요? 댁에선 애청하는 레코-트는 무엇? 신년정초에 여행가시는 곳은?"[33] 등과 같은 객관적인

---

31 미셸 푸코, 이규현 역, 『성의 역사 : 제1권 앎의 의지』, 나남, 1997, 74~90면.
32 「화형여우 문예봉양의 대답은 이러합니다」, 『三千里』, 1936.2, 112~115면.

것부터 "현대 남성의 악취미" 세 가지를 꼽으라는 주관적인 것까지 다양한 깊이를 포함하고 있었다. 뿐만 아니라, "① 로케-슌 나가서 울고 웃는 때, ② 러부씬을 할 때의 고심과 감상, ③ 명작 영화를 들추어 본다면?"[34] 등과 같은 영화산업과 관련된 설문조사부터 "아하, 그리운 신부시절"[35] 이나 "어머니와 명우"[36] 같은 개인적인 경험과 자전적인 것까지 모든 범위를 포함하고 있었다. 이 같은 '고백의 테크놀로지'는 1930년대를 지나오면서 끊임없이 그리고 집요하게 '은막의 여배우'의 취향과 생각의 고백을 강요하였고, 결국 이렇게 고백된 내용들은 그들의 인품을 평가하는 자료로 활용되었다.[37] 그렇다면 '은막의 여배우'의 고백을 듣고 싶어하는 이 열정적인 욕망의 정체는 무엇인가? 그것은 바로 '새로운 주체'로서 '은막의 여배우'의 내면을 오래전부터 관리하고 싶었던 권력의 욕망 즉 그 내면을 수집하고, 분류하고, 검사하고, 시험해서 '교양 있는 여배우'를 생산하려는 그리하여 '여배우에 대한 진리'를 생산하고픈 욕망이었던 것이다.

1940년대에 들어서 완성될 '국민 여배우' 문예봉의 스타 이미지는 1930년대 동안 '새로운 주체'로서 '은막의 여배우'를 훈육하려고 하였던 바로 이 세 가지 '권력 테크놀로지'의 산물이다. 무엇보다 문예봉의 영화 데뷔가 이루어지는 1932년을 전후하여 1세대 '은막의 여배우'들의 몰락이 현실화되고 그들의 몰락이 사회적으로 비난받기 시작한다. 즉 문예봉의 영화 데뷔는 복혜숙의 규범화된 성 행동에 대한 위반이 공개적으로 비난받는 1931년[38]과 일본에서 급작스러운 죽음을 맞이한 이월화

33 「설문 사제(設問 四題)」, 『三千里』, 1938.1, 8~11면.
34 「명우(名優)와 연애 장면」, 『三千里』, 1938.8, 175~179면.
35 「아하, 그리운 신부시절」, 『三千里』, 1938.10, 96~104면.
36 「어머니와 명우(名優)」, 『三千里』, 1941.7, 128~133면.
37 「명우 제 씨의 인품기」, 『三千里』, 1940.9, 163~172면.

때문에 조선 사회의 이목이 집중되는 1933년 사이인 1932년에 이루어졌다.[39] 공개적으로 비난받는 복혜숙과 비참한 최후를 맞이한 이월화를 지켜보면서, 문예봉은 1세대 '은막의 여배우'의 몰락이 가져다 준 충격으로부터 중요한 교훈을 얻었을 것이고, 이런 '학습효과'는 다른 2세대 '은막의 여배우'들에게도 중요한 영향을 끼쳤을 것이다. 이에 덧붙여 고려할 측면은 1930년대를 지나면서 문예봉이 조선영화계의 비중있는 여배우로 성장하는 과정에는 언론과의 접촉이 중요한 역할을 하였고, 문예봉은 당시 다른 '은막의 여배우'보다 언론에 노출되는 횟수도 많았을 뿐더러 인터뷰, 좌담회, 그리고 에세이와 같이 그 노출의 형식도 매우 다양하였다는 점이다. 언론은 문예봉의 일상을 전달하기에 분주하였는데, 심지어는 그가 〈춘풍〉(1935, 박기채) 촬영 도중 60원을 분실한 일마저도 기사화할 정도였다.[40] 이런 언론의 지나친 관심은 문예봉의 일상이 감시의 시선에 무방비로 노출시키는 결과를 초래하게 된다. 다음의 에피소드는 '은막의 여배우'로서 문예봉의 일상이 '감시의 테크놀로지'에 무방비로 노출되어 있었음을 보여주고 있다.

때는 해질므렵이다.
저녁먹으러 오는 사람, 무슨 회합에 참석하려 오는 사람, 회관안은 제법 홍성하고 접대하는 여자들도 매우 분주하다. 이때 나는 우리의 지경순, 문예봉 두 분과 함께 3층 어느 방 하나를 빌려 저녁을 같이 나누기로 했다(사실은 김소영 씨

---

38 YY生, 앞의 글, 『東亞日報』, 1931.8.9.
39 「왕년의 명여우로 불귀객(不歸客된) 이월화, 17일 문사(門司)에서 급사하였다고, 경성에 있는 그 친지에게 전보가 왔다, 파란 많은 피녀(彼女)의 반생」, 『朝鮮中央日報』, 1933.7.19; 「이월화 영면(永眠) : 조선의 칼멘, 조선 최초의 인기 잇든 여우 문사(門司)에서 심장마비로」, 『東亞日報』, 1933.7.19. 「요부(妖婦) 표정에 소질이 미모 석일(昔日) 인기도 이제는 꿈결 부모도 성명도 나이도 모르는 고아 극단의 여왕에서 무도장의 명화로! 고인(故人)된 이월화 과거」, 『東亞日報』, 1933.7.19.
40 「육십원 일흔 문예봉」, 『三千里』, 1936.2, 138면.

와 김신재 씨까지 세 분을 모시고저 했든 것인데 두 분은 좀 느졌다). 그런데 전에는 그러한 일이 없드니 요 얼마 전부터는 저녁 먹을 손님이 다 오기 전엔 방에 안내를 안 해준다는 것이다. 그래서 우리는 하는 수 없이 현관입구에서 두 분이 오시기를 기다리게 되는데 큰 야단이 났다. 드나드는 사람마다 한 번씩 발을 멈추고 눈이 휘둥그래지는 것은 둘재로, 위선, 회관에서 접대하는 여자들과 1~6층에서 일보는 사람, 뽀-이, 엘레베-타, 껄, 쿡, 할 것 없이 쭉-둘러싼다. 이래선 안 될 것을 알았던 지 접대인 하나가 우리를 사람 둘러선 속에서 빼여내 제일 아담한 방 하나에 안내해 준다. (…중략…)

경순 : 너 아주 훌융한 집에 이살했다드구나.

예봉 : 뭐가 훌융해.

경순 : 창동이래지?

예봉 : 그래.

경순 : 불편하잖어?

예봉 : 괜찮어. 역에서 한 십분가량 걷지만 왕래하는 사람들이 퍽 많어서.[41]

위 에피소드는 '은막의 여배우' 좌담회를 하기 위해 음식점 앞에서 기다리다가 문예봉을 알아보는 주위의 시선 때문에 큰 낭패를 당할 뻔한 일을 기술하고 있다. 그런데 진행되는 대화를 통해서 재구성할 수 있는 문예봉의 출·퇴근 장면은 우리에게 의외의 사실을 알려준다. 음식점 앞에 잠시 서 있는 것만으로도 주위 사람들의 많은 관심과 이목을 집중시키는 문예봉의 명성에도 불구하고, 그는 출·퇴근을 위하여 창동역까지 사람들의 왕래가 많은 길을 걸어 다녔고, 아마도 곧이어 올라탄 전차에서도 많은 사람들과 함께 종로로 이동했을 것이다. 창동역까지 가는 도중에 만났을 그를 알아보는 많은 사람들 그리고 전차에서 마주쳤

---

41 「명작영화주연 여배우 좌담회」, 『三千里』, 1941. 12, 78~79면.

을 또 많은 사람들의 시선을 의식하면서 말이다. 그리고 그가 의식하는 수많은 시선들 속에서 문예봉의 일상은 투명해 지면서 사적인 삶은 밝은 빛 속으로 사라져 버리고, 권력의 시선이 아무런 완충장치 없이 신체에 꽂히는 과정의 반복을 통해 문예봉의 일상은 미시권력의 그물망으로 포획되어 나갔던 것이다.

'국민 여배우'로서 문예봉의 스타 이미지가 형성되는 과정에는 이 같은 '감시의 테크놀로지'의 대상이 되는 과정뿐만 아니라 '고백의 테크놀로지'의 검증 절차를 거치는 과정도 수반되었다. 다음의 사례는 이 '고백의 테크놀로지'가 어떻게 실행되었는지를 극단적으로 명확하게 보여준다.

> Y생 : 러-브씬 같은 것을 박힐 때 이상한 감정이 생기지 안어요?
>
> 예봉 : ……
>
> Y생 : 내 말슴을 못아라 드르섰어요? 좀 더 노골적으로 말슴할가요?
>
> 예봉 : 아니요. 알어는 드럿서요. 그러치 안어요.
>
> (…중략…)
>
> Y생 : 경제 문제로 괴롬 받은 때는 없었습니까?
>
> 예봉 : 없습니다. 제3자가 볼 적엔 어떠케 보는지 모르나 제 자신은 조곰도 불만이나 불평을 느끼지 안습니다.
>
> (…중략…)
>
> Y생 : 또 나시면 어떠케 하세요?
>
> 예봉 : 한나도 귀찬은데 또 생기면 어쩌게요.
>
> Y생 : 그러면 피임법 같은 것을 생각하시는 일은 없습니까?
>
> 예봉 : ……
>
> Y생 : 부끄러운 말슴이 아니애요. 주저하실 것이 조곰도 없지 안습니까? 잘생

각하신다면-.

예봉 : …… 주의는 합니다마는…….

(…중략…)

Y생 : 생활문제 때문에 싸흔 일은 없습니까?

예봉 : 그런 일은 절대로 없습니다. 저는 현재의 생활을 만족하게 생각하니까요.

(…중략…)

Y생 : 앞으로는 극게에 정진하시겠습니가 영화게로 나가시렵니가

예봉 : 극게보다 영화게가 더 나흘것 갓해요.[42]

영화계 데뷔 이후 가졌을 수많은 인터뷰 중에서도 이 Y생에 의해 이루어진 이 인터뷰는 문예봉을 가장 곤혹스럽게 만들었음에 틀림없어 보인다. 이것이 곤혹스러운 것은 인터뷰를 진행하는 Y생이 마치 범죄 심문관처럼 문예봉이 진실을 고백하도록 종용하고 있기 때문이다. 그리고 이런 시도는 문예봉으로 하여금 숨기고 싶은 자신의 성생활마저도 고백하게 만들 정도로 성공적이다. 그러나 문예봉의 고백을 유도하는 Y생의 질문 속에서 우리는 1세대 '은막의 여배우'의 그림자를 발견할 수 있기에 그 질문의 진의는 결국 다음과 같은 것이었음을 쉽게 간파할 수 있다.

러-브씬 같은 것을 박힐 때 이상한 감정이 생기지 안어요? 이월화처럼…….

경제 문제로 괴롬 받은 때는 없었습니까? 신일선처럼…….

생활문제 때문에 싸흔 일은 없습니까? 복혜숙처럼…….

문예봉은 그 모든 질문에 아니라고 고백함으로써 그러니까 자신은

---

[42] 「스타-의 수난기 : 문예봉과의 일문일답」, 『映畵時代』, 1935. 11. (면수 확인불가)

이전의 타락한 1세대 '은막의 여배우'들과는 다르다는 것을 비록 고백이라는 언술행위를 통한 것이었지만 증명하고 그렇지 않다 다짐함으로써 '은막의 여배우'의 내면을 관리하고 싶었던 '고백의 테크놀로지'의 검증 과정 절차를 성공적으로 통과할 수 있었던 것이고, 비로소 '국민 여배우'가 될 수 있는 자격이 부여되었던 것이다.

3. '침묵의 쿨레쇼프 효과'로서 '국민 여배우' 문예봉의 탄생

그러나 '국민 여배우'로서 문예봉의 스타 이미지의 형성 과정이 앞 장에서 살펴본 '권력 테크놀로지'의 성공적인 내면화로만 환원될 수는 없고, 그것과 연동(連動)하고 있었던 영화산업, 비평, 그리고 관객의 수용과 같은 '영화제도'의 맥락에 대한 고려도 이루어져야 한다. 이 절에서는 1930년대 '조선영화제도'가 문예봉의 스타 이미지를 '침묵의 쿨레쇼프 효과'로서 구성하는 과정을 논의할 것인데, 그 이유는 조선영화산업, 감독, 비평, 관객 그리고 문예봉 자신의 중층적 노력에 의해서 비로소 '국민 여배우'로서 탄생할 수 있었기 때문이다.

먼저 고려해야할 것은 1930년대 조선영화기의 문예봉의 스타 이미지가 결코 단일하거나 균일하지 않다는 점이다. 식민지 시기 문예봉은 〈표 1〉과 같이 총 22편의 작품에 출연하였고, '이행적 친일영화'가 시작되는 1940년까지의 조선영화에는 14편의 작품에 출연하였다. 특징적인 것은 14편의 작품 중에서 5편의 영화가 이규환 감독의 영화라는 점 그러니까 '조선영화기'에 문예봉의 출연작 중 1/3은 이규환 감독의 영화였

표 1. 식민지 시기 문예봉 출연 영화

연도	문예봉 출연 영화
1932	〈임자 없는 나룻배〉(이규환)
1935	〈아리랑 고개〉(홍개명), 〈춘향전〉(이명우), 〈춘풍〉(박기채)
1936	〈그 후의 이도령〉(이규환), 〈미몽〉(양주남), 〈장화홍련전〉(홍개명), 〈무지개〉(이규환)
1937	〈나그네〉(이규환), 〈인생항로〉(안종화)
1938	〈군용열차〉(서광제)
1939	〈새출발〉(이규환)
1940	〈수선화〉(김유영), 〈수업료〉(최인규)
1941	〈그대와 나〉(허영), 〈창공〉(이규환), 〈지원병〉(안석영), 〈집 없는 천사〉(최인규)
1942	〈신개지〉(윤봉춘)
1943	〈우르러라 창공〉(김영화), 〈조선해협〉(박기채)
1944	〈태양의 아이들〉(최인규)

다는 점이다. 또한 1936년에는 총 5편의 영화에 출연함으로써 다른 년
도에 비해 출연횟수가 많다는 점도 특징적이다. 그러나 가장 인상적인
것은 '조선영화기'에 문예봉은 매우 다양한 배역을 연기했다는 점이다.
남아 있는 필름이나 문헌상으로 확인되는 문예봉의 중요 배역은 다음
과 같다. 〈임자 없는 나룻배〉에서 비록 비참한 최후를 맞게 되지만 아버
지(나운규 分)와 행복한 생활을 하는 천진한 딸, 〈아리랑 고개〉에서 노비
의 자식이지만 양반 집 자제를 사랑하는 여성, 〈춘향전〉에서 이도령과
약속을 위해서 절개를 지키는 춘향, 〈춘풍〉에서 엇갈린 운명 때문에 태
식과 안타까운 사랑을 하고 이별을 해야 하는 신여성 영옥, 〈미몽〉에서
남편과 딸을 버리고 가정을 뛰쳐나와 화려한 무용수를 쫓아다니던 허
영에 가득 찬 애순, 〈장화홍련전〉에서 원한에 사무친 여귀 홍련, 〈나그
네〉에서 아버지를 죽인 원수이자 자기 아내를 탐하는 삼수를 죽인 남편
이 자수하기 위해 강을 건널 때 나룻배에서 눈물로 지켜보는 아내, 〈인
생항로〉에서 온갖 유혹을 물리치고 바다로 나간 남편을 기다리는 아내,

〈임자 없는 나룻배〉의 딸

〈장화홍련전〉의 여귀

〈미몽〉의 악녀

〈군용열차〉의 기생

그림 10. '국민 여배우'로서 특권화된 스타 이미지로 고착되기 전, 조선영화기의 문예봉은 천진한 '딸', 순종적인 '아내', 자신의 사랑을 능동적으로 쟁취하려고 했던 '신여성', 가정을 버린 허영에 찬 '악녀' 자신의 억울함을 복수하는 '여귀', 그리고 풍부한 성적인 매력이 요구되는 기생 등 매우 다양한 범위의 배역을 연기하였다.

〈군용열차〉에서 사랑하는 남자가 있지만 원치 않는 기생 생활을 해야 하는 영심, 〈수선화〉에서 불륜을 저질렀다는 오해를 받고 자살하는 유 씨 등. 여기서 알 수 있듯이, 조선영화기의 문예봉은 천진한 '딸', 순종적인 '아내', 자신의 사랑을 능동적으로 쟁취하려고 했던 '신여성', 가정을 버린 허영에 찬 '악녀' 자신의 억울함을 복수하는 '여귀', 성적인 매력이 풍부한 기생 등 매우 다양한 범위의 배역을 연기하였다(그림 10).

그러나 다양한 이 모든 역할들이 문예봉에게 허락된 것은 아니었다. 식민지 시기 문예봉의 필모그래피를 결정하는 세 편의 영화를 중심으로 나머지 출연작과 다양한 배역들은 주변화되었기 때문이다. 데뷔작인 1932년작 〈임자 없는 나룻배〉, 1937년작 〈나그네〉, 그리고 1943년작

〈조선해협〉이 그 작품들인데, 5~6년 단위로 제작된 이 영화들은 관객 동원에 성공함으로써 많은 수익을 남겼고, 각각의 해당 상영연도에는 현 단계 조선영화의 최고봉으로 불리면서 비평에서도 큰 환영을 받았다. 뿐만 아니라, 이 세 편의 영화는 배우로서 문예봉의 이미지를 각인시키는 데 결정적인 기여를 한 작품들이다. 그리고 이 세 편의 영화는 〈임자 없는 나룻배〉의 천진한 '딸'에서 시작해 〈나그네〉의 안타까운 '아내' 그리고 〈조선해협〉의 성실한 '어머니'로서 스타 이미지의 연속적인 성장 과정을 보여주고 있다는 점에서 '국민 여배우'로서 문예봉의 스타 이미지를 형성하는 데 결정적인 기여를 하게 된다. 따라서 '국민 여배우'로서 스타 이미지의 형성과 관련해서 식민지 시기 문예봉의 필모그래피는 다음의 세 시기 그러니까 〈임자 없는 나룻배〉가 상영되는 1932년부터 1936년까지의 '실험기', 1937년작 〈나그네〉를 중심으로 하는 '고착기' 그리고 1943년작 〈조선해협〉을 중심으로 한 '전성기'로 구분할 수 있다. 그런데 이런 형성 과정을 주도한 것은 결국 '조선영화제도'로 볼 수 있다. 왜냐하면 〈임자 없는 나룻배〉의 딸, 〈나그네〉의 아내, 〈조선해협〉의 어머니를 제외한 나머지의 작품들은 관객 동원에도 실패하였을 뿐만 아니라 비평의 주목도 받지 못했기 때문이다. 그러니까 영화산업의 요구, 비평의 선택, 그리고 관객의 욕망이 중층적으로 결정하면서 재생산해 낸 것이 바로 조선영화에서 '딸', '아내', '어머니'로서 문예봉의 스타 이미지인 것이고, 나머지 것들 즉 '신여성', '악녀', '여귀', '강한 여성'은 허락되지 않았기 때문이다. '조선영화제도'가 문예봉의 스타 이미지에서 허락한 것과 허락하지 않은 것의 가장 극명한 경계는 〈미몽〉에서 살펴볼 수 있다. 가정을 버리고 허영을 쫓는 악녀로서 문예봉의 스타 이미지의 가능성을 탐색한 이 영화에 대해 관객들은 철저하게 외면을 하였고 단 한 편의 비평문도 게재되지 않았으며 향후 문예봉의 필모그래피에서 악녀의 이미지가 결코 재생산되지 않았다는 점은 특기할 만하다. '은막의 여배우'와 조선영화에 대한 언론의 관심이 남달랐던 당시의 정황을 감안해 볼 때, 이 같은 놀라울 정도의 외면과 반응은 '조선영화제도'가 문예봉에게 궁극적으로 허락하지 않은 것이 무엇이었는가를 단적으로 보여주고 있다.

한편 '조선영화제도'가 문예봉의 스타 이미지를 '국민 여배우'로 조형해 가는 과정에서 중요한 경향을 관찰할 수 있는데, 우리는 그것을 '침묵의 쿨레쇼프 효과(the Kuleshov effect of silence)'로 부르고자 한다. 여기서 '침묵'이란 대사의 사라짐을 그리고 '쿨레쇼프 효과'는 레프 쿨레쇼프(Lev Kulshov)가 영화편집의 유용성과 효용성을 증명하기 위하여 러시아의 국민 배우, 이반 모주킨(Ivan Mozzhukin)의 쇼트를 다른 쇼트들과 병치시키는 실험을 했던 것과 같은 맥락에서 배우의 얼굴 표정이 감독의 의도에 따라 재창조되는 과정을 의미한다. 즉 '조선영화제도'가 문예봉의 스타 이미지를 '국민 여배우'로 발명하는 과정에는 극 중에서 문예봉의 대사가 사라지는 과정 그리고 그의 개성 있는 연기를 포기하는 대가로 그의 무표정을 전유할 수 있는 감독의 자유가 수반되었다는 것이다. 실제로 이규환 감독에 의해 〈임자 없는 나룻배〉에서 〈나그네〉로 '국민 여배우'로서 문예봉의 스타 이미지가 고착되어 가는 과정에서 이러한 '침묵의 쿨레쇼프 효과'가 집중적으로 일어났다. 〈임자 없는 나룻배〉에서의 역할이 아역을 갓 지난 천진한 딸 그러니까 오늘날의 표현으로 말하자면 '국민 여동생'의 이미지에 국한 되어 있었던 것에 비해, 실험기의 문예봉은 성인 연기자로서의 변신을 위해 '신여성'부터 '여귀' 그리고 '악녀'까지 다양한 성격의 배역과 개성이 강한 캐릭터를 연기 하는 일련의 영화들에 출연하게 된다.[43] 그리고 이 영화들에서 개성이 강한 캐릭터를 연

---

[43] 실제로 문예봉은 다양한 연기 변신을 시도했던 1936년도의 한 인터뷰에서 다음과 같이 기회가 되면 팜므파탈 역에도 도전해 보고 싶다는 의중을 비추기도 한다. 「화형여우 문예봉

기해야 하는 만큼의 많은 대사와 연기를 소화해야만 했다. 특히 안석영의 원작을 박기채가 감독한 〈춘풍〉의 경우 문예봉이 연기한 영옥은 사랑하는 사람과 헤어져야 하는 비운의 신여성이어서 이 영화에는 태식과의 대화 장면도 많고, 여학교에서의 생활을 묘사하는 과정에서 기쁨에서 슬픔까지 다양한 감정선을 연기해야 하는 장면도 있고, 또 영화의 후반부에는 기혼자이면서도 옛 연인 태식과 남편이 없는 집에서 함께 생활해야 하는 성적으로 약간 흥분된 장면도 포함되어 있다. 박기채 감독의 데뷔작이었던 이 영화는 '작품은 수준급이었고, 관객의 호응도도 매우 좋았다'는 식의 무난한 평가를 받았다.[44] 그러나 문예봉의 연기에 대해서는 다음과 같은 주문이 뒤따랐다.

> 영옥으로 나온 문예봉은 전번 〈춘향전〉에 비교하면 적역이라고 할 만한데 너무 표정을 한가지로만 가지고 있어 관중으로 하여금 불쾌의 감을 일으키게 하였다. 명랑한 장면에는 명랑한 표정을 보여주기 바란다.[45]

직설적이고 인색한 비평으로 유명했던 서광제는 〈춘풍〉에서 문예봉의 연기를 평가하면서 표정이 지나치게 단조로우니 각 장면에 어울리는 다양한 표정 연기를 주문하고 있다. 실험기의 다른 영화에서도 이런 평가가 일반적이었을 것이고, 우리가 〈나그네〉 이전까지의 다른 영화에서 문예봉의 연기에 대한 호평을 발견하기가 어려운 이유도 여기에 있을 것이다. '여성의 매력으로서 성가를 높일 만한 이성적 매력을 갖지

양의 대담은 이러합니다」, 『三千里』, 1936.2, 113면.

기자 : (극단의 여배우로 있을 때 기생 역을 맡은 경험이 있다고 문예봉이 말하자) 요사히에 와서 출연되는 영화를 보면 대개는 그 순진한 '포-즈'에 매력이 잇서 보이든데, 그러면 역시 '팜프'역에도 적역이 엿든가요.

문 : (미소를 띠울 뿐!)

[44] 김종욱 편, 앞의 책, 2002a, 945면.

[45] 서광제, 「영화 〈춘풍〉을 보고, 제6회」, 『東亞日報』, 1935.12.12.

못하였'고[46] '표정을 한가지로만 가지고 있어 관중의 하여금 불쾌의 감을 일으키게' 하고,[47] 게다가 "듣는 사람으로써 원인 업는 침울을 느끼게 하는"[48] 문예봉의 발성과 연기를 고려했을 때 실험기 중 최고의 모험은 악녀를 연기하는 〈미몽〉에 출연하는 일이었고, 이런 모험은 앞서 지적했듯이, 언론을 통해서 단 한 편의 비평문도 게재되지 않는 최악의 반응으로 나타났다. 이렇듯 '국민 여배우'로서 문예봉의 스타 이미지가 형성되는 과정에서 이루어진 '침묵의 쿨레쇼프 효과'의 일차적 원인은 고전적 할리우드영화의 시각적 내레이터 시스템을 구사하고 유성영화기술을 사용하기 시작한 조선영화계의 변화된 상황에서 찾을 수 있다. 즉 완전한 형태는 아니더라도 고전적 편집 방식에 따라 등장인물의 클로즈업이 빈번하게 사용되기 시작하고 후시녹음의 형태이기는 하지만 배우의 발성과 대사가 중요해지는 시점에서 풍부한 표정연기를 구사하지 못하고 듣기 거북한 함경도 사투리를 구사하는 문예봉의 연기와 대사는 큰 한계로 작용하였던 것이고, 이런 한계로 인해 문예봉에게 배역의 선택은 실험기의 다양한 시도와는 달리, 대사가 많지 않으면서도 개성이 두드러지지 않는 평면적인 여성 등장인물 예컨대 순종적인 '아내' 혹은 헌신적인 '어머니'의 역할로 한정되기 시작했던 것이다.

비록 유성영화 시대의 '은막의 여배우'로서 한계가 일차적 원인이었지만 '침묵의 쿨레쇼프 효과'는 오히려 그 한계를 활용하여 '국민 여배우'로서 문예봉의 스타 이미지를 적극적으로 구성해 나가고자 했던 '조선영화제도'와 문예봉 개인의 노력의 산물이기도 하다. 그리고 이런 노력은 '성봉영화원'의 설립과 제1회 작품으로 비평과 관객동원에서 큰 성공

---

[46] 박기채, 앞의 글, 193면.
[47] 서광제, 앞의 글.
[48] YY생, 앞의 글.

을 거둔 〈나그네〉로 현실화된다. 〈나그네〉의 성공은 다음과 같은 측면에서 향후 조선영화의 성장과 발전을 위한 분수령을 마련하게 된다. 첫째 이 작품은 그때까지 제작된 조선영화 중에서 가장 높은 완성도를 자랑하는 본격적인 발성영화였다. 비록 일본 측의 기술을 빌린 것이기는 하지만, 종래의 불안한 조선영화의 음향기술과는 달리, 〈나그네〉는 "지금에서야 비로소 영화다운 조선영화가 토-키로서 탄생되엇다"는 평가를 받았고, 이것은 향후 제작될 조선영화의 음향 기술에 대한 새로운 기준을 제시하는 것이었다.[49] 둘째, 〈나그네〉는 최초의 성공적인 조·일 합작영화였다. 〈나그네〉는 이규환이 원작·각색·감독을 담당하고 문예봉, 왕평, 박제행, 독은기 등 조선영화배우들이 출연하였지만, 제작의 총지휘는 이규환과 사제지간의 관계에 있었던 일본인 영목중길(領木重吉)이 그리고 촬영은 대구보(大久保)가 담당하였다. 영목중길이 자문을 하고 대구보가 로케이션 촬영을 조선에서 완료한 다음 일본으로 건너가 나머지 분량의 세트 촬영과 편집 그리고 음향 같은 후반작업으로 완성된 이 영화는 '성봉영화원'과 일본의 '신흥(新興)키네마'와 공동제작 방식으로 제작되었다.[50] 이 영화의 성공은 인력과 소재를 제공하는 조선과 자본과 기술을 제공하는 일본의 영화적 역량이 결합했을 때 어떤 성공적인 시너지 효과를 창출할 수 있는가에 대한 모범을 제시하는 것이었고, 향후 조선영화의 발전방향에 대한 범례로서 기능하게 된다. 셋째 이 영화의 성공은 향후 조선영화의 담론을 주도하게 될 두 가지 화두 즉 '수출을 통한 새로운 시장의 개척'과 '기업화론'을 촉발시키는 계기를 마련하게 된다.[51]

---

49 남궁옥, 「조선영화의 최고봉 : 나그네를 보고, 상」, 『每日新報』, 1937.4.22.
50 「성봉영화원 제1회 작품 전발성판 〈나그네〉 촬영개시, 영목중길씨 지휘하 내선(來鮮), 감독 이규환, 주연 문예봉」, 『每日新報』, 1936.11.29.
51 〈나그네〉의 성공은 해외진출에 대한 자신감으로 나타났다. 「〈나그네〉의 해외진출 영화완성 인사차 관계자 제 씨 내방」, 『每日新報』, 1937.4.1. 그러나 1년 뒤 곧바로 찾아온 '성봉영

그러나 무엇보다도 〈나그네〉의 성공은 '국민 여배우'로서 문예봉의 스타 이미지를 결정적으로 형성할 수 있게 만들었다. 〈나그네〉를 제작한 '성봉영화원(聖峯映畵園)'은 문예봉의 이름에서 '봉(峯)'을 가져와 이름을 지을 만큼 문예봉 중심의 동인 집단에서 출발한 '일종의 프로젝트형 제작사'였다.[52] 왕평, 이규환 등이 문예봉과 임선규의 셋방에 모여 시작된 '성봉영화원'은 정식의 영화사가 아니라 영화 스탭이 중심이 된 '동인제' 형태로 시작되었고,[53] 그 첫 시도로 신흥키네마의 자본과 기술을 빌린 〈나그네〉를 완성하였으며 그것이 의외의 성공을 거두게 된 것이다. 그리고 〈나그네〉의 대성공은 다음과 같이 스타로서 문예봉의 대성공과 등가로 여겨졌다.

서울 거리에 요지음 떠도는 말.

〈나그내〉 45만 원 이익을 내었다고. 〈나그내〉를 상영한 명치좌(明治座)는 개관 이래 처음 보는 초만원, 연일 초만원이라고. 그 만원의 8할까지는 조선사람이라고, 문예봉의 인기는 하늘에 뜬 별잣다고.[54]

화원'의 해산은 조선영화에서 '기업화론'을 부상시키는 계기를 마련하였다. 이에 대한 상세한 내막은 다음의 글 참조. 서문방, 「'성봉영화' 분규의 전말과 조선영화계전망」, 『實話』, 1938.9, 14〜20면.

[52] 안석영, 〈은막 천일야화 : 러·브·씬을 모르는 배우 그래도 비극엔 선수엿다〉, 『朝鮮日報』, 1940.2.29.

[53] 문예봉은 1938년 '성봉영화원' 해산이 언론에서 큰 화제를 불러일으키자 자청해서 인터뷰를 하면서 '성봉영화원'은 〈나그네〉가 상영되면서 자신의 셋방에 모인 몇몇의 영화인들로부터 우연히 시작된 동인 모임이었다고 진술한다. 「'성봉영화와 문예봉 심경」, 『三千里』, 1938.10, 189면. 하지만, 영화 촬영이 이루어지는 동안에 〈나그네〉는 이미 언론에 '성봉영화원' 제1회 작품으로 소개되고 있었던 점을 감안한다면, '성봉영화원'은 문예봉의 스타 파워를 활용한 '프로젝트형 제작사'였음을 짐작할 수 있다. 문예봉이 '성봉영화원'의 설립 시점을 이렇듯 의도적으로 늦추는 것은 그 출발이 다소 우연적이고 즉흥적으로 이루어진 다소 낭만적인 동인제였다는 점을 부각시킴으로써 '성봉영화원' 해산의 책임을 기업가적인 성격을 보였던 왕평에게 전가하려는 것으로 짐작된다.

[54] 「〈나그내〉와 문예봉」, 『三千里』, 1937.4, 16면.

그림 11. 〈나그네〉가 홍보되는 과정에서 〈임자 없는 나룻배〉의 나운규에서 〈나그네〉의 왕평으로의 대체는 전략적으로 진행되지 않았다. 그에 비해 문예봉이 연기한 옥희는 이 영화의 서사에서 주변화되었음에도 불구하고 광고와 영화 소개에서 전경화되고 있다.

그러나 문예봉에 대한 이 같은 폭발적 반응은 〈나그네〉의 텍스트 구조를 염두에 두었을 때, 어떤 부조화 혹은 비대칭에 기반한 것이다. 왜냐하면 〈나그네〉에서는 아버지 성팔(박제행 分)을 살해했을 뿐만 아니라 자신의 아내 옥희(문예봉 分) 마저 겁탈하려는 삼수(독은기 分)를 처단하는 복룡(왕평 分)이 서사의 중심이기 때문이다. 〈나그네〉의 성공과 문예봉의 폭발적 인기가 비대칭적인 이유는 제작사의 이름마저 따올 정도로 기획의 중심이었던 문예봉은 그 첫 작품에서 서사의 중심이 아니라 보조적인 혹은 주변적인 위치에 할당되고 있다는 점, 그럼에도 불구하고 그러니까 〈나그네〉는 문예봉이 소화하는 옥희의 텍스트가 아니었음에도 불구하고 영화의 소개와 광고는 문예봉을 중심으로 이루어졌고 관객들 역시 〈나그네〉에서 '문예봉의 인기는 하늘에 뜬 별갓다'며 열광하였기 때문이다(그림 11).

이 같은 비대칭성의 성공이 의미하는 바는 무엇인가? 그것은 이규환, 왕평 등을 비롯하여 '성봉영화원'에 참여했던 동인들 그리고 무엇보다 문예봉 자신이 앞서 지적했던 '침묵의 쿨레쇼프 효과'를 잘 이해하고 있었고, 그것을 전략적으로 활용하고 있었다는 것을 방증한다. 무엇보다 고통 받는 남자 주인공의 세상에 대한 분노의 표현이라는 점에서 이규환 감독의 〈나그네〉는 이전 작품 〈임자 없는 나룻배〉의 연장선상에 있는 작품이다. 비록 영화 서사의 모티프와 전개는 두 작품이 동일하지만, 〈나그네〉가 소개되고 선전되는 과정에서 〈임자 없는 나룻배〉의 나운규에서 〈나그네〉의 왕평으로의 대체는 전략적으로 진행되지 않았다. 아마도 나운규의 명성을 아직 한 편의 영화에도 출연한 적이 없는 신인 왕평으로 대체하는 것은 불가능하다고 여겼을 것이기 때문이다. 대신 〈임자 없는 나룻배〉에서 천진한 딸로 출연했던 문예봉을 〈나그네〉의 광고와 소개에서 전경화시키는 것은 전작이 누렸던 명성과 인기를 손실 없이 자연스럽게 넘겨받을 수 있음을 의미하는 것이었다. 이것이 바로 서사의 주변에 머물러 있으면서도 〈나그네〉를 옥희 즉 문예봉의 영화로서 관객들이 받아들이게 되는 핵심적인 이유이다. 뿐만 아니라 문예봉의 '침묵의 쿨레쇼프 효과' 역시 이전의 실험과 실패를 만회하게 해 주었다. 〈춘향전〉에 비교하면 적역이지만 〈춘풍〉에서도 여전히 표정이 단조로워 관객에게 불쾌감을 야기했고 악녀를 연기한 〈미몽〉에 대해서는 평가와 언급 자체가 등장하지 않을 정도의 실패를 맛보았지만, 후속작 〈나그네〉에서 문예봉의 연기는 다음과 같이 기존의 실패를 만회하고 남을 만큼 성공적이었다는 평가를 받았다.

> 문예봉이 아닌 별인(別人) 가티 관중 압헤 나타낫다. 연기가 업는 문예봉 스타
> —가 아니고 어느 나라에 내노튼지 붓그럽지 안흔 스타 — 문예봉이다! '훌륭하
> 다!'는 말로써 나는 그에게 밧치는 찬사를 삼으려 한다.[55]

남궁옥은 "연기가 없"었던 문예봉이 이 영화에서는 딴 사람처럼 훌륭한 연기를 펼쳤고 어느 나라에 내놓아도 부끄럽지 않은 스타의 면모를

---

[55] 남궁옥, 「조선영화의 최고봉 : 나그네를 보고, 하」, 『每日新報』, 1937.4.25.

가지게 되었다는 극찬을 하고 있다. 흥미로운 것은 듣기가 거북한 문예봉의 발성에 대한 지적이 없다는 것이다. 그런데 〈나그네〉는 앞서 지적했듯이, 발성영화 중에서 가장 높은 완성도를 자랑하는 영화이지 않았던가. 이것이 의미하는 바는 무엇인가? 그것은 〈나그네〉에서 문예봉이 연기한 옥희에게는 대사가 할당되지 않았다는 것, 그러니까 침묵하는 여성 캐릭터였다는 것이다. 실제로 문헌과 기록상으로 보았을 때 이 영화에는 옥희가 다량의 대사를 소화해야 할 만한 장면은 거의 보이지 않는다. 그렇다면 남궁옥이 극찬한 문예봉의 연기는 무엇인가? 남궁옥은 영화의 마지막 장면에서 삼수를 처단한 복룡이 자수하기 위하여 강 건너편 주재소로 가는 남편을 태우고 배를 저어가는 옥희의 클로즈업 쇼트가 가장 인상적이었다고 지적한다.[56] 감옥으로 가야만 하는 남편, 그가 없는 동안 책임져야 할 궁핍한 살림 그리고 아이, 미래에 대한 어떤 희망도 없이 그러나 절망 그 자체도 사치스럽게 느껴지는 암울한 상황 때문에 성적인 매력이 제거된 채 넋 나간 듯한 무표정한 얼굴로 말없이 묵묵히 배를 저어가는 옥희의 클로즈업. 그것은 '국민 여배우'로서 문예봉의 '침묵의 쿨레쇼프 효과'가 완성되는 순간이었다.

　부연하면 '조선영화제도'가 발명한 문예봉의 '침묵의 쿨레쇼프 효과'는 '성봉영화원'의 두 번째 작품인 1938년작 〈군용열차〉의 실패로 강화되었다. 이 시기에는 일본에서도 양화수입 금지 조치 때문에 상영 영화를 확보하기 어려워졌다. 이런 상황에서 적은 비용과 인력을 투자하여 일본 내부에서 배급권을 갖는 조건으로 조선영화와 합작하는 것은 큰 이득이 될 수 있다는 인식이 일본영화 진영 내부에서 등장했으며 이런 맥락 속에서 〈군용열차〉는 일본의 '동보(東寶)'와 협력하여 완성된 작품

56　남궁옥, 「조선영화의 최고봉 : 나그네를 보고, 중」, 『每日新報』, 1937.4.24.

이다.[57] 그러나 〈나그네〉가 조선영화인들을 주축으로 '성봉영화원'의 주도로 제작된 것과는 정반대로 〈군용열차〉는 '동보' 측의 적극적인 주도로 제작이 이루어졌다. 아마도 '동보'는 〈군용열차〉의 제작을 통해서 일본에서의 '양화수입금지조치'에 따른 상영영화 확보의 어려움을 타개할 수 있는 대안 모델을 모색한 것으로 보인다. 이런 이유 때문에 이전의 〈나그네〉 제작에서 일본 측 '신흥'의 참여가 제작 자문과 기술을 제공하는 등의 소극적인 것에 머물렀다면, 〈군용열차〉의 제작에서는 '동보'가 기술력을 제공하는 것은 물론이고 제작비 2만 원 중 1만 원을 간접적으로 출자하거나 소림중사랑(小林重四郎)과 좌석목신자(佐夕木新子) 등과 같은 일본 배우가 직접 출연하는 등 적극적으로 참여하게 된다. 뿐만 아니라 조선에서 영화를 개봉할 때는 서광제 감독의 작품으로 선전되었지만, 이 영화의 실제 감독은 일본인 좌소무(佐蘇武)가 담당하였다.[58] 그런데 몇 명의 조선영화배우가 출연하고 조선을 배경으로 했을 뿐 거의 일본영화로 볼 수 있는 〈군용열차〉는 비평에서 주목을 받지 못하였을 뿐 아니라 흥행에서도 뚜렷한 기록을 보여주지 못하였다. 특히 문예봉 개인에게는 "조선대표의 여배우로 선전된 인기여배우이나 〈군용열차〉에서 그의 연기는 벌써 과거의 인물이요 앞날이 없는 배우란 것을 증명하였다"는 혹평이 쏟아졌다.[59] 제국의 질서에 의해 구원받게 되는 조선을 표상하기 위하여 기생 영심으로 출연한 문예봉이 이 영화에서 제국주의의 시각적 쾌락을 충족시키기 위하여 노래를 부르고 성적 매

---

57 서문방, 앞의 글, 19면.
58 〈군용열차〉의 실제 감독에 대해서 서문방은 다음과 같이 언급한다. "선전만은 서광제 연출이라고 하였으나 실상은 서광제는 감독의 지식이 없이 촬영견학을 한 데 불과하다(위의 글, 20면)." 당시의 조선영화에 비해 〈군용열차〉의 완성도가 높고 이 영화의 화법과 기법이 조선적이지 않은 점 등을 고려해 볼 때, 이 진술은 매우 신뢰할 만하다. 이 영화의 원작이 이규환으로 소개되는 것에 대해 서문방은 언급을 하고 있지 않지만, 전후 사정을 고려해 볼 때, 원작 역시 일본인의 것으로 추정할 수 있다.
59 위의 글, 20면.

력이 풍부한 대상으로 전시되는 과정에서 '침묵의 쿨레쇼프 효과'를 위반하게 되었다는 점을 염두에 둔다면, 우리는 서문방의 혹평이 무엇 때문이었는지를 헤아릴 수 있게 된다. 실제로 이 영화에서 문예봉은 전근대적인 조선에 반대하고 제국주의 질서를 받아들이기 위하여 '싫다'라고 분명히 '말하는' 동시에 뭇 남성들의 관심을 사로잡을 수 있는 '성적으로 매력적인' 기생을 연기해야만 했다. 서문방의 혹평은 바로 식민지 조선에 대한 제국주의의 환상을 충족시키기 위하여 '국민 여배우'로서 문예봉의 스타 이미지를 형성해 온 '침묵의 쿨레쇼프 효과' 즉 '자기 목소리를 낼 수 없다는 점에서 무성(無聲)이어야 하고 성적인 매력이 제거된 무표정한 여성'을 위반하는 것에서 비롯된 것이었다. 이렇듯 〈군용열차〉의 실패는 문예봉과 '조선영화제도'로 하여금 '침묵의 쿨레쇼프 효과'를 확신하게 만들었으며, 우리는 그 강화된 효과를 다음 장의 '이행적 친일영화'의 분석에서 살펴볼 수 있게 된다.

4. 〈지원병〉과 〈조선해협〉에서 수행되는 '문예봉'

〈군용열차〉가 1938년 7월 1일 조선과 일본에서 개봉되고 며칠이 지나지 않은 7월 19일 『朝鮮日報』에는 '성봉영화 스타–왕평 실종'이라는 제목의 기사가 게재되면서 왕평과 홍찬이 다른 동인들의 동의도 없이 '성봉영화원'을 '조선영화주식회사'로 팔 것이라는 소식이 알려지게 되었고, 이후 '성봉영화원'의 소유권을 다투는 왕평 측과 문예봉 측의 팽팽한 대립이 큰 화제가 되었다.[60] 투자가치가 있는 '성봉영화원'의 합병을 둘러싸고 '동보영화사'와 '조선영화주식회사'의 대리전 양상으로 전개된 이 사태에 대해 문예봉은 '성봉영화원' 탈퇴는 물론이고 은퇴까지 고려하고 있다는 등의 강경한 자세를 보였고, 기자들이 참석한 공개된 장소에서 왕평 측과의 양자 대면을 시도하였다.[61] 뿐만 아니라 기자들과의 인터뷰를 통해서 자신의 입장을 적극적으로 알리기 위하여 언론을 활용하는 모습을 보여주기도 하였다.[62] 그런데 기자들이 지켜보는 가운데 분쟁의 당사자와 시시비비를 가리자는 이 자신만만한 태도 그리고 인터뷰 내내 "밋던 독기에 발등 찍히는 격으로 속아 넘어가" 버린 것을 분해 어쩔 줄 모르는 이런 문예봉의 강한 모습은 이 글에서 아직 논의하지 못한 '문예봉'이다. 즉 그것은 '국민 여배우'의 계보학을 추적하는 과정에서 지금까지 만났던 '문예봉' 그러니까 '새로운 주체'로서 '은막의 여배우'를 길들이기 위하여 감시, 참조, 고백으로 구성된 '권력의 테크놀로지'를 성공적으로 내면화한 문예봉도 아니고 '조선영화제도'에 의해서 완성된 '침묵의 쿨레쇼프 효과'로서 스크린 상의 문예봉과도 거리를 가지고 있다. 이 지점에서 우리는 '국민 여배우'를 구성하는 이 세 가지의 '문예봉' 중 어느 하나가 나머지 둘을 결정할 수 없다는 것을, 그리하여 세 가지 중 어느 하나가 '국민 여배우'의 기원이나 원본이 될 수 없으며 '국민 여배우'는 그것들의 '수행성(遂行性, performativity)'에 의한 중층적인 결과물이라는 것을 인식해야만 한다. 즉 '권력의 테크놀로지'의 산물로

---

60 「지위싸홈으로 인하야 성봉영화원 와해 주연은 왕평, 문예봉」, 『每日新報』, 1938.7.20; 「성봉영화원에 동인간에 불상사 문예봉등 탈퇴소동」, 『東亞日報』, 1938.7.20.
    '성봉영화원' 분규는 1930년대 후반 조선영화산업의 상황을 징후적으로 드러내는 사건이었다. 지면 관계상 더 이상 논의는 어렵지만, 복마전처럼 이해관계가 얽혀 있는 이 사건을 통해서 당시 조선의 영화계와 연극계의 관계 그리고 조선영화산업과 일본영화산업의 관계를 들여다 볼 수 있다. 서문방에 따르면, 〈군용열차〉 제작 시 감독으로서의 무능을 드러내게 된 서광제가 자신의 입지를 굳힐 목적으로 왕평 측과 문예봉 측을 이간질하기 위한 언론플레이로 이 사건이 언론에 공개되었고, 파장은 일파만파로 퍼져 나갔다. 자세한 내용은 서문방, 앞의 글, 14~20면을 참조.
61 「성봉영화원의 분규 해결은 상금 요원 추잡한 내용으로 얼기설기하야 결국사직까지출동?」, 『每日新報』, 1938.7.23.
62 「성봉영화와 문예봉 심경」, 『三千里』, 1938.10, 188~191면.

서 영화산업에서의 문예봉, '침묵의 쿨레쇼프 효과'로서 스크린상의 문예봉, 생활력 강하고 손해 보기 싫어하는 현실에서의 강한 성격의 문예봉에 의해 '문예봉'은 수행되는 것이다. '조선영화'라는 무대 위의 '국민여배우'라는 배역을 통해서 연기(演技)되어야 했던 것 말이다.

태평양 전쟁의 발발과 그에 따른 신체제로의 전환이 본격화되는 1940년대로 접어들면서 '국민 여배우'에 대한 문예봉의 수행은 만주국 여배우 이향란을 초대하는 좌담회에 조선 여배우를 대표하여 참석한다든지[63] 만주사변 10주년 기념 채권 판매와 같은 국책 행사에 동원되면서 본격화되게 된다.[64] 그리고 1940년 8월 '조선영화령'의 공포로 시작된 신체제기 이후에는 총 8편의 친일영화에 출연하게 된다. 이 중에서 현재 필름이 남아 있는 문예봉 출연작은 다음의 세 편, 즉 〈집 없는 천사〉(1941, 최인규), 〈지원병〉(1941, 안석영), 〈조선해협〉(1943, 박기채)이고, 이 영화들은 본격적인 친일영화와 구분되는 '이행적 친일영화'이다.[65] 신체제를 소비하려는 조선영화인들의 산업적 욕망에서 추동된 '이행적 친일영화'는 일본의 전쟁 이념을 선전하기 위하여 문예봉, 김신재, 김소영과 같은 은막의 여성 스타들을 적극 동원하였고, 문예봉은 조선영화기 동안 형성해 온 '국민 여배우'를 수행하게 된다. 그렇다면 이행적 친일영화에서 '국민 여배우'로서 문예봉의 스타 이미지의 전유와 수행은 성공적으로 이루어졌는가?

이제 우리는 〈집 없는 천사〉에서 문예봉이 연기하였던 방성빈(김일해 分) 목사의 아내 마리아(문예봉 分)에게 대사가 거의 주어지지 않은 이유

---

[63] 「만주국 명우를 환영하는 좌담회」, 『三千里』, 1940.8, 148~151면.
[64] 「깜짝할 사이에 삼천매 인기 예술가들의 꼬마 채권전 개가」, 『每日新報』, 1941.9.19; 박현희, 앞의 책, 112면에서 재인용.
[65] '이행적 친일영화'에 대해서는 제4장을 참조.

그림 12. 〈지원병〉의 마지막 장면에서 잉여로 덧붙여진 쇼트들

그리고 〈지원병〉의 마지막 장면에서 자신이 원하던 지원병이 되어 사람들의 축복을 받으면서 전쟁터로 떠나는 춘호(최운봉 分)를 배웅하는 분옥의 마지막 클로즈업이 적극적인 친일의 표식이라 할 수 있는 '명랑성'을 띠지 않는 이유를 해명할 수 있게 되었다. 그러니까 이 두 편의 영화에서 문예봉은 '국민 여배우'로서 스타 이미지, 즉 '침묵의 쿨레쇼프 효과'를 수행하고 있는 것이다. 〈집 없는 천사〉에서 빈곤한 살림에도 불구하고 고아들을 돌보려고 하는 방성빈을 옆에서 묵묵히 도와주는 마리아는 〈나그네〉에서 감옥을 가는 남편을 말없이 지켜보았던 옥희가 전유된 것에 다름 아닌 것이다. 그런데 '국민 여배우'로서 문예봉의 스타 이미지의 '트레이드마크(trade mark)'가 된 〈나그네〉의 마지막 클로즈업 쇼트는 〈지원병〉의 마지막 장면에서 극적으로 재전유 된다. 그리움이 이미 배어 있는 분옥과의 아쉬운 작별 그리고 배웅나온 사람들과 명랑한 작별을 뒤로 하고 기차에 오르는 춘호의 쇼트에서 이 영화는 끝을 맺어도 충분하다. 사실 서사의 맥락에서 보자면, 여기에서 영화는 끝이 났어야 했다. 그러나 곧 이어서 춘호가 '지원병'이 되는 과정에 집중하는 서사의 맥락과 무관한 두 개의 쇼트가 잉여로 덧붙여진다(그림 12).[66] 하

---

66 이영재는 이 순간을 '잉여의 웃음'으로서 '제국 = 국가와 조선발 (女) 스타의 지방성이 충돌하는 순간' 그리고 '식민지 남성의 재주체화'가 이루어지는 순간으로서 능동적으로 독해한

나는 기찻길 위에 흩어진 일장기를 줍는 분옥의 뒷모습을 카메라 움직임으로 포착한 미디엄 쇼트. 그리고 이어진 정면을 바라보는 분옥의 클로즈업 쇼트. 특히 쓸쓸하게 엷은 미소가 드리운 분옥을 화면 가득히 보여 주는 이 마지막 쇼트는 클로즈업이라는 쇼트의 크기도 그러하지만 쇼트의 지속시간도 6.5초에 이르고 있어 보는 이로 하여금 매우 강렬한 인상을 가지게끔 한다. 이 강렬한 인상은 곧 이어 등장한 '완(完)'이라는 크레디트에 의해 배가된다.

이 마지막 쇼트 구성의 강렬한 인상이 관객성과의 관계에서 의미하는 바는 다음과 같다. 첫째, '국민 여배우'로서 문예봉의 '트레이드마크'가 된 이 쇼트의 인상이 너무 강렬하기에 서사를 압도하면서 그것의 초점을 흐리게 만들고, 심한 경우에는 서사 자체를 망각하게 만들어 버릴 수도 있다. 둘째, 첫째의 효과로서 서사의 맥락과 무관하게 삽입된 이 쇼트는 신체제 이념을 전달하려는 이 영화를 스타 이미지의 전시와 그 시각적 쾌락이 전경화되는 영화로 변형시켜버린다. 그러니까 조선인들에게 지원병 지원을 선동하려는 이 영화의 정치적 의도는 마지막에 삽입된 문예봉의 스타 이미지에 의해 위협받게 되는 효과를 가지게 되는 것이다. 셋째, 쓸쓸하게 엷은 미소가 드리운 이 모호한 표정의 클로즈업은 이 영화의 의미를 분산시키고 분열시켜 버린다. 쿨레쇼프의 실험에서 이반 모주킨의 모호한 얼굴 표정이 관의 쇼트나 스프의 쇼트와 병치되면서 원래 모주킨의 얼굴 쇼트에는 내재되지 않았던 슬픔이나 배고픔의 의미가 창조되듯이, 쓸쓸하게 엷은 미소가 드리운 모호한 문예봉의 클로즈업은 이 영화에 내재하는 두 가지의 상이한 하위 플롯, 즉 춘호와의 사랑을 완성시켜 나가

다(이영재, 『제국 일본의 조선영화—식민지 말의 반도 : 협력의 심정, 제도, 논리』, 현실문화, 2008, 84~85면). 하지만 이런 능동적인 독해의 전제가 되는 것 역시 '국민 여배우'로서 문예봉에 '침묵의 쿨레쇼프 효과'이며, 그런 점에서 '사후적 효과' 즉 문예봉의 클로즈업 + 식민지 엘리트의 멜랑콜리 = 식민지 남성의 재주체화인 셈이다.

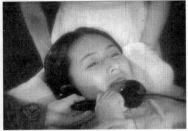

는 멜로 드라마 그리고 성공적으로 지원병이 되는 서사와 병치된다. 이런 몽타주 효과는 관객에게 이 영화의 마지막 장면에 대한 해석과 관련하여 사랑하는 연인과 이별해야 하는 '아쉬움' 그리고 원하는 지원병이 되어 떠나는 춘호를 바라보는 '기쁨', 이 두 가지의 양립 불가능한 감정 사이에서 갈등하고 협상하게 만든다. 그러나 서사상에서 옥희의 '기쁨'이 동기화(motivation) 되지 않기 때문에 '아쉬움'은 '기쁨'을 압도해 버린 상태로 '침묵의 쿨레쇼프 효과'는 완성 된다.

그림 13. 〈조선해협〉의 결정적인 세 시퀀스는 항상 '국민 여배우'로서 문예봉의 '트레이드마크'가 된 클로즈업 쇼트로 끝이 난다.

한편 1940년대 최고의 흥행작이었던 〈조선해협〉에서도 '국민 여배우' 문예봉의 스타이미지에 대한 전유가 이루어졌다. 방탕한 생활을 일삼던 세이키(남승민 分)는 전장에서 전사한 형의 죽음으로 자신의 과거를 뉘우치고 지원병이 되기로 결심하면서 사랑하는 연인 긴슈쿠(문예봉 分)를 떠나 훈련소를 향하지만 홀로 남겨진 긴슈쿠는 그 사실을 모른 채 어려운 생활을 하던 중 세이키의 여동생 기요코(김신재 分)와 일본인 동료 에이코(실명 확인 불가)의 도움으로 아이를 낳고 긴슈쿠를 가족으로 받아들이길 거부 했던 아버지(김일해)의 반대를 결국 극복하게 된다는 내용이다. 조선인 지원병의 선전을 선동하기 위하여 제작된 이 영화에서 '국민 여배우' 문예봉의 전유는 두 가지 측면에서 이루어졌다. 무엇보다 가장이 부재하는 가운데 경제적으로 힘든 상황에서 어려운 생활을 해나가야 하는 〈조선해협〉의 긴슈쿠는 바로 〈나그네〉를 통해서 발견한 '국민 여배우'로서 문예봉의 배역 즉 감옥을 향해 떠나는 남편을 배웅하는 옥희의 캐릭터가 전유된 것에 다름 아니다. 〈춘풍〉에서 문예봉에게 신여성의 배역을 맡겼다가 이미 큰 실패를 맛보았던 박기채 감독은 〈조선해협〉에서는 전작의 실패를 교훈삼아 문예봉에게는 〈나그네〉이후 형성된 '국민 여배우'의 이미지 즉 가련한 아내의 배역을 그리고 이 영화에서 신여성의 역할이 할당되는 세이코의 여동생 기요코 역에는 김신재가 배역을 연기하게 했고 이것은 매우 적절한 배역 선택의 결과로 나타났다. 그리고 무엇보다 이 영화에는 '국민 여배우'로서 문예봉의 '트레이드마크'인 '침묵의 쿨레쇼프 효과'로서 문예봉의 클로즈업 쇼트가 영화의 결정적인 순간에 항상 사용되고 있다. 이 영화의 서사상에서 결정적인 순간은 다음의 세 시퀀스이다. 첫째, 훈련을 마친 세이코가 퍼레이드에 참여하지만 퍼레이드를 지켜보는 세이코의 아버지 때문에 세이코와 만나지 못하고 안타깝게 돌아서야 했던 순간. 둘째, 입영열차를 타기 전 마지막으로 기요코의 집을 방문한 세이코와 기요코가 길이 엇갈려 만나지 못하자 곧바로 역으로 달려갔지만 세이코를 태운 기차가 떠나는 것을 기요코가 애처롭게 바라보는 순간. 셋째, 과로로 쓰러진 기요코가 부상을 당한 세이코와 극적으로 통화를 하는 순간. 안타까움 마음에 관객들을 설레게 하면서 흥분시켰을 이 세 시퀀스의 마지막은 항상 문예봉의 클로즈업 쇼트, 즉 〈나그네〉의 마지막 장면 이후 '국민 여배우'로서 문예봉의 '트레이드마크'가 된 바로 그 클로즈업 쇼트로 끝이 난다(그림 13).

그렇다면, 조선인들의 지원병 지원 선동의 메시지를 전달하고 있는 〈조선 해협〉에서 이 같은 '국민 여배우'로서 문예봉의 스타 이미지의 전유는 성공적으로 이루어졌는가? 이 점을 논의하기 전에 우선 이 영화의 놀라운 흥행 성공과는 별도로 선전·선동물로서 이 영화의 본래 목적은 다음의 기록에서 알 수 있듯이, 실패로 돌아갔다는 것을 인식해야만 한다.

> 이 작품으로선 도무지 부끄러워 내지에도 보일 수 없고 조선에서도 저속층에
> 게 푸로마이드 발류 이외엔 효과가 없을 것 같다. (…중략…) 이 작품의 테마는
> 어데 있는 것인가. 방탕한 청년이 지원병이 되어 갱생하는 거라면 어찌 그리 사
> 사로운 (실례이나 숭거운) 사건이 주제를 밀쳐 놓는가. 차라리 이 작품은 조선
> 의 가족제도의 일면을 그린 작품에 가차웁겠으나, 원작자는 이 작품의 대중성
> 에 급하야 그런 분위기를 그릴 여유가 없이 다름질 친 것 같다.[67]

이런 실패의 근본 원인은 '이행적 친일영화'에서 일반적인 현상이었
던 '신체제 애트랙슌'의 일환으로서 이 영화의 제작이 이루어졌다는 점
에 있다.[68] 즉 1940년대 초반 조선사회의 전방위적인 영역이 전시체제
로 전환하는 상황에서 그리고 성공적인 영화제작과 상영을 위해 신체
제의 이념을 대중적 흥행물에 덧붙여야 하는 당시의 특수한 영화산업
의 맥락 속에서 이 영화의 기획과 제작이 이루어졌던 것이다. 따라서 선
동물의 외피를 입은 흥행물로서 이 작품의 대중적 성공은 당시 '신체제'
가 허락한 모든 것들을 즐긴 결과로 이해할 수 있다. 이런 양상은 영화
의 곳곳에서 드러난다. 우선 박현희가 지적했듯이, 이 영화에서는 신체
제 이념 선전의 핵심이라 할 수 있는 부분 즉 이전의 방탕한 '모던 보이'
였던 세이코가 지원병에 지원하기까지의 동기와 과정이 생략된 채 영
화는 곧바로 시작한다.[69] 따라서 서사의 초점은 조선영화 최고의 여성
용 멜로 드라마 감독이었던 박기채의 영화적 관심에 따라 젊은 연인과
그들의 결합을 반대하는 유교적 가부장 아버지의 갈등을 중심으로 전

---

67 이춘인, 「각본, 연출, 연기 : 〈조선해협〉을 보고」, 『朝光』, 1943.9, 박현희, 앞의 책, 148면에
    서 재인용.
68 '신체제 애트랙슌'에 대해서는 제4장 149~154면을 참조.
69 박현희, 앞의 책, 152면.

개되어 나간다. 이런 서사의 전개 과정에서 '신체제의 이념'이라는 '외피'와 '여성용 멜로 드라마'라는 '내용물'은 의도하지 않은 마찰을 일으키게 된다. 이 영화의 가장 흥미로운 순간 중의 하나는 일련의 여성들의 연대에 의한 공동체 즉 가련한 조선인 아내 긴슈쿠, 조선인 신여성 기요코, 일본인 신여성 에이코, 그리고 가장 마지막으로 가담하게 되는 조선의 전통 부인 세이코의 어머니로 이루어지는 여성 공동체가 전근대적이고 유교중심적인 가부장 아버지의 의사에 반하는 '계략'을 꾸미고 결국 기요코를 명문가 세이코 집안의 일원으로 받아들이게끔 자신들의 목적을 관철시키는 장면들이다. 특히 어머니와 기요코가 긴슈쿠를 받아들여달라고 간청을 하지만 외면해 버리는 아버지에게 기요코가 세이코의 아이를 데려다 놓고 어머니와 함께 나가버리자 앙앙 우는 아기를 보고 어쩔 줄 모르던 아버지가 아기를 안고 어르는 장면을 보면서 당시의 관객들은 박수를 쳤을 것이다. 그러나 이 영화에서 완고한 전근대적인 조선의 유교적 가부장제를 표상하는 세이코의 아버지는 여성 공동체와 갈등을 일으키는 인물이기도 하지만 신체제의 이념을 가장 적극적으로 표상하는 있는 인물이기도 하다. 따라서 이 영화에서 가부장적 아버지에 반대하는 여성공동체들의 연대는 다소 위험하게도 신체제의 이념을 거스르고 그것에 도전하는 예기치 않은 효과를 발휘하게 된다. 즉 '여성용 멜로 드라마'라는 '내용물'이 '신체제 이념'이라는 '외피'를 벗어버리는 효과를 가지게 되는 것이다. 이 영화에서 '내용물'이 '외피'를 벗어버렸는지는 확실치 않지만 '내용물'과 '외피'가 어울리지 않는다는 인식은 이 영화의 마지막 두 번째 장면에서 확실해진다. 군수공장에서 일하다 과로로 쓰러진 기요코와 전장에서 부상당한 세이코가 전화로 통화하는 이 장면에서 기요코가 "당신 오랜만이에요……. 당신 마음도 모른 채 그 이후 전……"이라 하자 세이코는 "아버지가 허락하실 때까지 기다렸던 거야"라고 대답한다. 세이코가 아무 말 없이 떠난 이유는 결혼에 대한 아버지의 확실한 허락을 받고자 함이었다는 것이다. 이 대목에서 세이코가 지원병이 되기로 결심 한 이유가 지원병이 진심으로 되고 싶어서인지 아니면 기요코와 결혼 승낙을 받기 위해 아버지의 환심을 사고 싶어서 그런 것인지 보는 관객으로 하여금 상당히 혼돈스럽게 만들면서, '내용물'과 '외피'가 어울리지 않는다는 인식을 가지게 만든다. 그런데 이런 인식을 확신시키는 것은 이어지는 긴슈쿠의 다음과 같은 대사들이다. "빨리 나아서……. 또 공훈을 세우세요……. 당신 아들도 훌륭한 군인이 될 거예요……. 전 너무 자랑스러워요. 정말 기뻐요. 조심하세요. 모쪼록 조심하세요." 긴슈쿠를 연기하는 문예봉은 예의 그의 '트레이드마크'인 무표정한 얼굴의 클로즈업으로 비치면서 더듬거리는 어색한 일본어로 말한 뒤, 혼절해 버린다. 그러나 이 과정에는 '국민 여배우'로서 문예봉의 '침묵의 쿨레쇼프 효과'에 대한 중요한 두 가지의 위반이 자리하고 있다. 즉 무표정한 얼굴의 클로즈업으로 대사를, 그것도 서투른 일본어의 대사를 구사하고 있는 것이다. 그리고 그런 결과로서 클로즈업된 무표정한 얼굴의 문예봉이 구사하는 서투른 일본어 대사의 내용은 '여성용 멜로 드라마'라는 '내용물'에 '신체제 이념'이라는 '외피'가 어울리지 않듯이 조선영화관객에게 낯선 것으로 남겨지게 된다. 결국 이 낯설음은 일본 제국과 식민지 조선 사이에 흐르는 깊은 심연 즉 건널 수 없는 '조선해협'을 상연하는 것이었다.

이 장에서는 '삼천만의 연인', '친일 배우', '인민 배우'로 불리는 문예봉의 명성을 이해하기 위하여 '국민 여배우'라는 범주의 탄생 그리고 국가 이념에 의한 전유의 과정을 계보학적으로 살펴보았고, '은막의 여배우'의 훈육과 '침묵의 쿨레쇼프 효과'를 중심으로 분석하면서 다음과 같은 결론에 이를 수 있었다.

첫째, 1920년대 초반 식민지 조선에 '새로운 주체'로서 등장한 '은막의 여배우'는 전통질서에 사로잡혀 있는 전통적인 '부인'이나 제국주의와 민족주의가 설치해 놓은 진보라는 함정에 빠지는 근대적인 '신여성'과 달랐을 뿐만 아니라 전근대적인 '극단의 여배우'와도 차별화되는, 무한한 사회적 유동성이 허락되는 공적인 여성들이었다. 둘째, '새로운 주체'로서 '은막의 여배우'에게 허락된 '유동성'에 대한 남성 엘리트 지식인들의 질투심과 두려움은 '은막의 여배우'를 '유순한 신체'로 길들일 수 있도록 '감시', '참조', '고백'으로 이루어진 '권력 테크놀로지'를 실행시키게 만들었고, 1930년대 동안 공론장에서 이루어진 '은막의 여배우'에 대한 담론 생산은 영화산업의 안과 밖에 '은막의 여배우'의 일상을 촘촘한 권력의 미시적 그물망으로 짜여 있는 투명한 감옥으로 만들어 버림으로서 궁극적으로는 자기 스스로 자신을 통제할 수 있게 만들었다. 셋째, '국민 여배우'로서 문예봉의 특권화된 스타 이미지는 일차적으로 바로 이 '새로운 주체'로서 '은막의 여배우'를 훈육하려고 하였던 '권력 테크놀로지'의 성공적인 내면화로 구성되었다. 넷째, '권력 테크놀로지'의 성공적인 내면화와 더불어 '국민 여배우'로서 문예봉의 특권화된 스타 이미지는 1930년대 '조선영화제도'의 맥락적 요인들에 의해서 중층적으로 결정되었고, 그 결과물은 〈나그네〉의 마지막 장면에서 보이는, 자기 목소리를 낼 수 없다는 점에서 무성이어야 하고 성적인 매력이 제거된 무표정한 여성의 클로즈업 쇼트로 나타났고, 이 클로즈업 쇼트는 향후 '국민 여배우'로서 문예봉의 '트레이드마크'가 되었다. 다섯째, 〈지원병〉이나 〈조선해협〉과 같은 '이행적 친일영화'에서 '국민 여배우'로서 문예봉의 특권화된 스타 이미지의 전유에서 알 수 있듯이, 일본 제국주의는 총력전 수행을 위해 조선영화의 여성 스타덤을 적극적으로 동원하려고 하였지만 동시에 그것이 수행되는 과정에서 심각하게 도전받기도 하였다. 이 모든 결과를 다시 총정리하면, 식민지 조선에서 '국민 여배우'로서 문예봉의 주체화는 '권력 테크놀로지'의 대상으로 성립되었지만, 대상화의 수행은 '권력의 실패'를 야기하였다.

그러나 이상의 결론에 이르는 과정에서 다음의 세 가지 생산적인 한계들과 마주칠 수 있었다. 첫째, 이 장에서 수행한 '은막의 여배우'에 대한 담론 분석이 다소 표피적으로 그리고 규범적으로 진행되고 있다는 점에서 한계를 가지고 있다. 특히 식민지 조선에서 생산된 '은막의 여배우'에 대한 담론들을 '감시', '참조', '고백'의 '권력 테크놀로지'로서 분석하는 시도가 그러한데, 이런 시도는 '권력 테크놀로지'의 큰 윤곽을 그리는데 도움을 주기는 하지만, 그 대가로 각각의 담론들이 가지고 있는 세밀한 역동성들 즉 그 속에 내재된 긴장, 모순, 갈등을 놓쳐버리고 있는 것은 무척 아쉬운 부분이다. 이것이 중요한 이유는 푸코가 주장하듯이 저항이 있는 곳에 권력이 있고 권력이 담론을 통해서 실행된다면, 이미 권력에 대한 저항은 담론 속에 내재되어 있을 것이기 때문이다. 이 때 담론 분석을 통해 드러나는 저항은 권력과 분리된 것이 아니라 권력이 작동하는 방식의 한 부분일 텐데, 권력의 일부로서 담론들 사이의 모순, 충돌, 틈새를 통해서 드러나는 저항의 역동성에 대한 논의는 이 연구에 포함되어 있지 않다. 둘째, 담론들 사이의 모순과 틈새를 통해서 드러나는 '은막의 여배우'들의 실제 목소리를 들으려는 노력을 게을리 하였다는 한계를 가지고 있다. 특히 이 장에서는 '권력 테크놀로지'의 산물로서 영화산업에서의 문예봉 그리고 '침묵의 쿨레쇼프 효과'로서 스크린 상에서 완성된 문예봉의 성립에 초점을 맞추면서 '국민 여배우'로서 문예봉이 완성되는 담론적인 과정을 규명하는 성과를 보여주기도 하였지만 동시에 '비담론적인(non-discursive)' 영역의 문예봉의 가능성은 애써 외면해버린 경향이 있다. 어쩌면 '담론적인 문예봉'과 '비담론적인 문예봉'의 대화 속에서 우리는 문예봉의 실제 목소리를 듣게 될 수 있을지도 모른다. 셋째, '새로운 주체'로서 '은막의 여배우'를 훈육하는 과정을 살펴보면서 문예봉이 '국민 여배우'로 성장하는 역사의 풍경에 주목하였지만, 정반대의 건너편 자리에서 '권력 테크놀로지'가 결코 길들일 수 없었던 '은막의 여배우' 복혜숙을 발견하는 흥미로운 순간도 가질 수 있었다. 식민지 조선 최초의 '은막의 여배우' 중 한 사람으로서 1926년 〈농중조〉(이규설)로 데뷔한 이래 1982년 〈낮은 데로 임하소서〉(이장호)로 작품 활동을 마감하기까지 한국영화사의 거의 전 시기에 비중 있는 여배우로 활동한 복혜숙은 데뷔 초부터 규범적인 성행동의 위반에 대한 언론의 비난이 빗발쳤지만 이에 아랑곳하지 않고 거침없는 입담으로 지배적인 규범을 유쾌하게 조롱하면서 권력의 상대성을 증명하였을 뿐만 아니라 일본 유학생, '극단의 여배우', '은막의 여배우', '성우', 다시 '영화 배우'로 변신의 변신을 거듭하면서 '새로운 주체'로서 '은막의 여배우'에게 허락된 사회적 '유동성'이 무엇이었는가를 몸소 그의 삶으로서 증명하였다. '국민 여배우'로서 문예봉이 주목을 받기 시작하는 바로 그 시기 역사의 한 편에서 '새로운 주체'로서 '은막의 여배우'에게 허락된 사회적 유동성을 만끽하고 있는 복혜숙을 발견한 것은 의외의 즐거운 수확이다.

제4장

'이행적 친일영화'의 식민지 파시즘과 〈집 없는 천사〉의 이중의식

1. 〈집 없는 천사〉의 이중성과 불온한 성격

필름이 유실된 것으로만 알려졌던 최인규(1911~?) 감독의 1941년작 〈집 없는 천사〉가 복원 작업을 끝내고 2005년 일반에게 공개 되었다. 그러나 뜻밖에도 이 작품의 발굴, 복원 그리고 상영은 기존의 지배적인 한국영화 역사기술의 중요한 연결마디를 결절시키는 결과를 초래하고 말았다. 〈집 없는 천사〉에 대한 기존의 평가는 다음의 진술에서 압축적으로 드러난다.

최인규는 〈집 없는 천사〉를 통해 세계 영화사의 한 조류인 네오 리얼리즘이 조선에 당도하기 전에 이미 그러한 기법의 영화를 선보였다. 다른 기회에 지적하겠지만 영화의 형식으로서의 리얼리즘은 이러한 광폭한 군국주의 시대에 있어서는 작가의 최후의 저항선이라는 것을 알아둘 필요가 있다. (…중략…) 최인규는 일제 말기의 숨막히는 암흑기와 해방 직후의 대혼란기에 영화계가 극도로 불우했음에도 불구하고 한국영화의 눈부신 리얼리즘의 맥을 이었다.[1]

이렇듯 〈집 없는 천사〉는 〈아리랑〉(1926, 나운규)과 〈오발탄〉(1961, 유현목)을 연결하는 민족적 리얼리즘의 미학을 한국영화사에 제공해 줌으로써 식민지 시기의 조선영화에서 해방 이후의 한국영화로의 역사적 연속성을 담보해주는 작품으로 평가를 받아왔다. 그러나 복원된 필름으로 나타난 실제의 〈집 없는 천사〉에는 당황스럽게도 민족적인 리얼리즘의 미학과 더불어 '친일'이라는 충격적인 형상이 동시에 포함되어 있었다. 특히 일장기 밑에서 황국신민 선서를 읊조리는 마지막 장면은 이 영화에 대한 기존의 평가가 민족주의 서사의 각색과 윤색으로 포장된 것이었음을 방증(傍證)하는데 부족함이 없어 보였다. 따라서 필름이 공개된 이후의 평가와 연구는 이 영화가 얼마나 그리고 어떻게 친일적이었는가를 앞다투어 밝히는 것으로 집중 되면서 이 영화에 대한 평가는 '민족적 리얼리즘 영화'에서 '친일영화'로의 극적인 반전을 보이고 있는 중이다.[2]

하지만 〈집 없는 천사〉를 본격적인 '친일영화'로 분류할 수 있는가에 대해서는 다음과 같은 이유들 때문에 의구심이 드는 것 또한 사실이다.

---

1   이영일, 『한국영화전사』, 소도, 2004, 202면.
2   강성률, 「논단 : 일장기 앞에 서면 갈등이 해결된다?―최근 발굴된 〈집 없는 천사〉와 〈지원병〉의 친일 논리」, 『실천문학』 78호, 실천문학사, 2005, 299~319면; 김려실, 「일제강점기 아동영화와 내선일체 이데올로기 : 〈수업료〉와 〈집 없는 천사〉를 중심으로」, 『현대문학의 연구』 30집, 한국문학연구학회, 2006, 173~201면; 김금동, 「일제강점기 친일영화에 나타난 독일 나치영화의 영향」, 『문학과 영상』 8(2), 문학과영상학회, 2007, 31~53면; 소현숙, 「황국신민으로 부름 받은 집 없는 천사들 : 역사 사료로서의 영화 〈집 없는 천사〉」, 『역사비평』 82호, 역사비평사, 2008, 484~494면.

첫째, 텍스트의 물리적인 형상으로 한정시켜 보았을 때, 이 영화에서 친일적인 요소가 있다 하더라도 극히 미비한 두 부분에서만 발견할 수 있다는 것이다. 즉 방성빈(김일해 分)이 용길이를 집에 데려와 아이들에게 인사시키는 장면에서 아들 요한이를 '장래 지원병으로서 나팔선수야'라고 소개하는 대사와 영화의 마지막 장면에서 집단으로 황국신민 서사를 외우는 장면이 친일로 분류할 수 있을 뿐이고, 영화의 나머지 부분들은 친일과는 무관한 대중적 흥행물의 형상을 보여주고 있다는 것이다. 둘째, 이렇듯 이 영화에는 친일적인 요소가 매우 부족할 뿐만 아니라 영화의 전체적인 구조를 놓고 보더라도, 친일적인 요소는 영화 서사의 전반적인 흐름과 조화를 이루지 못한 채 거칠게 덧붙여져 있다는 인상을 전달하고 있다는 것이다. 이런 측면들 때문에 〈집 없는 천사〉는 일제 말기 잘 만들어진 대중적 오락영화로서의 성격이 강하며, 친일의 요소들은 큰 흠집이 되지 않는 것으로 인식되기도 한다.

〈집 없는 천사〉를 친일영화로 볼 것인지 아니면 흥행 영화로 볼 것인지에 관한 고민은 아래와 같은 한국영상자료원 홈페이지에 게재된 이 영화의 소개문에 잘 드러나 있다.

실제 필름에서는 이전에 언급되지 못했던 새로운 정보가 나타났는데, 바로 영화 말미에 삽입된 일장기 앞에서의 훈시와 황국신민 서사를 일본어로 옮는 장면이다. 하지만 이러한 문제에도 불구하고 한국영상자료원이 이 영화를 (한국영화사의) 대표작 100선으로 뽑은 것은 한국에 남아있는 몇 안 되는 일제 강점기 조선영화 중의 하나라는 사실, 어용적인 시퀀스가 극적 맥락과 무관하게 삽입됨으로써 텍스트의 주제의식을 해치는 수준까지 이르지 않았다는 사실, 당대 조선영화 중 최고의 완성도를 보이고 있다는 사실 등이 감안되었기 때문이다. 현존하는 일제 말기 영화들 중 서사나 기술적인 측면에서 최고의 완성도를 보이

는 영화로, 당대의 장인인 최인규의 연출 솜씨를 볼 수 있는 영화.[3]

이렇듯 〈집 없는 천사〉가 비록 친일적인 요소를 가지고 있다 하더라도 조선영화의 완성도 높은 뛰어난 흥행 영화로서의 명성에 누를 끼치지 않는다는 인식의 근저에는 문제를 야기하는 이 영화의 마지막 선전 선동적인 황국신민 서사 장면이 흥행 영화로서의 전체적인 맥락과 무관하게 삽입되어 있다는 전제가 자리 잡고 있다. 그런데 〈집 없는 천사〉에서 텍스트적으로 흥행 영화와 친일의 분리가 전제될 수 있다면, 해방 직후 이루어진 최인규의 다음과 같은 회상은 신빙성과 설득력을 가질 수도 있을 것이다.

무엇으로 인하여 조선의 가로에만 거지가 낭자하여야 하는가? 이것을 영화를 통하여 다시금 일본의 위정자에게 항의하려 함이 나의 진의도였다. 이 역시 총독상을 받았고 동경서 문부대신상까지 얻었으나 일본의 기괴한 모략으로 전례 없이 대신상을 취소받는 동시에 재검열로 35개소 약 2천 자의 대삭제를 당하였다.[4]

최인규의 회상에 따르면, 〈집 없는 천사〉를 만든 진짜 의도는 식민지 시기 겉으로만 내선일체를 주장하면서 일본에 비해 조선의 발전이 더딘 것을 식민 지배자에게 항의하기 위해 조선의 비참한 현실을 객관적으로 드러내는 것에 있었고, 이와 같은 리얼리즘의 현실에 대한 비판의식을 숨기고 포장하기 위하여 영화의 마지막에 친일적인 요소를 맥락과 무관하게 덧붙여 놓았다는 것이다. 그러나 그의 회상은 곧 이어진 "총독상을 받았고 동경서 문부대신상까지 얻었으나 일본의 기괴한 모

---

3 http://www.kmdb.or.kr/movie/md_basic.asp?p_dataid=00148.

4 최인규, 「10여 년의 나의 영화 자서」, 『三千里』, 1948, 김종원 외, 『한국영화감독사전』, 국학
   자료원, 2004, 626면에서 재인용.

략으로 대신상을 취소 받는 동시에 재검열로 (…중략…) 대삭제를 당하였다"라고 울분을 터트리는 대목은 앞서 밝힌 그의 진의와 모순을 보이면서 충돌을 일으킨다. 즉 위정자에게 항의하려 했다는 의도와 위정자의 상을 받았으나 기괴한 모략으로 취소된 것을 아쉬워하는 감정은 양립 불가능한 것이기 때문이다. 최인규의 진의가 무엇이었는가를 밝히는 것이 이 장의 목적은 아니다. 그것은 그가 밝힌 대로 식민 지배자에게 항의하는 것이었을 수도 있고, 해방 이후 자신의 친일 행위에 면죄부를 부여하려는 치사한 변명이었을 수도 있다. 대신 이 장에서는 〈집 없는 천사〉의 리얼리즘이 최종적으로는 검열을 통해서 식민 지배자에게 부분적으로 거부당하고 제한당하는 결과를 초래했다는 점에 주목하면서 다음과 같은 이 영화의 재검열을 둘러싼 납득할 수 없는 사태로부터 출발하려고 한다.

우리들은 막다른 길에 봉착했습니다. 그것은 〈집 없는 천사〉의 예입니다. 검열도 무사히 통과하여 문부성 추천이 되었고 드디어 상영 직전 또 다시 검열이 들어와서 재검열이 되고 이것저것 필름이 200미터 잘렸지요. 문부성은 "추천을 취소한 것은 아니지만, 이번에 개정한 영화에 대해서는 추천할 수 없다. 상영하는 것은 개정판이니 추천은 아니지만, 문부성 추천이라는 사실은 엄연히 살아있다." 이러한 사태를 맞이하게 된 것이지요. 재검열의 이유가 보안의 입장에서 여럿이 있겠지만 결국 문부성이 추천한 영화이니 내용 면에서 나쁠 리가 없습니다.[5]

그렇다면 과연 〈집 없는 천사〉의 어떤 불온한 형상들이 식민 지배자들의 시선을 불편하게 만들면서 이 영화에 대한 납득할 수 없는 혼란스러운 검열의 과정 즉 문부성이 추천한 영화를 재검열하는 난감한 상황

---

5   「조선영화 신체제 수립을 위해」,『에이가 준보』, 1941.10, 한국 영상자료원 편,『고려영화협회와 영화 신체제(1936~1941)』, 한국영상자료원, 2007, 282면에서 재인용.

을 초래하게끔 만들었던 것일까? 제4장의 목적은 이런 과정들을 추적하면서 〈집 없는 천사〉의 역사적 성격을 규명하는 것에 있다.

이 영화의 불온한 성격에 대한 연구는 이미 진행된 바 있다. 앞선 연구에서 이영재는 이 영화의 불온한 성격을 민족 주체의 메타포로서 논의하면서, 외부로부터 고립된 '향린원'이 제국이 지워져 버린 민족적 공간을 다소 유토피아적으로 환기시키게 되고, 이 같은 자율적인 민족공간이 식민 지배자들에게 불온한 것으로 여겨지게 만들면서 검열이 재실행되는 동기를 제공했다고 주장한다.[6] 발굴이라는 명목으로 '친일파'로서 최인규의 친일 행적에 대한 감정적인 고발과 이 텍스트의 표피적인 친일 이념에 대한 분석으로 한정되어 있는 최근의 다른 연구와는 달리, 그의 연구는 심층적인 텍스트 분석과 정치적 무의식에 대한 분석을 통해 이 영화의 이중성과 불균질함을 규명하는 성과를 거두었다. 하지만, 방법론적인 차원에서 지배하는 일본 제국과 그것에 저항하거나 동의하는 조선 민족이라는 이항대립적 민족주의 역사기술에 머물러 있는 한계를 보여주고 있어 아쉬움을 남긴다. 이 같은 민족주의 역사기술 방법론으로 인해 그의 연구는 다소 무리하게도 주인공인 방성빈을 계몽적이며 권위적인 아버지로 그리고 향린원이 군대병영과 같은 조직이었다는 해석을 내리게 된다. 유토피아적인 민족 공간으로서 향린원을 이 영화에서 지워졌다고 여기는 제국의 상징 질서와 차별화된 차이의 공간으로 해석하지 못한다는 점에서 그의 연구는 여전히 민족주의 역사기술과 상상력의 한계에 사로잡혀 있음을 보여준다. 더욱이 그는 〈집 없는 천사〉가 야기하는 문제를 이념적인 문제로만 한정시키고 있어 파시즘적 상황에서 식민지 영화산업의 맥락에 대한 접근이 고려되지 못

---

6   이영재, 『제국 일본의 조선영화—식민지 말의 반도 : 협력의 심정, 제도, 논리』, 현실문화, 2008, 156~205면.

하고 있는 점은 큰 아쉬움으로 남겨진다.

　제4장에서는 〈집 없는 천사〉의 일본 개봉과 관련한 재검열이라는 역사적 사건 그리고 '흥행물(entertainment)'과 '선전·선동물(propaganda)' 사이에서 진동하고 있는 이 영화의 텍스트적 특징을 제국과 민족의 이항대립 그리고 친일과 반일의 이분법으로 구성되는 민족주의 역사기술로 포착되기 어렵다는 점을 인식하면서, 이 영화의 이중적인 역사적 성격을 세 가지 차원의 교차 분석 즉 문화산업으로서의 산업적 맥락, 텍스트의 형식 그리고 수용의 양상으로서 관객성에 대한 중층결정적 분석(overdetermined analysis)으로 규명하려고 한다. 이 같은 기획을 위해 2절에서 〈집 없는 천사〉를 비롯한 1940년부터 1943년까지 제작된 일련의 조선영화를 신체제기의 문화적 산물로서 '이행적 친일영화'로 개념화하고, '신체제 애트랙숀'을 통해서 이 영화를 '국가화'와 '기업화'의 이중적인 욕망 속에 위치시킨다. 이 영화의 형식 분석을 시도하는 3절에서는 이 영화의 미적 감각을 일반 파시즘의 시각성에서 요구되는 '관음증'과 '노출증'의 조화가 아닌 부조화로 설명하면서 그것을 식민지 파시즘의 강박적인 노출증으로 이론화한다. 〈집 없는 천사〉의 관객성을 분석하는 4절에서는 이 영화에서 진동하는 이중의식을 '사회진화론'과 '라마르크주의'의 갈등과 불연속으로서 규명한다. 이렇듯 본 연구는 민족적 리얼리즘과 친일영화로 분극화되어 논의되어 왔던 〈집 없는 천사〉를 다양한 이중성 즉 '국가화'와 '기업화', '관음증'과 '노출증', 그리고 '사회진화론'과 '라마르크주의'의 이중성 속에 위치시킴으로써 식민지 말기의 파시즘적 상황이 조선인들의 일상을 완벽하게 통제한 것이 아니라, '비대칭적으로 균열'이 가 있는 모순된 과정이었음을 드러내고자 한다.

2. '이행적 친일영화'와 '신체제 애트랙슌'

〈집 없는 천사〉에서 나타나는 흥행물과 선전·선동물 사이의 이중적 성격은 비단 이 영화 한 편에 한정되지 않고, 1940년에서 1943년 사이에 제작된 일련의 조선영화에서 우세적으로 나타나는 문화적 현상이다. 특히 〈집 없는 천사〉와 함께 필름이 복원된 나머지 세 편의 영화에서도 이와 같은 이중성을 공통적으로 발견할 수 있다.[7] 실제로 〈집 없는 천사〉는 부랑아를 돌보는 방성빈의 향린원 이야기와 내선일체 이념이 결합되어 있으며, 〈반도의 봄〉은 어려운 환경에서도 조선영화를 제작하는 영화인들의 일상과 애환이 신체제의 선전과 결합되어 있고, 〈지원병〉은 농촌에서 살아가는 젊은이들의 삼각관계 연애담이 지원병 제도의 선전과 맞물려 있고, 마지막으로 〈조선해협〉에는 부모의 반대를 무릅쓰고 사랑을 쟁취해나가는 연인들을 다룬 여성용 멜로 드라마와 지원병 제도의 선전이 결합되어 있다.

그런데 흥행물과 선전·선동물 사이의 이중성과 관련하여 위 네 편의 영화는 다음과 같은 세 가지의 특징을 보여주고 있다. 첫째, 영화의 전체 구조 중에서 흥행물로서 기능하게 하는 '대중적인 것'과 선전·선동물로 기능하게 하는 '친일적인 것'이 연속적으로 조화를 이루기보다는 불연속적으로 서로 균열과 마찰을 일으키고 있다는 점 그리하여 양자가 꽉 짜여 결합되어 있기보다는 느슨하게 연결되어 있다는 것이다. 영화의 전체 맥락과 관련없이 황국신민 서사를 읊조리는 〈집 없는 천사〉의 마지막 장면은 이런 충돌과 느슨한 연결의 가장 대표적인 사례로 볼 수 있다.

---

[7] 〈집없는 천사〉(1941, 최인규), 〈반도의 봄〉(1941, 이병일), 〈지원병〉(1941, 안석영), 〈조선해협〉(1943, 박기채), 『발굴된 과거 : 일제시기 극영화 모음DVD—1940년대』, 한국영상자료원, 2007.

'대중적인 것'과 '친일적인 것' 사이의 충돌과 이중성은 나머지 영화에서도 공통적으로 발견된다. 〈반도의 봄〉에서 어용적인 '반도영화주식회사'의 설립을 축하하는 발대식 회의 장면은 이 영화의 모든 갈등을 해소해 버리는 결정적인 장면이다. 그러나 익명의 식민지 관리가 다소 계몽적인 어조로 반도 영화인의 사명과 임무는 '이 시대에 맞춰 대중이 향하고 있는 것을 분명히 하고, 생활향상을 꾀하는 내선일체 원칙과 함께 황국신민의 책임을 다할 수 있게 하는' 것에 있다고 훈시하는 친일적인 이 장면은 마치 뉴스릴(newsreel) 영화나 다큐멘터리처럼 촬영되고 편집되었기에 영화의 나머지 서사 형식으로부터 독립되어 있다는 인상을 전달한다. 자신이 그토록 원하던 지원병이 되어 춘호(최운봉 分)가 기차역에서 배웅 나온 사람들의 축복을 받으며 떠나는 〈지원병〉의 마지막 절정 장면에서 봄날의 활짝 핀 벚꽃처럼 흩날리는 일장기, 힘차게 연주하는 군악대 그리고 식민지 관리와 마을 유지들의 흡족한 표정 같은 미장센과 음향은 비록 일본풍의 당당한 행진곡의 리듬과 톤을 유지하지만, 그것과 대조적으로 무표정한 얼굴로 애처롭게 배웅하는 분옥(문예봉 分)은 연인과의 이별을 안타까워하는 비련의 여주인공을 연기하고 있다(그림 11). 〈조선해협〉에서도 역시 집안의 반대와 엇갈리는 운명에도 불구하고 사랑을 이루려는 세키(남승민 分)와 긴슈쿠(문예봉 分)의 안타까운 연애 서사는 지원병 제도의 미화나 홍보와 같은 이 영화의 '친일적인 것'과 조화를 이루지 못하고 마찰을 일으킨다. 둘째, 이 네 편의 영화에서 '친일적인 것'과 '대중적인 것'을 비교하였을 때, 내용과 분량 상에서 비중과 방점은 '대중적인 것'에 치우쳐 있고, '친일적인 것은' 부가적으로 덧붙여져 있다는 느낌을 받게 된다는 것이다. 실제로 네 편의 영화에서는 '친일적인 것'이 제외된다 할지라도 영화의 구조와 전개상에서 큰 문제를 야기하지 않을 정도이다. 이처럼 '친일적인 것'을 부가적으로 사용하는 것은 이후 시기의 친일영화들, 즉 1943년부터 해방 이전까지 만들어졌던 본격적인 친일 협력의 선전·선동 영화들과 비교해 보면 매우 두드러지는데, 이후의 영화에서는 오히려 '대중적인 것'이 부가적으로 사용되고 있음을 관찰할 수 있다. 셋째, 이 네 편의 영화에서 '대중적인 것'은 1940년을 기점으로 새롭게 발명된 것이 아니라, 1930년대를 통과하면서 영화인들이 추구하고 축적해 온 조선영화의 유산 그리고 역량과 밀접한 관련을 가지고 있다는 점이다. 〈집 없는 천사〉는 최인규를 일약 조선을 대표하는 영화감독으로 만들어 준 〈수업료〉(1940)의 산업적 성공을 바탕으로 하고 있으며, 농촌의 계급 갈등이 서사의 중요한 갈등 축을 이루는 〈지원병〉은 1920년대 후반부터 1930년대 초반까지 활발히 활동했던 카프(KAPF, 조선프롤레타리아예술가동맹) 영화인들의 영화적 역량이 결집된 작품이고,[8] 『춘향전』의 영화화를 소재로 한 〈반도의 봄〉은 1930년대의 조선영화인들에게서 최고의 화두였던 '로컬한 것' 혹은 '조선적인 것'의 추구를 기반으로 하고 있다. 그리고 〈조선 해협〉 역시 앞 장에서 살펴본 '국민 여배우'로서 문예봉의 특권화된 스타 이미지를 기반으로 하고 있다.

이와 같이 흥행물과 선전·선동물 사이의 이중성과 관련된 세 가지의 텍스트적 특징을 염두에 두면서, 이 장에서는 1940년부터 1943년까지 제작되었고 최근에 복원된 네 편의 영화들을 '이행적 친일영화'로 개념화하자 한다. '이행적 친일영화'는 이 시기의 조선영화들이 이전 시기인 1920~30년대의 민족적인 조선영화와 이후 시기인 1943년 이후의 본격적인 친일영화와 연속되지만 동시에 차별화되는 특성들을 가지고 있다는 것에 주목하면서 그 역사성을 해명하기 위하여 사용하는 범주이다. 즉 조선영화인들이 제작을 주도했던 '이행적 친일영화'는 선전선동적인 친일의 요소를 포함하고 있기에 이전 시기의 대중적인 조선영화

---

[8] 최승일 제작, 박영희 원작, 안석영 감독으로 만들어진 이 영화는 '카프' 영화인들의 역량이 결집된 작품이다.

와 차별화되지만, 동시에 부가적인 친일의 요소들이 대중적인 요소들과 마찰을 일으키고 있기에 이후 시기의 본격적인 친일영화들과도 차별화된다는 것이다. 따라서 '이행적 친일영화'에서 '이행적'이라 함은 1940년을 전후로 일어난 여러 가지의 역사적 이행(transition)들 즉 '민족적인 것'에서 '제국적인 것'으로 혹은 '민족적인 것'에서 '친일적인 것'으로의 다양한 이행들을 지시하지만, 이전과 이후 시기의 영화들과 차별화되는 '이행적 친일영화'라는 독립적인 범주화는 그 이행이 연속적인 동시에 불연속적인 속성을 동시에 가지는 것이었음을 드러낼 수 있는 해석적인 개념인 셈이다. 아래에서는 '이행적 시기의 불연속성'이야말로 〈집 없는 천사〉에 대한 '납득할 수 없는' 재검열을 촉발시킨 원인이자 불온한 상상력의 원인이었음을 논의할 것이다.

이렇게 본격적인 친일영화로 보기도 어렵고 그렇다고 일반적인 흥행영화로 손쉽게 분류할 수도 없는 '이행적 친일영화'의 이중적인 성격은 어떤 맥락 속에서 생산된 것인가? 먼저 언급되어야할 것은 '이행적 친일영화'는 '신체제'기의 문화적 산물이라는 것이다. '신체제'는 1940년 일본의 신관료와 혁신적 학자들의 모임인 쇼와연구회가 대중조직을 기초로 국민을 통합하고 군부의 움직임을 억제하여 근대적이고 합리적인 사회체제를 건설하려는 정치운동을 위해 제출된 기획이었다. 하지만 당초 의도와는 달리 군부와 우익의 압력에 의해 국민을 통제하는 어용적인 운동으로 변질되었고, 신체제는 일제가 전면에 내세우는 정치적 슬로건이 되었다. 이듬해 12월 진주만 공습으로 시작될 태평양 전쟁의 발발을 준비하던 일제는 조선을 전시동원 체제로 급격히 전환시키기 위하여, 정치, 경제, 문화 등 사회의 전방위 영역에서 '신체제'로의 전환을 촉구하고 독려하게 된다. 따라서 '신체제기'는 시기상으로 일제가 조선을 급격하게 병참기지화하기 위하여 이전과는 다른 방식으로 조선 사회를 지배하기 시작했지만, 그것이 조선인에게 일상화되지 않고 낯선 것으로 남아 있었던 시기 즉 1940년부터 1943년 사이를 가리킨다. 내선일체라는 명목으로 이루어진 창씨개명과 조선어 사용 금지, 언론에서의 극도의 엄격한 검열과 사상통제, 지식인 회유 및 전향공작, 배급 경제, 조선인 강제 징집 등은 바로 '신체제기'에 접어들면서 새롭게 등장한 중요 정책들이었다.[9] 일제는 영화산업 역시 전쟁 수행을 위한 문화적 자원으로 전환시키기 위한 정책들을 실행하기 시작했다. 외국 영화수입금지, 영화 제작과 배급의 허가제, 총독부의 허가를 받은 사람만이 영화 활동을 할 수 있도록 한 영화인 등록제, 영화사들의 통폐합 등이 신체제기에 들어서 새롭게 시행된 영화 정책들이며 이는 1940년 8월의 '조선영화령' 공포를 시작으로 현실화되기 시작했다. 영화인, 영화제작, 영화 상영 그리고 영화수입을 완벽하게 통제하려는 정책들에서 알 수 있듯이, 결국 '조선영화령'이 의도한 것은 1920~30년대를 지나면서 성장해 온 조선영화산업과 문화의 '국유화'와 '국가화'였다.

그렇다면 이 같은 문화산업의 '국가화'는 성공적이었는가? 즉 민족적인 조선영화산업과 문화를 '신체제'로 전환 시키려고 했던 일제의 의도는 성공적으로 진행되었는가? 다음의 논설은 '신체제'로의 전환이 시행 초기에 그다지 성공적이지 않았으며 본래의 의도와는 전혀 예기치 못한 방향으로 진행되고 있었다는 것을 보여준다.

이 분산적이요 자유주의적인 생산체제에 있던 각 대소의 영화제작소가 총합하므로써 조선영화계의 신체제의 의미는 살아날 수 있는데 여기에는 사리사욕을 버리고 문화로써 국가에 협력하겠다는 굳은 맘이 있어야 할 것이다. (…중

---

9 방기중, 「조선 지식인의 경제통제론과 '신체제' 인식 : 중일전쟁기 전체주의 경제론을 중심으로」, 『일제하 지식인의 파시즘 체제 인식과 대응』, 혜안, 2005, 21~24면.

략…) 국민생활재건에 있어 지도와 신종(信從)의 이대원리가 있다하면 국민생활의 건전한 발달을 위한 계획은 절대로 민중의 손에 매껴둘 수 없다. (…중략…) 신체제라는 것을 일종의 유행어로 알아서는 큰일이다. '신체제 애트랙슌'이라는 그러한 불건전한 광고를 하고 극장에서 '쟈쓰'를 하게 허가해주는 취체당국도 좀 더 정신을 채려야 할 것이며 심지어 '신체제 끽다점(喫茶店)', '신체제 흥행'이란 도무지 무엇인지 한심하기 짝이 없다.[10]

여기서 말하는 '애트랙슌' 즉 '어트랙션(attraction)'은 다음의 신문자료에서 알 수 있듯이, 1940년의 영화상설관이나 연극공연장에서 무더운 여름철에 감소하는 관객들을 극장으로 유인하기 위하여, 본래의 영화나 연극 프로그램 이외에 '부가적인 것'들 즉 춤이나 노래와 같은 부가적인 광경들을 덧붙이는 독특한 상연 방식을 말한다.

　　흥행업자들에게 잇서서 일 년 중 네 절기에 잇서서 여름 가티 뜨실흔 '씨-즌'은 업다. 우선 더워서 사람이 안 들어 오니까 낭패다. 그러나 그러타고 여름철만 어떠케 극장문을 다더버리고 그야말로 무슨 학교나 그런 곳 가치 '하기휴가'를 할래야 할 수도 업다. 그래서 생각해낸 것이 소위 요즘에 하나의 유행 가치 횡행하고 잇는 '애트랙슌'인 것이다. 지금 서울서 우리가 '써-비스' 밧고 잇는 '애트랙슌'이란 얼른 말하자면 영화를 보고 또 거기다가 덤으로 노래나 춤을 공으로 보게 해준다는 것이다. (…중략…) 사람에 따라서는 그 사람의 취미나 교양에 따라서 영화보다도 '애트랙슌'에 걸리어 단순히 그것만을 보러 가는 사람도 잇다. 물론 이러한 관객들이 하나라도 는다면 느는 그대로 극장으로서는 성공이라 아니할 수 업다. 하여튼 이점에서 영화상설관은 연극상연단체나 극장보다는 유리하고 편리하다. 반대로 극단이나 연극만을 상연하는 극장은 그야말로 선전 '발

10　서광제, 「신체제와 영화」, 『人文評論』, 1940.11, 24～25면.

류-'가 찬란한 '애트랙슌'이 업시는 이 여름 한철을 무난히 돌파하기는 힘 드는 것이다.[11]

서광제가 보기에, 당시의 사회적 분위기는 '신체제'를 숭고하게 이념적으로 내면화하지 못하고, 그것을 시간이 지나면 다른 것으로 대체되면서 덧없는 것이 되어버릴 일시적인 유행처럼 인식하는 동시에, 마치 그것을 아주 사사롭고 가벼운 것인 양 대수롭지 않게 흥행의 한 요소로 활용하고 있었던 것이다. 그리고 이런 신체제에 대한 가벼운 태도가 서광제로 하여금 "취체당국도 정신을 차려야 한다"는 분노의 목소리를 높이게 만들었던 것이다.

그런데 신체제에 대한 조선영화 진영의 대응과 반응 역시 이런 '신체제 애트랙슌'으로부터 크게 동떨어져 있지 않았다. 당시의 신문기사와 다양한 자료들을 종합해 볼 때, 신체제기의 강압적인 영화정책들은 조선영화인들에게 억압적으로 받아들여지기보다는 묘한 설렘과 알 수 없는 활기찬 흥분감마저도 전달해 주는 것이었다. 그러나 여기에서 그런 설렘과 흥분감은 일제가 기대했던 바와는 다른 것 즉 조선영화산업과 문화의 국가화를 통한 병참기지화와는 다른 것이었음을 인식하는 것이 중요하다. 왜냐하면 조선영화인들은 신체제의 강압적 영화정책들을 통해 1920~30년대 조선영화산업이 가지고 있었던 여러 가지 고질적인 문제들을 일시에 타파할 수 있으리라 기대하면서 오히려 근대적인 '기업화'로의 전환과 발전가능성을 조망하고 있었기 때문이다.

신체제로 전환하기 직전 1930년대 후반의 조선영화산업은 불황도 활

---

11 「애트랙슌론」, 『朝鮮日報』, 1940.6.27.

황도 아닌 '혼란스러운 정체기'에 접어들고 있었다. 1930년대 중반의 조선영화산업은 1920년대 중반의 황금기만큼 활황은 아니었지만 새로운 요인들 즉 전문적인 영화 인력의 유입, 발성영화 기술의 도입 그리고 스튜디오를 소유한 중·소규모의 영화사들의 등장으로 인해 활발한 움직임을 보여주고 있었다.[12] 외국에 유학한 새로운 기술 인력의 유입, 영화 제작의 분업화와 전문화를 위한 필요와 요구들, 발성영화 제작으로의 전환, 스튜디오를 소유한 영화사의 탄생 등과 같은 요인들은 조선영화산업의 제작부문이 양적으로 그리고 질적으로 성장할 수 있는 토대가 마련되고 있었음을 그리고 조선영화를 보다 완전한 문화상품으로 생산할 수 있는 내적인 역량이 무르익고 있었음을 보여주는 대목들이다. 그러나 이렇게 무르익은 내적인 역량과는 별도로, 실제의 조선영화 제작은 질적으로나 양적으로 발전되지 못한 정체된 모습을 보이고 있었다. 1920년대 중반 조선영화의 황금기를 이끌었던 〈아리랑〉과 같은 걸작도 나오지 않았을 뿐만 아니라 한 해 제작 편수 역시 7~8편에 머물러 있었기 때문이다. 1939년을 전후해서는 11편으로 제작 편수의 일시적인 증가가 있었으나, 이 또한 "영화제작회사가 한 작품 내고는 넘어지"는 불안정한 상황으로 이어졌다.[13]

내적인 역량이 성장해가면서 '압력솥'처럼 부글부글 끓고 있었지만 마땅한 돌파구를 찾지 못하고 있던 조선영화인들에게 대자본이 투자된 '영화 기업화'와 '새로운 판로 즉 조선 이외의 시장 개척'은 조선영화산업의 기존의 문제들을 타개하고 영화 제작의 선진화를 가능하게 해줄 촉매로 여겨졌다.[14] 그러나 대자본의 투자와 능력 있는 프로듀서의 출

---

12 한국예술연구소 편, 『이영일의 한국영화사 강의록』, 소도, 2002, 53~54면.
13 「여명기의 조선영화」, 『東亞日報』, 1939. 1. 22; 「영화제작 이면 공개좌담회」, 『朝光』, 1939. 5, 한국영상자료원 편, 『고려영화협회와 영화신체제(1936~1941)』, 한국영상자료원, 2007, 250·259~265면에서 재인용.

현으로 보다 안정된 제작 시스템을 구축하기를 고대했던 '기업화'의 욕망 그리고 일본과 만주로 영화를 수출할 수 있을 것이라는 자신감은 1940년도에 접어들면서 태평양 전쟁을 준비하는 신체제라는 장벽에 부딪히게 된다. 앞서 살펴보았듯이, 신체제로의 전환은 조선영화산업의 '국가화'를 겨냥한 것이었다. 그러나 전쟁 수행을 위한 문화적 자원으로 영화산업을 활용하려는, 위로부터의 '국가화'와 안정된 제작 시스템과 확대된 배급망을 구축하여 영화산업을 발전시키려는, 아래로부터의 '기업화'는 본질적인 차이를 가지는 것이었다. 그러니까 '국가화'가 정치적인 이념의 토대를 기반으로 한 것이라면 '기업화'는 이윤추구라는 경제적 동기에서 출발하는 것이기에 근본적으로 충돌과 마찰을 일으킬 수밖에 없는 것 이었다. 그럼에도 불구하고 1941~43년 사이의 조선영화산업에서는 '국가화'와 '기업화'의 상반된 욕망의 일시적이며 불안정한 동거가 '신체제 애트랙슌'을 통해서 이루어지게 된다. 비록 그것이 헛된 꿈에 지나지 않았던 것으로 판명되지만, 영화산업의 국가화를 향한 신체제의 영화정책들을 통해 조선영화인들은 숙원이었던 대규모 자본이 투자된 '기업화'와 대동아로 나갈 수 있는 새로운 시장 개척이라는 '두 마리의 토끼'를 잡을 수 있을 것이라 기대한 동시에 덤으로 일본의 발전한 영화 설비와 기술들을 사용할 수 있을 것이라 기대했기 때문이다.

이렇듯 '신체제 애트랙슌'은 당시 조선인들이 신체제를 수용해 나갔던 과정의 절개면이 단일한 정체성이 아니라 모순된 정체성의 형성으로 채워지고 있었음을 드러내 준다. 조선영화인들의 신체제에 대한 대응방식에서 알 수 있듯이, 조선인들은 '위로부터(top down)' 신체제의 이념과 정책을 '강압적으로', '수동적으로' 그리고 '일방적으로' 받아들인

---

14 「여명기의 조선영화」, 위의 책, 251면에서 재인용.

것이 아니라 '아래로부터(bottom up)', '자발적으로' 그리고 '적극적으로' 수용해 나갔다. 하지만 조선인들이 보여주었던 '아래로부터의' 자발성과 적극성은 일본 식민 지배자들이 애초에 의도하고 기대했던 것과는 거리를 가지는 것이었다. 그리고 이렇게 의도되지 않았던 우연한 거리감 그리고 모순된 정체성 형성의 과정 속에 '이행적 친일영화'를 맥락화 시켰을 때, 우리는 '이행적 친일영화'로서 〈집 없는 천사〉의 역사적 성격에 대한 다음과 같은 이해에 도달할 수 있게 된다. 첫째 〈집 없는 천사〉의 '친일적인 것'은 자발적인 것이었지만, 그 '친일'은 일제 지배관료들이 원하던 것은 아니었다. 그 이유는 '친일'이 '국가화'라는 이념적 토대로부터 내면화되어 나온 것이 아니라 모순되게도 '기업화'라는 경제적 이윤 추구에 추동되는 산업적인 욕망에 의해 '부가된 것'이었기 때문이다. 둘째 〈집 없는 천사〉의 '친일'은 '신체제'를 적극적으로 소비하려는 조선영화인들의 전유(appropriation)의 성격을 가진다. '신체제 애트랙슌'에서 알 수 있듯이, '이행적 친일영화'의 기획과 제작을 시도한 조선영화인들은 '신체제'의 이념에 '이용당한' 수동적인 희생자들이었다기보다는 오히려 '신체제'라는 급격한 사회적 전환기를 일종의 '기회로 이용'해서 대중적인 흥행 영화를 제작하려고 시도했던 것으로 볼 수 있다. 이렇게 조선영화인들의 '신체제를 소비하기'는 권력이 부과한 질서의 골격을 자신들의 이익과 목적에 부합하도록 재활용하고 내부적인 변형을 가하고 있다는 점에서 미셸 드 세르토(Michel de Certeau)가 '일상의 전술(tactics of the every day life)'이라고 말한 것과 유사한 성격을 획득한다.[15]

〈집 없는 천사〉의 필름이 상영되는 도쿄의 한 영사실에서 영화를 관

---

15 미셸 드 세르토, 정준영 역, 「드 세르토 : 일상생활의 실천—서론」, 박명진·정준영·이영욱, 양은경·김용호·손병우·김연종·김창남 편, 『문화, 일상, 대중 : 문화에 관한 8개의 탐구』, 한나래, 1996, 145면; 장세룡, 「미셸 드 세르토의 일상과 민중문화」, 『서양사론』 82호, 한국서양사학회, 2004, 205~236면.

람한 직후 일본제국의 문부성 관리는 당혹감과 불쾌함에 사로잡혀 서둘러 재검열을 지시해야만 했을 것이다. 왜냐하면 그 영화에서는 신체제의 이념이 불온하게도 "하나의 유행 가치 횡행하고 있는 '애트랙슌'" 그야말로 선전 "발류–"가 찬란한 "애트랙슌"으로서 이 영화에 부가되어 있다는 것이 명확해 보였기 때문이다.[16] 그렇다고 뒤늦게 〈집 없는 천사〉의 상영을 중지시킬 수도 없는 난감한 노릇이었을 것이다. 이 "신체제 애트랙슌"이란 당시 조선 사회의 일상(every day life)의 영역에서 유행처럼 번져나가 광범위하게 유포되어 있는 일반적인 현상이었기 때문이다. 남겨진 선택은 스스로가 추천한 영화를 허둥지둥 다시 검열하면서 "추천을 취소한 것은 아니지만, 이번에 개정한 영화에 대해서는 추천할 수가 없다"는 누구라도 고개를 갸우뚱거릴 수밖에 없는 모순된 자기 합리화뿐이었다.

3. 〈집 없는 천사〉에 나타난 식민지 파시즘의 노출증

비록 〈집 없는 천사〉의 첫 번째 역사적 성격이 이행적 친일영화의 '신체제 애트랙슌'이 야기하는 '국가화'와 '기업화'의 불일치에 있었다할지라도, 이 영화의 친일 협력적 성격을 덮어버릴 수 있는 것은 아니다. 그러니까 2절에서 살펴보았듯이, 이 영화에서 흥행 영화로서 '대중적인 것'과 선전·선동물로 '친일적인 것'이 상호충돌하면서 후자가 '부가적으로' 덧붙여 있는 것이 사실일지라도, 친일 협력에 대한 자발성이 희석

---

16 「애트랙슌론」, 『朝鮮日報』, 1940.6.27.

되지 않는다는 것이다. 1940~43년의 시기에 한정해서 볼 때, 대중적인 흥행 영화를 만들기 위하여 이 영화를 제작한 이창용(1906~?)과 최인규는 자발적으로 친일을 욕망했기 때문이다. 따라서 〈집 없는 천사〉는 어떤 방식으로든지 발터 벤야민이 독일 파시즘 문화를 통해서 관찰했던 '정치의 심미화(aestheticized politics)'가 당시 조선영화 진영의 '이행적 친일영화'를 통해서 발생한 것으로 볼 수 있다.[17] 그러나 〈집 없는 천사〉에서 나타난 '정치의 심미화'는 일반 파시즘 문화와는 사뭇 다른 양상을 전개시킴으로써 재검열을 촉발하는 계기를 마련하게 된다. 아래에서는 〈집 없는 천사〉에서 드러나는 '정치의 심미화'를 일반 파시즘 그리고 그것을 식민지 엘리트 지식인들이 성공적으로 내면화한 파시즘과는 다르게 식민지의 비엘리트들이 내면화한 파시즘의 일환으로 논의하려고 한다. 이 같은 목적을 위해 당대의 대표적인 지식인이었던 이광수(1892~1950)가 신체제를 내면화하는 방식과 〈집 없는 천사〉가 내면화하는 방식을 파시즘의 시각성의 구조를 통해 비교함으로써, 이 영화의 시각성이 일반 파시즘의 시각성의 구조 즉 관음증과 노출증의 균형과 조화를 불균질하게 깨트리고 있음을 살펴본다.

개인주의, 합리주의, 자유주의, 공산주의에 반대하면서 무비판적인 애국주의, 자민족중심주의, 그리고 인종차별을 가능하게 하는 파시즘의 전체주의는 '나'와 '국가' 사이의 '경계의 소멸'을 중심으로 이루어진다. 즉 파시즘 사회에서 '나'는 '국가'가 되고 '국가'는 다시 '나'가 되는 경계의 소멸, 즉 '나'와 '국가'를 혼동해서 동일시하게 되는 과정이 일어나게 되는데, 이런 소멸과 혼동을 가능하게 해주는 것은 파시즘의 언어 형식이다.

17　Walter Benjamin, *Illuminations*, Trans. H. Zohn. New York : Harcourt, Brace, and World, 1968, p.242.

파시즘의 언어는 선형적이기보다는 순환적인데, 그것은 어떤 것에서 다른 것으로 끝없이 되돌려지는 이미지의 유희를 작동시키면서 상호 연결된 주장을 축적, 반복, 중복으로 대체한다. 그리고 이런 반복으로 마비를 창조해 내게 된다. 파시스트 언어는 그냥 '도구' 즉 내용에 신체를 부여하는 단순한 형식이 아니다. 파시즘의 언어에서는 바로 그 형식이 내용이 된다. 브레히트가 지적했듯이, 파시즘이 가장 교활한 것은 내용과 형식을 구분할 수 없게 만들어 버리는 것이다.[18]

이렇듯 이성적인 판단을 마비시키는 파시즘의 주체 효과는 내용에 있는 것이 아니라, 끝없이 서로 반향을 불러일으키면서 반복되고 유희하는 언어 형식으로부터 야기된다. 그렇다면 파시즘의 언어형식이 궁극적으로 의도하는 것은 무엇인가? 그것이 바로 발터 벤야민이 지적한 '정치의 심미화'이다. 초기 근대성에서 미적인 것이 합리화된 사회의 소외를 보상하는 기능을 수행하고 있었다면, 파시즘은 정치적인 경험과 미적인 경험의 경계를 해체하고 정치적인 경험을 미적인 경험으로 전환시킴으로써 미적인 것이 현실을 대체하도록 만들어 버린다. 그리고 이렇게 정치적인 것이 근대성의 소외를 보상하는 미적인 특징을 획득하게 되면서 사람들로 하여금 근대성의 소외를 극복할 수 있다는 그릇된 믿음에 빠지게 만드는 것이다. 따라서 파시즘의 대중 집회나 전당 대회 같은 정치적인 행사에서 '아름다움'이나 부분과 전체의 '조화(harmony)'와 같은 미적인 경험은 필수적인 특질이 되고,[19] 근대성의 소외를 보상해주는 미적인 경험의 힘을 빌려서 혹은 미적인 것과 정치적인 것의 구분을 의도적으로 파괴함으로써 파시즘은 맹목적인 광기의 정치를 실행할 수 있게 되는 것이다.

---

18 Linda Schulte Sasse, *Entertaining the Third Reich : Illusions of Wholeness in Nazi Cinema*, Duke University Press, 1996, p. 19.
19 *Ibid.*, p. 19.

그렇다면 '심미화된 정치'의 시각성은 어떻게 구성되는가? 파시즘의 시각적 쾌락에 대한 일반적인 인식은 그것이 국가의 일방적인 가학적이고 관음증적인 시선을 중심으로 하고 있다는 것이다. 아마도 이에 대한 가장 결정적인 모델은 한 명의 간수가 다수의 죄수들을 감시하는 미셸 푸코 식의 '판옵티콘'에서 찾을 수 있다. 그러나 '국가'와 '나'의 혼융(混融)적 동일시는 일방적인 과정이 아니라, 파시즘 언어형식의 '반복'과 '순환' 그리고 개인과 전체의 '조화'라는 미적인 특징을 통해서 가능해진다. 요컨대 국가의 일방적인 가학적이고 관음적인 시선은 '나'의 '자발적'인 참여를 통해서 다시 국가의 시선으로 되돌려져야만 즉 '순환'되어야만 하고 그 시선은 '국가'를 통해 다시 개인에게 순환되는 끝없는 '반복'의 유희 속에 위치 지어져야 하는 것이다.

　여기서 국가가 몰래 지켜보고 있는 관음증적 시선에 대응하는 혹은 그것과 '조화'를 이루는 '나'의 자발적인 참여는 무엇인가? 이것이 무엇인지에 대해서는 토마스 엘제스의 라이너 베르너 파스빈더(Rainer Werner Fassbinder)에 대한 연구가 훌륭한 참조점을 제공해 줄 수 있다. 엘제스는 파스빈더 영화에서 두드러지는 노출증을 다음과 같이 제2차 세계대전과 그 후의 독일 경찰국가와 같은 특정한 역사적 맥락 속에서 사유하고 있다.

　　파시즘의 쾌락이란 SS장교들의 가학증과 야만성보다는 보여지고 있다는 쾌락, 즉 국가라는 모든 것을 내다보는 눈에 자기 자신을 보여주는 쾌락 아니겠는가? 상상계 속에서 파시즘은 맹렬한 비난과 상호감시를 조장하는 만큼이나 비도덕적인(amoral) 노출증을 조장했다. 히틀러는 독일민족(Volk)을 상대로 연설했지만, '세계의 눈'이 독일 민족을 지켜보고 있다는 점을 강조했다.[20]

파시즘이 횡행하는 사회에서 시각성의 구조는 감시하는 주체의 가학증뿐만 아니라 감시당하는 대상의 노출증적인 쾌락으로도 구성된다는 엘제스의 견해는 앞의 논의에서 '나'의 '자발적인' 참여의 정체가 무엇인지 명확히 해준다. 비유적으로 말한다면, 파시즘이 상영되는 극장에는 두 종류의 시각적 쾌락이 존재하는데, 하나는 대중들을 감시하는 '국가'의 가학증적인 관음증의 시선이고, 다른 하나는 그런 국가의 감시하는 시선에 자발적으로 스스로의 모습을 드러내는 '나'의 피학증적인 노출증이다. '나'의 노출증을 통할 때 '나'는 파시즘에서 '보여지는 광경(seen spectacle)' 그 자체가 되면서, '국가'와 '나'는 하나의 전체가 될 수 있는 것이고, 대중들의 이성을 마비시켜 버리는 파시즘의 성공적인 상영은 이처럼 관음증적인 감시와 노출증적인 자기-전시의 끝없는 순환적 결합을 요구하게 된다.

이와 같은 '나'와 '국가'의 전체주의적인 완벽한 동일시는 〈집 없는 천사〉가 상영되는 바로 그 시기에 발표된 이광수의 논설, 「신체제하의 예술의 방향 : 문학과 영화의 신출발」에서 살펴볼 수 있다.

그렇다면 신체제하의 문학과 영화도 개인주의 사상과 자유주의 사상을 버리고 전체주의 사상 밑에서 국가를 위하고 다시 한걸음 더 나아가서 대아세아주의 사상 밑에서 동아신질서 건설과 동아공영권의 수립을 근저로 한 문화활동을 해야 할 것이다. (…중략…) 그렇다면 인생이라는 것은 무엇이냐. 인생은 어데 있느냐. 인생은 없다. 이 말은 성서에 있다. 인생이 없다면 '나'는 어데 있느냐. '나'라는 것도 없다. 이것도 성서에 기록된 말이다. 인생이 여기 있다는 즉 '내'가 있다는 것부터가 벌써 개인주의를 의미하는 것이다. 그러므로 국민 전체를 '나'로

---

20 Thomas Elsaesser, "Primary Identification and the Historical Subject : Fassbinder and Germany", Philip Rosen(ed.), *Narrative, Apparatus, Ideology*, Columbia University Press, 1986, p.545.

인식해야 하며, 진정한 '나'는 '나'를 떠나서 있다. 이러한 의미에서 문학과 영화 등 문화의 각 부문은 전체주의, 국가주의를 기조로 하는 신체제에 참가하여야 할 것이며, 조선의 예술군도 내선일체의 기치 하에서 국가를 위해 그 보조를 가 치 해야 할 것이다.

> X
>
> 며칠 전부터서야 나는 밤에 전등을 끄고 잠을 자기로 했다. 불을 켜고 자던 것 이 영년(永年)의 습관이어서 별안간 캄캄해 노니 가뜩이나 불면증이 있는 터라 갑갑하기만 하고 곧잘 잠은 오지 않았다. 그러면서도 나는 이십 와트 한 등을 여 섯 시간만 덜 켜면 일 년에 얼마치나 전력이 덜 소비 되는고 하는 생각을 하면서 잠을 청하군 한다. 이를테면 나는 이러한 법식(法式)으로 일상생활에 있어서 신 체제를 살을 가지고 배워 가는 참이다. 이것의 XX가 없이는 작품이 되어 나오지 를 않는다고 믿기 때문이다.[21]

"영리를 목적으로 하는" 상업적인 영화 제작과 "예술지상주의"를 동 시에 비난하면서 신체제하의 예술 활동은 "동아공영권의 수립"을 목적 으로 해야 한다는 이광수의 논설은 '정치적인 경험'과 '미적인 경험'의 구분이 해체된 '심미화된 정치' 그리고 '국가'와 '나'의 완전한 전체주의 적 동일시의 사례를 제공해 준다. 뿐만 아니라, 후기를 통해 진술하고 있는 그의 일상에서 일어난 변화는 파시즘의 시각성이 작동하는 방식 에 대한 완벽한 사례를 보여주고 있다.

불을 켜고 잠을 자기로 유명했던 이광수는 어떻게 '못된' 습관을 바꾸 게 되는가? 그것은 캄캄한 어둠 속으로 초대되는 시선 즉 언제 어디서나 '모든 것을 내다보기에' '나'도 지켜보고 있을 '국가'의 시선을 통해서 가

---

21 이광수, 「신체제하의 예술의 방향 : 문학과 영화의 신출발」, 『三千里』, 1941.1, 431면.

능해진다. 국가의 관음증적 시선이 있기에 더 이상 혼자가 아니며, 어둠은 무섭지가 않은 것이다. 그렇다면 국가의 관음증적 시선은 이광수의 어두운 침실로 어떻게 초대될 수 있는가? 그것은 "이러한 법식으로 일상생활에 있어서 신체제를 살을 가지고 배워 나가는" 자신의 모습을 국가의 관음증적 시선 앞에서 스스로를 광경으로 만드는 쾌락 즉 노출증을 통해서 비로소 가능해진다. 이렇듯 파시즘은 국가의 관음증과 그에 대한 응답과 초대로서 노출증의 조화, 끝없는 순환 그리고 유희를 통해서 내면화될 수 있게 된다.

이렇게 파시즘의 시각성을 관음증과 노출증의 구조로 이해하게 되면, 우리는 '이행적 친일영화'에서 선전·선동물과 어울려 보이지 않은 '영화적 소재'들이 채택되고 사용된 이유에 대한 논리적인 설명이 가능하게 된다. 도시의 고아들을 돌보는 이야기인 〈집 없는 천사〉, 농촌의 계급 갈등을 다루고 있는 〈지원병〉, 여성용 멜로 드라마를 기반으로 한 〈조선해협〉, 그리고 영화를 제작하려는 조선영화인들의 일상과 삶을 다루는 〈반도의 봄〉에서 알 수 있듯이, 이 영화의 소재들은 선전·선동물로서 적합하지가 않다. 그럼에도 불구하고 일관된 것은 스스로 자신들의 문제를 강박적으로 드러내고 싶어 하는 어떤 '노출증'의 경향과 태도이다. 즉 〈집 없는 천사〉에서 드러내는 경성의 비참한 도시 풍경, 지주와 농민의 계급 갈등을 포착한 〈지원병〉의 농촌 문제, 조선 가정이라는 사적인 영역의 문제를 드러내는 〈조선해협〉, 그리고 조선영화인들 자신의 치부와 고질적인 병폐를 나열하는 〈반도의 봄〉에서 일관되게 공통적인 것은 도시, 농촌, 가정, 영화계 등 조선의 내밀한 속살을 광경으로 만들어 버리고 싶어 하는 욕망, 즉 식민지 조선인들의 '노출증'이다. 이 같은 '이행적 친일영화'의 '노출증'은 '모든 것을 내다보는' 국가의 관음증적 시선에 대응하는 조선인들의 '자발적인' 참여로부터 기인하며, 이런 맥락에서 '이행적 친일영화'의 '대중적인 것'과 '친일적인 것'은 단절이나 결락 아닌 인과성으로 그러니까 전자는 후자에 의한 인과적인 결과물로 볼 수 있다. 비록 그것이 앞장에서 논의한 이념적인 문제가 아니라 경제적인 동기에서 출현하는 것일지라도 말이다.

실제로 〈집 없는 천사〉를 인상적인 영화로 만들어주는 부분은 주로 '노출증'과 관련된 것들이다. "무엇으로 인하여 조선의 가로에만 거지가 낭자하여야 하는가. 이것을 영화를 통하여" 보여주려고 하였던 최인규의 의도 역시 조선의 비참한 현실을 그가 '위정자'라고 부른 존재 앞에 드러내려는 것에 있었다. 그리고 이런 그의 의도는 다음의 반응에서 볼 수 있듯이, 성공적이었던 것으로 보인다.

〈집 없는 천사〉를 보고 리얼리즘의 문제를 여러모로 생각하게 되었다. (…중략…) 오래간만에 생동감을 맛보았고 '진정한 영화'를 보았다는 느낌이 강하게 들었다. (…중략…) 사실 이 영화는 기교적인 면에서 유치한 부분이 있다. 내지 영화의 수준과 비교할 때 특히 후반의 구성은 앞뒤가 맞지 않아 갈팡질팡하고 있다. 그러나 이 영화는 참된 감명을 준다. (…중략…) 영화의 전반부에 나오는 경성 종로의 뒷골목 거리에 사는 부랑 소년들의 묘사를 보라. 이 묘사는 다소 얄팍하다. 기술적인 면이 너무 부족하다. 시미즈 히로시나 오즈 야스지로라면 여러 기교를 부려서 부랑소년들의 생활을 보여주었을 것이다. 그러나 이 소년들의 초라한 부랑생활이 리얼리티를 느끼기에는, 이 영화에 나타난 어두침침한 가로등 밑을 도망치는 소년, 마른 개, 백화점 처마 밑에 웅크린 소년의 모습만으로 충분하다. 그 이상 어떤 상세한 묘사가 필요하겠는가? 너무나 거칠다 싶을 정도로 간소하고 냉담한 묘사는 갑자기 허를 찔린 느낌이 들게 한다. 생생한 감각으로 우리들에게 다가온다. 그것에 감동하게 된다.[22]

조선의 비참한 현실을 인위적인 조작 없이 생생하게 노출시키는 것에 감동받았다는 이 일본인의 감정은 이 영화를 통해서 네오 리얼리즘을 연상했던 영화사가 이영일의 감정과 매우 흡사하다. 그런데 이렇게 작위적이지 않은 '날 것' 그대로의 조선을 보여준다는 감정을 가지게 되는 이유는 무엇인가? 그것은 바로 이 영화의 형식이 서사(narrative)가 아닌 광경(spectacle)이 전경화되는 구조를 취하고 있기 때문이다. 먼저 언급되어야할 것은 이 영화는 '향린원'을 이끌어 가는 방성빈'의' 이야기가 아니라, 방성빈'에 대한' 이야기라는 것이다. 따라서 이 영화에서의 서사의 주체는 방성빈이 아니며, 고아들을 돌보며 살아가는 그의 선한 행위와 사건들은 이 영화의 가장 중요한 '광경'들 중의 일부로서 기능할 뿐이다. 요컨대 그는 이 영화 전체에 걸쳐 「서사영화와 시각적 쾌락」에서 로라 멀비(Laura Mulvey)가 정식화한 이원화의 테제 즉 남성-관음증-서사-주체 / 여성-노출증-이미지-대상으로부터 이탈한 위치 그러니까 이미지로서 광경이자 대상으로서의 위치를 할당받고 있는 것이다.[23]

방성빈이 서사의 능동적 주체가 아니라는 것은 다음의 사항들에 의해서 명확하게 살펴볼 수 있다. 첫째, 방성빈은 서사의 주체가 아니기에 서사의 갈등은 다른 등장인물들에 의해서 해결된다. 특히 그의 처남, 안인규(강홍식 分)는 방성빈과 아내, 마리아(문예봉 分)의 갈등을 조정할 뿐만 아니라 권서방(윤봉춘 分) 일당과 격투를 벌이는 영화의 상투적인 마지막 장면에서 일반적인 서사의 구성이라면 방성빈이 수행했어야 할 역할을 대신해 권서방 일당과 맞서 싸운다. 둘째, 방성빈은 능동적인 서사의 주체

22 오다 사쿠노스케, 「집 없는 천사의 묘사」, 『〈집없는 천사〉 비평집』, 도와상사, 오사카 지사 선전부, 출처 미상, 한국영상자료원 편, 『고려영화협회와 영화신체제(1936~1941)』, 한국 영상자료원, 2007, 149~150면에서 재인용.
23 Laura Mulvey, "Visual Pleasure and Narrative Cinema", *Screen* 16(3), Oxford University Press, 1975, pp.6~18.

가 아니기에 마리아에 대한 어떤 대상화도 일어나지 않는다. 영화에서 마리아가 처음 등장하는 장면은 방성빈이 용길이를 집으로 데려오는 장면이다. 집안 사정은 생각하지 않고 거리의 아이들을 돌보는 방성빈의 선행이 마리아는 못마땅하기만 하다. 그녀는 "당신 정말 정신 차리지 않으면 애들 데리고 오빠한테나 가 있을 거예요"라면서 자신의 불편한 심기를 드러낸다. 서사와 광경이 균형을 이루고 있는 일반적인 영화이고 그 서사의 주체가 방성빈이라면, 방성빈의 욕망에 대한 이와 같은 마리아의 명백한 위협은 영화가 전개되는 과정에서 희생자로서 처벌 받거나 아니면 성적인 광경으로 해소되어야만 할 것이다. 그러나 영화의 전체에 걸쳐서 마리아에게는 어떤 대상화의 과정도 일어나지 않는다. 그것은 방성빈이 이 영화의 서사의 주체가 아니라, 그 자신도 광경의 대상으로서 기능하기 때문이다. 셋째, 이 영화에서는 방성빈과 관객의 동일시를 가장 적극적으로 가능하게 해 주는 그의 시점 쇼트가 객관적인 것이든지 주관적인 것이든지 간에 단 한 차례도 제시되지 않고 있다. 일례로 방성빈이 마리아에게 처남 안인규의 한월리 농장을 빌리겠다고 말하는 장면과 안인규를 찾아간 방성빈이 대화하는 장면의 전환은 케이트와 안인규가 농장에서 즐거운 시간을 보내는 과거의 회상 장면의 삽입으로 세련되게 이루어지고 있는데 이 두 장면을 마리아와 안인규의 회상으로 연결하는 것과 비교해 볼 때 방성빈의 시점이 영화 전체에 걸쳐서 예외적으로 사용되지 않고 있는 점은 특기할 만하다. 뿐만 아니라 영화의 전체에서 방성빈의 객관적인 시점 쇼트가 사용되어야 할 상황임에도 불구하고, 결코 사용되지 않고 있다. 예컨대 향린원 아이들과 방성빈이 함께하는 장면에서 한 번쯤은 고전적인 편집방식으로 방성빈의 시점 쇼트가 사용될 법도 하지만 전혀 사용되지 않고 있다는 것이다. 이런 점에서 이 영화의 형식은 방성빈의 이야기임에도 불구하고 그와의 서사적 동일시를 허락하지 않는 특이한 구조를 취하고 있다고 볼 수 있다.

그렇다고 해서 이 영화에서 서사의 주체가 부재한다고 말하는 것은 정확하지 않다. 그보다는 서사의 주체가 불명확하다고 말하는 것이 보다 정확할 것이다. 앞서 지적한 40년대 초반의 일본 관객이나 1960년대의 이영일의 반응에서 알 수 있듯이, 이 영화의 매력은 흥미로운 광경들을 풍부하게 제시하는 것에 있다. 경성 시내를 지나가는 전차의 트래킹 쇼트, 어둠이 내린 거리의 백화점 네온사인 쇼트 그리고 어떤 희망도 보이지 않아 보이는 술집 쇼트로 시작되는 도입부 시퀀스는 마치 다큐멘터리를 보는 듯한 착각을 불러일으키게 하며, 거친 조명으로 촬영된 도시 뒷골목의 광경, 로케이션으로 촬영된, 청계천 다리 밑에서 생활하는 아이들의 일상과 향린원을 향해 행진하는 아이들의 장면, 비전문적인 연기자임에도 불구하고 엿장수에게 속아 주전자를 엿과 바꾸어 먹고 마는 일남이(황상돈 分)의 능청스러운 연기, 그리고 향린원을 개간하고 손질하는 아이들의 일상을 역동적으로 묘사하고 있는 몽타주 시퀀스 등 이 영화는 매력적이고 흥미로운 광경들을 풍부하게 제시하고 있다.

그런데 이런 흥미로운 광경들을 더욱 더 생생하게 만들어주는 것 그러니까 현실감을 환기시키게 만드는 것은 이 영화에서 다양한 사건과 광경들을 통합하고 조절해 내는 서사 주체가 모호하기 때문이다. 그렇다고 이 영화에서 서사 주체가 부재하는 것은 결코 아니다. 단지 관객들은 그가 누구인지 쉽게 동일시할 수 없을 뿐이다. 이 영화에는 서사 주체의 시선이라고 여겨지는 관음증적인 시선이 등장한다. 즉 명자(김신재 分)와 용길이가 고통받고 있는 경성의 비정한 뒷골목 풍경부터 고아들을 돌보는 방성빈의 선한 행위 그리고 일장기 아래에서 황국신민의 맹세를 읊조리는 마지막 장면까지 모든 것을 지켜보는 시선이 등장한다. 이 시선은 방성빈과 아이들이 향린원으로 거처를 옮기기 위해 집 앞에서 출발한 장면에서 도입되는 '익스트림 하이앵글 쇼트(extreme high angle shot)'이다. 그리고 새로운 희망을 찾아서 출발하는 방성빈 일행의 모든 것을 지켜보고 있는 이 하이 앵글 쇼트는 영화의 마지막 황국신민 맹세 장면에서 일장기 아래 모여 있는 사람들을 지켜보는 쇼트에서 다시 한 번 의미 있게 반복 된다. 그러나 모든 것을 지켜보면서 관찰하고 있는 이 전지전능한 시점이 누구의 것인지는 명확하지가 않다. 이 하이 앵글의 사례에서처럼 이 영화에서 서사의 주체는 명확하지 않고 모호하게 남겨짐으로써 세계를 객관적으로 포착하고 있다는 현실감 그러니까 누군가의 특정한 시점으로서 인위적으로 조작하지 않고 '날 것'으로 제시하고 있다는 느낌을 가질 수 있게 되는 것이다.

그런데 이 영화의 모호한 서사 주체는 이렇듯 생생한 현실감을 환기 시키는 효과를 가지게 되었지만 동시에 혼란함을 야기시키는 결과도 초래하게 된다. 그것은 급작스럽게도 영화의 마지막 장면에서 그동안 모호하게 남겨진 서사 주체가 자신이었음을 서로 경쟁적으로 드러내면서 각축을 벌이기 때문이다. 비록 서사 주체는 모호할지라도 이 영화는 권서방 일당과 액션과 결투라는 물리적으로 위험하고 선정적인 광경을 제시함으로써 결말에 이르는 멜로 드라마적인 관습을 채택하고 있기에 무리 없이 영화의 갈등과 위기를 해소할 수 있게 된다.[24] 부상을 입고 안인규에게 치료를 받으면서 잘못을 회개하는 권서방의 장면에서 영화가 끝이 나도 충분할 터이지만, 카메라는 갑자기 왼쪽으로 팬(pan)하면서 일장기 아래 서 있는 향린원 아이들과 방성빈을 보여준다. 그리고 일행 앞에서 영팔이(김유호 分)는 다음과 같이 황국신민의 맹세를 큰소리로 외치고 나머지 사람들은 복창한다.

영팔이 : 하나, 우리들은 대일본제국의 신민이다. 둘, 우리들은 마음을 다 바

---

24 Singer, *op. cit.*, pp.48~49.

처 천황폐하에 충성한다. 셋, 우리들은 황국신민으로서 인고단련 하여 훌륭하
고 강한 국민이 된다.

하지만 복창이 끝나자 이번에는 방성빈이 앞으로 나와 아이들에게
질문을 던진다. "그런데 우리들 생활표준이 뭐지?" 이에 일남이는 "솔직,
인내심, 용기, 사랑입니다"라고 대답한다. 그리고 흡족해 하는 방성빈
이 물러서고, 이번에는 안인규가 박수를 치면서 등장해 다음과 같이 자
신의 소감을 말한다.

안인규 : 나는 오늘 이 향린원에 와서 너희들의 그 참다운 생활을 보고서 속으
로 여간 기쁘지 않단다. 마음으로 대단히 기뻐하고 있어. 나는 애초에 너희들을
영 고칠 수 없는 사람 어떡할 도리가 없는 사람들로 난 꼭 알고 있었어. 그런데
오늘 와서 보니 도리어 난 너희들 보기가 부끄럽다. 여기 있는 영팔이 이 영팔이
는 이전부터 내가 잘 알고 있어. 내가 처음에 얘를 알 때에는 마음이 나쁜 아이가
돼서 영 다시는 사람다운 일은 못할 줄 알고 있었는데 오늘 와서 얘가 얼마나 큰
일을 하고 얼마나 훌륭한 일을 했니? 나는 여간 기쁘지 않아. (…중략…) 이것이
모두 다 누구의 힘인 줄 아니? 이것이 모두 다 방 선생님의 위대한 힘이 아니고
뭐겠니? (…중략…) 그 힘은 이 세상에서도 알게 됐어. 그래서 지금 전국 방방곡
곡에서는 그 여론으로 대단하다. 나는 기쁘다 오늘 같이 기쁜 날이 없다. 이제야
이 방 선생님의 위대한 힘이, 위대한 사업이 열매를 맺었다고 나는 본다. 그러니
까 너희들은 이제부터는 방 선생님의 말씀을 잘 들어서 훌륭한 사람이 돼서 우
리나라의 큰 일꾼이 되기를 난 바란다.

문제가 되는 이 '잉여의' 마지막 장면에서 그동안 이 영화에서 모호했
던 서사 주체를 둘러싸고 큰 혼란이 발생하게 된다. 왜냐하면 영화는 갑
자기 영팔이의 황국신민의 맹세를 통해서 그 서사 주체가 "대일본제국"

이었다고 말하지만, "그런데"라고 말하면서 갑자기 말을 자르고 끼어든 방성빈은 그 서사 주체가 대일본제국의 이념적 가치와는 동 떨어진, "솔직, 인내심, 용기, 사랑"의 가치였다고 말해 버리기 때문이다. 그리고 이어서 등장한 안인규는 그 서사 주체는 "대일본제국"이나 그런 가치가 아니라, 방성빈이라고 말한다. 그리고 이 같은 혼란스러운 결말은 결국 다음과 같은 짜증 섞인 반응을 양산해 버리고 만다.

> (〈집 없는 천사〉에서는) 결과적으로 지극히 부자연스러운 결과물이 산출됨으로써 내선일체라는 제작자의 아이디어와는 반대적인 인상, 다시 말해 가장 근본적인 문제인 일본정신을 아주 뻔한 틀에 박힌 형식으로 묘사해 오히려 악영향조차 미친 감이 있다.[25]

이렇게 짜증을 불러일으키게 되는 "아주 뻔한 틀에 박힌 형식"이란 무엇인가? 그것은 외양과 내면이 일치하지 않는 '겉치레' 그리고 그런 불일치에도 불구하고 의도를 가장하는 '억지스러움'과 관련되는 것들이다. 앞에서 살펴보았듯이, 이와 같은 특징은 파시즘의 심미화된 정치의 핵심이라 할 수 있는 부분과 전체의 자연스러운 균형, 조화, 그리고 끝없는 유희적 순환의 형식에 부합하지 않고 오히려 깨트리게 되는 효과를 가지게 된다. 그리고 이 같은 불균형으로 인해 결국 이 영화에서는 무의식적인 '노출증'에도 불구하고, 모든 것을 내다보는 국가의 관음증 시선이 초대되지 못하는 결과를 초래하게 되는 것이다. 간단히 말하면, 모호한 서사 주체와 광경에 집중하는 〈집 없는 천사〉의 형식은 '나'와 '국가' 사이의 경계의 소멸을 가능하게 해 주는 일반적인 파시즘의 미학

---

25 나가스 요시오, 「조선영화의 방향: 고려작품 〈집 없는 천사〉가 던진 문제에 대해」, 당시 일본영화 잡지에 실린 글로 잡지명 확인 불가, 한국영상자료원 편, 『고려영화협회와 영화신체제(1936~1941)』, 한국영상자료원, 2007, 148면에서 재인용.

으로서 적당하지 않다는 것이다. 이렇듯 〈집 없는 천사〉와 같이 제국주의의 지배를 받은 지역에서 피식민지인들에 의해서 자발적으로 모방되고 의도되었지만 예기치 못하게 변종화된 시각적 쾌락을 양산하는 파시즘을 우리는 일반 파시즘과는 다른 '식민지 파시즘'이라고 부를 수 있다.

그런데 문제의 이 마지막 장면에서 부자연스러움 즉 그 부조화의 핵심은 무엇인가? 여기에는 하나의 역설이 위치한다. 사실 상 텍스트의 구조에서 부자연스러운 것은 오히려 영팔이의 느닷없는 황국신민 맹세 장면이다. 이 부분만 제외된다면 방성빈이 일남이로부터 들었던 만족스러운 대답, '솔직, 인내심, 용기, 사랑'은 영화의 이전 내용과 조화를 이루게될 것이다. 하지만 황국신민의 맹세 장면이 제외된다면 신체제하에서이 영화의 기획, 제작, 상영은 불가능해 질 것이다. 이 같은 역설적인 상황은 이 영화가 단일한 의식이 아니라 상충하고 갈등하며 모순되는 어떤 '이중 의식'에 의해 사로잡혀 있음을 방증해 준다. 다음 절에서는 〈집 없는 천사〉 속에서 요동치고 있는 이 '이중 의식'을 규명할 것이다.

4. '사회진화론'과 '라마르크주의' 사이에서

〈집 없는 천사〉의 이중 의식을 규명하려면 문제의 마지막 장면으로부터 결을 거스르는 독해를 시도할 필요가 있다. '황국신민의 맹세'와그것을 잘라 버리는 '솔직, 인내심, 용기, 사랑'은 이 영화의 모호한 서사주체의 선점을 둘러싸고 일순간 팽팽한 긴장감과 각축을 펼쳐 놓지만, 곧 이은 안인규의 장황한 연설은 마치 그 팽팽한 각축에 대한 판정이라도 내리듯이, 그 주체가 후자라는 것을 자신의 변화된 인식에 견주어서 진술 한다. 안인규는 거리의 아이들을 "도리가 없는 사람" 그리고 "사람다운 일은 못할 줄 알고 있었는데", 아이들이 "훌륭한 일"을 하는 것을 보면서 자신의 생각이 틀렸다는 것을 알게 되었고, 아이들을 믿지 못한 자신의 모습이 "부끄럽다"고 말하면서 뉘우치는 모습을 보여준다. 그리고 이 영화의 해피엔딩은 모두 다 "방 선생님의 힘"이었다고 말한다. 집나간 일남이가 돌아오기 바로 직전 그리고 물에 빠진 용길이가 안인규의 치료를 받고 안정을 찾게 되는 동시에 누나 명자와 만나게 될 것을 암시하는 장면 직후에 '향린원'이 사회적 관심을 받게 되면서 후원이 답지하고 있다는 것을 보여주는 몽타주 시퀀스는 방성빈의 가장 큰 고민이었던 경제적 문제가 해결되었음을 암시한다. 안인규는 그것이 "방성빈의 힘"이었다고 말하는 것이다. 그런데 영화에서는 "방성빈의 힘"이 묘사되지 않고 있다. 비록 방성빈이 경제적 자립을 위해서 국수 기계를 들여와 아이들과 함께 국수를 만들어 판매를 해 보기도 하였지만, 이 역시 경제적 곤궁함을 벗어나게 해 주지는 못하지 않았던가. 앞서 살펴보았듯이, 이 영화 전체에서 방성빈은 능동적이고 적극적이기 보다는 수동적이고 다소 무기력해 보이기까지 한다.

여기서 우리가 중요하게 고려해야 할 부분은 현재 발굴, 복원되어 우리가 볼 수 있는 〈집 없는 천사〉의 필름은 원본 즉 조선군 보도부와 일본 문부성이 원래 추천한 필름이 아니라 일본에서의 상영을 위해 문부성이 다시 검열한 필름 그리하여 원본으로부터 '35개소', 길이로는 '200미터'가 삭제된 필름이라는 것이다.[26] 그렇다면 과연 삭제된 필름은 어떤 내용을 담고 있었는가?

---

[26] 최인규, 앞의 책; 「조선영화 신체제 수립을 위해」, 앞의 책.

이런 비참한 부랑아들을 구하는 일을 자신의 천직으로 생각한 목사 방성빈은 이해심 없는 아내 마리아의 반대를 무릅쓰고 사랑하는 아들 요한, 안나와 함께 부랑아들에게 구원의 손을 내밀어 먼저 불행한 앵벌이 소년 용길 등을 맡았다. 그리고 성빈은 그 지역의 유력자와 회사 중역, 사업가들을 찾아다니며 지원을 호소했지만 성과가 없자, 할 수 없이 의사인 처남 안인규의 농장을 빌려 어렵게 향린원을 열었다.[27]

〈집 없는 천사〉의 주제는 경성부 홍제외리 방수원 씨의 부랑아 교화사업인 향린원의 실화를 각색한 것인데, 실제 방수원 씨가 기독교인이라고 해도 영화 속의 방성빈을 기독교인으로 하지 않아도 좋지 않았나, 방성빈 일가가 예수상 앞에서 기도하는 심리 상태와 일장기를 바라보고 감격하는 심리 상태 사이에는 큰 모순이 있다.[28]

검열로 삭제된 필름 내용의 전체를 확인하기는 현재로서는 불가능하다. 단지 남아 있는 위의 기록과 현재 복원된 필름을 비교해 보았을 때, 위의 인용문에서 필자가 밑줄로 강조한 부분들이 검열로 삭제되었을 것으로 추정되는 내용의 일부이다. 여기서 검열된 내용은 목사 방성빈 일가의 기독교인으로서의 종교 행위와 그가 경제적 지원을 받기 위하여 지역 유지와 기업가들을 찾아다니는 행위 같은 것이었음을 알 수 있다. 이렇게 지역 유지와 기업가들에게 호소하는 방성빈의 적극적인 행위 그리고 "예수상 앞에서 방성빈 일가가 기도하는" 장면이 검열로 삭제된 내용에 포함되어 있었다면, 이 모든 것이 "방 선생님의 힘이었다"는

---

27 당시 일본영화 잡지에 실린 글로 잡지명 확인 불가. 한국영상자료원 편,『고려영화협회와 영화신체제(1936~1941)』, 한국영상자료원, 2007, 151면에서 재인용.
28 「극과 영화 : 먼저 일본인이 되어라, 반도영화〈집 없는 천사〉」, 신문기사의 일부로 신문제명 확인불가, 한국영상자료원 편,『고려영화협회와 영화신체제(1936~1941)』, 한국영상자료원, 2007, 161면에서 재인용.

안인규의 마지막 대사는 설득력을 가지게 된다.

그런데 검열되지 않은 원본 영화에서 묘사되는 방성빈의 기독교인으로서의 태도와 행위는 다음의 기록에서 알 수 있듯이, 일제의 식민 지배자들에게 실제로도 상당한 불쾌감과 짜증을 야기했던 것으로 보인다.

> (〈집 없는 천사〉가 일본정신에 오히려 악영향을 미치게 되는) 이런 점은 신앙심 깊은 크리스천 방성빈에게 자칫 반일본적 성향을 발산시키는 인도주의나 마지막의 황국신민의 서사 장면에 보이는 노골적인 표현, 향린원에서 부랑아들을 대하는 방식, 권두에서 카페의 장황함 등 영화 전반에 걸쳐 여러 곳을 지적할 수 있는데, 이를 가지고 조선영화의 과도기적 현상, 혹은 실화 각색에서의 필연적인 편파로 그냥 보아 넘길 문제가 아니라, 제작자들은 엄밀한 재검토를 거쳐 장래에 대한 타산지석으로 삼아야 할 것이다.[29]

이처럼 영화를 통한 '일본정신을 주장하는 관객성(spectatorship)'에서 볼때, 이 영화의 불쾌감은 크게 세 가지로 정리된다. 첫째는 '황국신민의 서사 장면에 보이는 노골적인 표현', 둘째는 '권두에서 카페의 장황함' 셋째는 '자칫 반일본적 성향을 발산'시킬 수도 있는 '크리스천 방성빈'의 '인도주의'와 그로부터 기인하는, '향린원에서 부랑아들을 대하는 (그의) 방식'이다. 첫째와 둘째의 원인에 대해서는 앞 장에서 이미 '식민지 파시즘의 노출증'으로 규명한 바 있다. 남겨진 것은 셋째 황국신민의 맹세와 전혀 양립 불가능해 보이는, 크리스천 방성빈의 '인도주의'와 그가 '부랑아들을 대하는 방식'이다. 여기서 셋째와 관련된 것은 원본 시나리오를 통해 확인할 수 있는데, 이와 관련된 내용과 대사들은 거의 대부분 검열로

---

[29] 나가스 요시오, 앞의 글, 148면.

인해 삭제되어 있음을 현재 남아 있는 필름과의 비교를 통해 알 수 있다. 다음은 셋째와 관련하여 원본 시나리오에서는 확인할 수는 있지만 남아 있는 필름에서는 발견할 수 없는 부분들로서 원본 필름에 포함되었지만 재검열로 인해 삭제되었을 것이라 추정되는 대사와 내용들이다.[30]

(배역)

방성빈 (35세) 목사, 향린원주. (…중략…)

(20.88)

방성빈 : 제 생각엔 아무리 부랑아라 하드래도 아이들에겐 본래 악한 아이라는 한아도 없고 만일 환경과 교화만 적당하면 엇던 아이든 반드시 훌륭한 사람을 맨들 수 있읍니다. 그뿐만 안니라 아이들이란 것은 최초부터 순진한 천사임니다. 그 순진을 XX해서 기르는 것이 우리의 사명일 것임니다. (…중략…)

(22.101)

안인규 : 그건 물론 자네 말이 올치. 모범적인 크리스찬인 자네에게 주언부언 도리니 무어니 하고 떠들면 우서울 뿐 일껠세. (…중략…)

(78.417~418)

방성빈 : 아–니! 영팔인 꼭 온다. 영팔인 제 동무가 죽는데 다라날 애는 아니다. 자–, 인제 하나님의 은혜를 빌 박게 없다. 마리아, 안나, 모두 기도를 올리자. (…중략…)

(83.448~449)

소년들 : 그러게 말야. 우리 모두 찬미 핫가?

노래(歌)-'요단강.'[31]

---

30 이 원본 시나리오는 발매된 DVD 전집에 부록으로 포함되어 있다. 아래의 숫자표기는 원본 시나리오의 장면구분을 따른 것임. 『발굴된 과거 : 일제시기 극영화 모음 DVD–1940년대』, 한국영상자료원, 2007.

31 위의 책.

여기서 알 수 있는 것은 원본 시나리오에서 나타나는 이 영화의 기독교적 성향은 완성된 영화에 비해서 훨씬 짙었다는 것이다. 일단 방성빈의 직업을 목사로 규정한 것도 그러하지만, 위기를 극복하기 위해 하나님께 기도를 올리는 장면이라든지 향린원의 아이들이 용길이의 완쾌를 위해서 찬송가를 합창하는 부분들에서 이런 점은 명확해진다. 비록 원본 시나리오와 완성된 영화는 차이를 가졌겠지만, 앞서 일본 정신을 주장하는 관객성의 세 번째 불쾌한 반응에서 알 수 있듯이, 이 영화의 기독교적 성향은 완성된 영화에서도 어떤 형태로든지 남아 있었던 것이고, 그것이 재검열하는 중요한 단초를 마련했던 것이다. 그렇다면 친일 영화를 불가능하게 만드는 기독교인 방성빈과 그의 인도주의는 어떤 이유로 신체제를 위해서 조선인들에 의해 본격적으로 기획된 이 영화 속에 이질적으로 삽입되어 '일본정신을 주장하는 관객'들을 불편하게 만들었던 것일까?

이 지점에서 〈집 없는 천사〉의 영화화 그리고 '크리스천 방성빈의 인도주의'와 그가 '부랑아를 대하는 방식'을 이 영화의 제작 직전에 수입되어 경성에서 공개되었던 할리우드영화, 〈보이스 타운(Boys Town)〉(1938, Norman Taurog)과의 관련성 속에 위치시켜 사유하려고 한다. 다음의 자료는 두 영화의 관련성을 논의할 수 있는 단서를 제공해 준다.

> 고려영화사 작품 〈집 없는 천사〉는 〈수업료〉의 기획자인 서귀원정(西龜元貞) 씨의 오리지날 씨나리오다. 취재(取材)는 『경성일보』에 발표되어 일약 사회의 여론을 이르킨 경성부 홍제외리에 있는 방수원 씨의 부랑아교화 사업인 향린원의 경영을 테―마로 한 것이다. 이와 같은 소재가 결코 진귀한 것은 아니다. 웨냐하면 이 종류의 소재의 영화화는 외화영화가 우수한 작품을 내놓은 사실이 우리의 인상에 아직 남아 있기 때문이다. 말하자면 아메리카의 〈뽀―이쓰 타운〉이

라든가 불란서의 〈창살 없는 감옥〉을 들 수 있다. 〈집 없는 천사〉는 단지 조선이라는 지현적(地現的)인 조건이 다른 것뿐이다. 그러나 조선영화의 발전정도에 있어서 이러한 소재가 취급되었다는 것은 소재의 범위가 넓어졌다고 볼 수 있다.[32]

백황은 비록 〈집 없는 천사〉가 실존 인물 방수원의 삶을 영화한 것이 사실이고 아직 조선영화계가 다루지 않았던 '부랑아 교화 사업'을 이 영화가 소재로 사용하고 있지만, 그럼에도 불구하고 이 영화가 그렇게 낯설지 않은 이유는 같은 소재를 이미 다른 외국 영화에서 다루었기 때문이라고 진술한다. 이 진술은 〈집 없는 천사〉의 영화화 과정을 네 가지 요인의 결합물로서 인식할 수 있게 해준다. 즉 이 영화의 기획과 제작은 다음의 네 가지 요인이 서로 결합함으로서 가능할 수 있었다는 것이다. 첫째 "『경성일보』에 발표 되어 일약 사회의 여론을 일으켰기"에 관객들의 사전지식을 손쉽게 영화적으로 활용할 수 있을 것으로 기대한 방수원의 실화, 둘째 불행한 환경에 처한 아동이라는 소재를 선택했을 때 흥행과 비평에서 성공을 거둘 수 있다는 것을 입증한 바 있는 〈수업료〉의 후속작, 셋째 조선 관객에게 이미 깊은 인상을 남긴 바 있는, '부랑아 교화 사업'을 다룬 외국 영화의 영향, 넷째 신체제하에서 내선일체와 황국신민화의 이념을 선전할 수 있는 영화의 제작이다. 첫째와 둘째 요인 그리고 그것들과 넷째 요인의 상관성에 대해서는 여러 경로를 통해서 그 가능성이 이미 논의된 바 있지만, 셋째 요인 즉 '외국 영화의 영향' 그리고 그것과 넷째 요인과의 상관성에 대해서는 아직 논의된 바 없다.

언급된 프랑스 작품 〈창살 없는 감옥〉은 정확한 제명을 확인할 수 없다. 그에 비해 1938년 MGM에서 제작한 〈보이스 타운〉은 스펜서 트레이

---

32 백황, 「영화시평 : 〈집 없는 천사〉」, 『人文評論』, 3(3), 1941.4, 50면.

시(Spencer Tracy)와 미키 루니(Mickey Rooney) 같은 유명한 할리우드의 스타가 출연했을 뿐만 아니라 같은 해 스펜서 트레이시가 아카데미 남우주연상을 수상했기에 쉽게 확인이 되는 작품이다.[33] 그리고 이 영화는 1939년에 외국 영화의 제4차 수입허가가 이루어지는 가운데 〈소년의 거리〉라는 제목으로 조선에 수입되어 상영되었다.[34] 그런데 〈집 없는 천사〉의 소재가 '결코 진귀한 것은 아니다'라는 백황의 발언이 결코 과장이 아닌 것은 두 편의 영화가 여러 측면에서 유사함을 보여주기 때문이다. 실제로 〈집 없는 천사〉와 유사하게 〈보이스 타운〉은 1921년에 미국 네브래스카의 오마하(Omaha)에서 집 없는 고아들의 보호소인 '보이스 타운'을 설립하고 운영한 가톨릭 신부 에드워드 플래너건(Edward Falnagan)의 실화를 영화화한 작품이다. 두 영화는 불행한 고아들을 돌보는 기독교 계열 종교인의 실화를 소재로 영화화했다는 공통점을 가질 뿐만 아니라, 영화의 몇 가지 중요한 에피소드에서도 유사성을 보여준다. 즉 방성빈이 골목에서 싸움을 하고 있는 아이들을 말리면서 영화에 등장하듯이 플래너건 신부(스펜스 트레이시 分)는 거리에서 패싸움을 벌이고 있는 아이들을 말리면서 아이들과 처음 대면을 하게 된다. 방성빈이 안인규라는 든든한 후원자의 도움으로 '향린원'으로 이사 갈 수 있듯이 플래너건 신부도 절친한 친구이자 경제적으로 여유가 있는 데이브 모리스(Dave Morris, 헨리 헐 分)의 도움으로 새로운 공간으로 이사 갈 수 있게 된다. 그리고 아이들이 힘을 합해 '향린원'을 보수하고 땅을 개간하듯이 '보이스 타운'의 아이들은 모두가 힘을 합해 새로운 집을 짓는다. 영팔이가 '향린원'에 적응을 못하고 가출을 시도하듯이 악동 휘트니 마쉬(Whiney Marsh, 미키 루니 分) 역시 가출을 시도하며, 영팔이의 가출 시도로

---

33 아래의 〈보이스 타운〉에 대한 언급과 분석은 워너비디오(www.warnervideo.com)에서 발매된 DVD를 자료로 활용한 것임.
34 「제4차로 수입허가된 미국 신영화」,『朝鮮日報』, 1939.6.16.

그림 14. 〈집 없는 천사〉(위)와 〈보이스 타운〉(아래)

인해 순진한 용길이가 물에 빠져 목숨이 위태로워지듯이 마쉬의 가출 시도로 인해 깜찍한 피위(Pee Wee, 밥 왓슨 分)가 교통사고로 사경을 헤맨다. 용길이의 완쾌를 위해 아이들이 기도를 하듯이 피위의 완쾌를 위해 아이들이 운동장에 모여 기도를 올린다. 권서방 일당의 위협을 물리침으로써 '향린원'의 안정이 찾아오듯이 악당 조 마쉬(Joe Marsh, 에드워드 노리스 分) 일당과의 대결에서 승리함으로써 '보이스 타운'의 평화가 찾아온다(밑줄－원본 시나리오, 그림 14 참고).

그러나 두 영화의 텍스트적 유사성 혹은 앞선 작품인 〈보이스 타운〉의 에피소드와 행위들이 어떻게 〈집 없는 천사〉에서 반복되고 있는가 하는 것은 이 연구의 궁극적인 관심사가 아니다. 그보다는 방성빈과 플래너건 신부가 거리의 아이들을 대하는 방식에서 두 편의 영화가 공유하고 있는 신념이 본 논문의 관심 대상이다. 비록 검열로 인해 삭제된 것으로 추정되지만 〈집 없는 천사〉라는 제목이 무엇을 의미하는 지는 아래와 같은 원본 시나리오상의 방성빈의 대사에서 잘 드러나 있다.

(20.88)

방성빈 : 제 생각엔 아무리 부랑아라 하드래도 아이들에겐 본래 악한 아이라는 한아도 없고 만일 환경과 교화만 적당하면 엇던 아이든 반드시 훌륭한 사람을 맨들 수 있음니다. 그뿐만 안니라 아이들이란 것은 최초부터 순진한 천사임니다. 그 순진을 XX해서 기르는 것이 우리의 사명일 것임니다.[35]

여기서 알 수 있듯이 방성빈은 "아무리 부랑아라 하드래도 아이들에겐 본래 악한 아이"는 하나도 없고 "환경과 교화만 적당하면 엇던 아이든 반드시 훌륭한 사람"을 만들 수 있다는 굳은 신념을 가지고 헌신적인 사회사업을 펼쳤던 것이다. 즉 방성빈은 모든 아이는 '천사'라는 신념을 가졌던 것이고, 환경과 교화만 적당하면 훌륭한 사람이 될 수 있는 거리의 부랑아들은 그런 의미에서 '집 없는 천사'라는 것이다. 그리고 거리의 부랑아마저도 '천사'로 보는 방성빈의 신념과는 '다른 생각'을 가지고 있었던 안인규는 영화의 마지막에서 방성빈의 신념이 결국 옳았다는 것을 인정하면서 자신이 가졌던 이전의 '다른 생각'이 잘못된 것이었음을 뉘우친다.

---

[35] 한국영상자료원, 앞의 책.

한편 플래너건 신부가 거리의 아이들을 돌보는 사업에 헌신하기로 결심하게 되는 동기는 우연히 사형집행을 앞둔 죄수를 만나는 과정에서 이루어진다. 플래너건 신부는 죄수를 통해서 누군가 조금이라도 관심과 애정을 기울인다면 소년들은 나쁜 길로 빠지지 않고 훌륭한 사람으로 자랄 수 있을 것이라는 신념을 가지게 되고, 이런 신념을 바탕으로 온갖 어려움에도 불구하고 '보이스 타운'을 설립해 나가기 시작한다. 그러니까 방성빈과 마찬가지로 플래너건 신부에게도 거리의 아이들은 "최초부터 순진한 천사"였던 것이다. 그런데 앞서 살펴보았듯이 방성빈의 이런 신념 그리고 그것을 바탕으로 그가 아이들을 대하는 방식은 '일본정신을 주장한 관객'에게 큰 불쾌감을 야기했을 뿐만 아니라 재검열을 실행시키는 결과를 초래하기도 하였다. 아마도 그의 심기를 가장 불편하게 만든 부분은 방성빈과 다른 생각을 가지고 있었던 안인규가 자신이 틀렸고 방성빈의 신념이 옳았다고 뉘우치는 장면이었을 텐데, 그것은 자신이 불쾌하다고 생각하는 방성빈의 신념을 안인규가 옳은 것이라고 말해 버리기 때문이다. 그가 불쾌하지 않으려면, 안인규는 자신이 아니라 방성빈의 신념이 잘못된 것이었음을 그러니까 부랑아도 천사로 보는 신념은 너무도 순진한 것이어서 실현될 수 없는 헛된 꿈에 지나지 않는 것이었음을 반박해야만 했을 것이다.

그렇다면 방성빈이 가지고 있었던 신념 그리고 그의 신념이 불쾌했기에 그것을 부정하고 싶었던 '일본정신을 주장한 관객'이 가지고 있었던 신념 사이의 결정적인 차이는 무엇인가? 그것은 과학과 이념이 결합한 우생학적 사유에서 인간의 본성과 특질에 대한 인식의 근본적인 차이 즉 '사회 진화론(social Darwinsm)'과 '라마르크주의(Lamarkianism)'의 차이 그리고 결국은 그런 인식의 차이가 펼쳐놓는 '황국신민 만들기'와 '미국 소년 만들기'의 차이 이다. '적자생존' 혹은 '자연선택설'로 알려진 찰스

다윈(Charles Robert Darwin)의 이론과 '용불용설' 혹은 '획득형질 유전론'으로 알려진 장 바티스트 라마르크(Jean Baptiste Lamarke)의 생명 진화에 대한 학설은 과학적 지식에만 머무르지 않고 나찌의 인종개량부터 20세기 초반 미국의 사회개혁까지 다양한 스펙트럼에서 실천을 위한 정치적 이념으로 동원되었다는 점에서 공통점을 가진다.[36] 19세기 말~20세기 초 유럽에서 유행한 '사회 진화론'은 다윈의 실제 정치적 이념과는 무관하게 그의 진화에 대한 과학적 이론을 토대로 사회적 문제를 해결하기 위하여 등장한 사회이론이다. '사회진화론'은 인간과 자본주의 사회의 법칙을 양육강식, 적자생존, 그리고 인위도태와 같은 다윈식 진화론을 통해 해명하고 사회적 갈등을 자연법칙화함으로써 인간은 자연법칙에 순응하고 복종하여야 하며, 사회발전은 자연도태의 법칙에 따라 이루어지기에 의도적으로 사회를 변화시키려는 시도는 자연법칙에서 어긋나는 불필요한 시도 나아가서는 불가능한 시도로 인식한다. 이런 '사회 진화론'은 제국주의의 식민 지배를 위한 인식론적 기초를 마련해 주었을 뿐만 아니라 인종주의와 결합함으로써 나치의 우생학적 인종주의로 발전하게 된다.

한편 19세기 말~20세기 초 미국에서 유행한 '라마르크주의'는 당시 급격하게 증가한 범죄자, 알콜중독자, 도시 빈민들과 같은 사회적 문제를 해결하기 위하여 등장한 사회개혁이론이다. 이 이론은 유전론적인 견해를 비판하면서 보다 나은 환경이 인간 개선의 중요한 요인일 수 있음을 주장하면서, 교육을 통해 얻어진 인간의 형질이 유전될 수는 없다 하더라도 학습할 수 있는 능력은 획득형질의 유전으로 개선될 수 있기에 사회문제를 해결하기 위해서는 해로운 환경의 개선이 우선 되어야

---

36 김호연, 「미국 우생학 운동의 재검토, 1890~1940년대」, 『미국사 연구』 26집, 한국미국사학회, 2007, 78~79면.

하며 '슬럼 개선 운동'과 같은 실천을 통해서 사회를 개혁해 나갈 수 있음을 주장하였다.[37] 그리고 20세기 초 미국의 사회변혁에 대한 갈망을 '보이토피아(boytopia)'를 중심으로 담아낸 〈보이스 타운〉은 '사회 진화론'이 아니라 바로 '라마르크주의'의 낙관적 이상론을 반영하고 있는 작품이다.[38]

거리의 부랑아들은 '집 없는 천사'들일 뿐 '만일 환경과 교화만 적당하면 엇던 아이든 반드시 훌륭한 사람을 맨들 수 있다'고 믿고 있는 방성빈이 아이들을 대하는 방식은 환경의 개선으로 사회문제를 해결할 수 있다고 보는 전형적인 '라마르크주의'를 실천하고 있는 셈이다. 그런데 이와 같은 방성빈의 '라마르크주의'는 '일본정신을 주장한 관객'에게 두 가지 이유에서 큰 불쾌감을 야기하게 된다. 첫째는 방성빈의 '라마르크주의'가 조선인들을 태평양 전쟁 준비를 위한 신체제에 '적합하게' 개조하는 과정에서 핵심이라 할 수 있는 '사육자의 임무'를 부정하고 위협하는 결과를 초래하기 때문이다. '적자생존(the survival of the fittest)' 즉 여러 형질 중에서 가장 적절한 형질을 선택해서 유전시켜야 한다는 '사회진화론'의 입장에서 보았을 때, 환경의 개선을 우선시하는 방성빈의 '라마르크주의'는 조선인들의 여러 근성들 중에서 신체제에 적합하지 않는 나쁜 근성은 선별해서 제거하고 좋은 형질만 선택하여 태평양 전쟁을 수행하기에 가장 적합한 인종으로 훈련하고 개조해야 하는 식민 지배자의 임무를 부정하는 결과를 가져오기 때문이다. 둘째, 태평양 전쟁이 목전에 닥쳤고 조선을 전쟁 수행을 위한 병참기지로 하루빨리 전환시켜야 하는 '신체제'의 급박한 상황에서 조선인들이 충성스러운 황국신민

---

37 박민아 · 김영식, 『프리즘 : 역사로 과학읽기』, 서울대 출판부, 2007, 227~232면.
38 Kenneth B. Kidd. *Making American Boys : Boyology and the Feral Tale*, University of Minnesota Press, 2005, pp.121~122.

이 되기 위해서는 '환경의 개선'이 먼저 이루어져야 함을 넌지시 내비치는 〈집 없는 천사〉의 암시는 일본 정신을 주장하는 관객에게 무척이나 '한가한 소리'를 하는 것으로 여겨져 분통이 터졌을 것이기 때문이다.

〈집 없는 천사〉가 '신체제를 소비하기' 위하여 조선인들에 의해 만들어진 본격적인 신체제용 기획영화였다는 점을 염두에 두었을 때, '일본 정신을 주장한 관객'의 짜증과 불만 그리고 그로 인한 재검열 사태는 애초의 기획의도와는 전혀 어긋난 것이었다. 그렇다면 이처럼 예기치 못한 사태가 발생하게 된 결정적인 원인은 무엇인가? 흥미로운 것은 〈집 없는 천사〉의 '라마르크주의'가 '일본정신을 주장한 관객'을 불쾌하게 만든 만큼이나, 이 영화의 일본 공개를 둘러싸고 벌어진 재검열 사태는 이 영화의 기획자를 혼란에 빠지게 만들면서 불쾌하게 만들었다는 점이다. 이런 불쾌감은 다음의 좌담회에서 이창용의 발언을 통해 살펴 볼 수 있다.

> **히로카와 소요**(廣川創用, 이창용의 창씨개명한 이름) : 내무성이 재검열한 이유요? 그건 잘 모르겠습니다. 그 이유가 무엇이든 우리들이 그 영화를 만든 목적은 내지에 와 있는 조선의 노동자에게 보이려고 만든 게 아니라 경성의 풍경을 현재의 상태 그대로 묘사하고 거리의 부랑아도 점차 바람직한 아이로 키워간다면 훌륭한 신민이 된다는 것이 〈집 없는 천사〉의 목적입니다. 그런 것을 재검열, 삭제해 버리면, 이는 조선영화 전체의 문제입니다. 그러니 향후 제작방침도 상당히 고려하지 않으면 안 되고 〈집 없는 천사〉의 문제에 관하여 내무성의 견해를 여러 각도에서 분명하게 명시해 주시기를 바랍니다. 그래야 앞으로 우리들의 방침을 정할 때 크게 참고가 되겠지요.[39]

---

39 「조선영화 신체제 수립을 위해 · 좌담회」, 『에이가준보』, 1941.10, 한국영상자료원 편, 『고려영화협회와 영화신체제(1936~1941)』, 한국영상자료원, 2007, 284면에서 재인용.

〈집 없는 천사〉의 재검열 사태와 관련해 앞으로는 내무성에서 정확한 지침을 마련해 달라는 이창용의 통명스러운 발언에는 신체제 이념에 적합하다고 생각한 내용의 영화를 최선을 다해 기획하고 만들었는데 그것을 검열·삭제해 버린 것에 대한 혼란과 서운함이 묻어나 있다. 하지만 능란한 사업가답게 그는 〈집 없는 천사〉의 재검열 사태의 원인은 자신을 포함한 제작자 측에 있는 것이 아니라 지금까지 명확한 지침을 내리지 않았던 일제의 내무성에게 있는 것이었음을 행간을 통해 반박함으로써 모든 문제의 책임을 전가시켜 버리는 재치와 기지도 보여준다.[40]

여기서 명확해지는 것은 〈집 없는 천사〉들을 포함하여 네 편의 '이행적 친일영화'들이 기획 및 제작되었던 시기(1940~43) 중 1941년 10월까지는 일제의 내무성을 비롯한 식민 지배자들로부터 신체제에 적합한 조선영화의 내용과 성격에 대한 제작 지침이 내려진 바가 없다는 것이다. 그런 이유로 우리는 〈집 없는 천사〉가 신체제와 관련하여 일본 제국주의에 의해 '위로부터' 강압적으로 만들어진 것이 아니라, 조선영화인들에 의해 '아래로부터' 자발적으로 만든 영화라는 것을 다시 한 번 확인할 수 있다. 그리고 이런 점에서 이 영화는 일본 식민 지배자가 아니라 조선인들이 상상하는 '대동아'의 욕망과 이념으로 채워진 작품으로 볼 수 있다.

그러나 〈집 없는 천사〉의 재검열 사태는 일본 식민 지배자와 피식민 조선인들이 상상하는 '대동아'의 형상이 결코 동일하지는 않았다는 것을 보여준다. 즉 신체제로의 전환을 통해서 완성될 '대동아'를 상상함에 있어 일본 식민 지배자들의 상상은 우월한 일본인들에 비해 열성한 조

---

40 식민지 시기 유능한 영화제작자로서의 이창용의 일생에 대해서는 다음의 글을 참조할 것. 이화진, 「'대동아'를 꿈꾸었던 식민지의 영화기업가, 이창용」, 한국영상자료원 편, 『고려영화협회와 영화신체제(1936~1941)』, 한국영상자료원, 2007, 196~209면.

선인들의 '근성'을 개조하는 '사회진화론'적인 인식을 바탕으로 한 것이었다면, 조선인들의 상상은 충직한 황국신민이 되기 위해서는 우선 일본과 조선의 불평등한 사회적 환경의 개선이 우선되어야 한다는 '라마르크주의'적 인식을 바탕으로 한 것이었음을 보여준다. 바로 이 상상의 차이가 〈집 없는 천사〉의 재검열 사태를 일으킨 결정적인 원인이다. 그리고 이 사태는 일본 식민 지배자와 피식민 조선인들의 상상의 불일치가 신체제 아래의 일상의 영역에서 식민지의 파시즘을 '균열'시키고 있었다는 것을 보여준다. 하지만 '이행적 친일영화'를 통해서 상영되고 있는 다양한 이런 '비대칭적 균열'들은 일본 내무성이 위로부터의 명확한 지침을 내려 제작·상영이 이루어지게 될 1943년 이후의 일련의 본격적인 친일영화들에 의해서 봉합이 시도될 것이었다.

이 장에서는 '민족적 리얼리즘'과 '친일영화'로 분극화되어 논의된 〈집 없는 천사〉를 파시즘 상황에서 식민지 문화산업적인 맥락, 텍스트의 형식 그리고 수용의 양상으로서 관객성을 중층결정적으로 분석함으로써 이 영화의 역사적 성격을 다양한 이중성들 즉 '선전·선동물'과 '흥행물', '국가화'와 '기업화', '관음증'과 '노출증' 그리고 '사회진화론'과 '라마르크주의'의 이중성 속에 위치시켜 규명하고자 하였다. 그리고 다음과 같은 결론에 이를 수 있었다.

첫째, 〈집 없는 천사〉의 '친일적인 것'은 조선영화인들의 자발적인 산물이었음에도 불구하고 일본 식민 지배 관료들이 원했던 것과 부합할 수 없었던 이유는 그것이 신체제가 의도했던 '국가화'가 아니라 조선영화인들의 '기업화'의 욕망으로부터 추동되었기 때문이고, '국가화'와 '기업화'의 상반된 욕망의 일시적인 불안정한 동거가 양산한 '이행적 친일영화'들은 조선영화인들이 신체제를 적극적으로 소비하려는 욕망과 실천이 양산한 역동적인 문화적 산물이다. 둘째, 〈집 없는 천사〉의 리얼리즘적인 양상은 국가의 관음증적 시선에 스스로를 광경으로 만들어 버리는 조선인들의 노출증적 욕망으로부터 기인하는 것이며, 광경을 전경화 시키는 이 영화의 형식은 모호한 서사 주체로 인하여 현실감을 환기시키는 효과를 가지지만 동시에 해석의 혼란을 야기했고, 의도된 노출증에도 불구하고 국가의 관음증적 시선이 초대되지 못하는 결과를 초래하였는데, 이 같은 시각적 쾌락은 일반 파시즘과 구별되는 식민지 파시즘의 '정치의 심미화' 이다. 셋째, 〈집 없는 천사〉의 재검열은 이 영화에서 진동하는 '사회진화론'과 '라마르크주의'의 이중의식으로부터 비롯되었으며, 조선인의 황국신민화 과정에는 사회적 환경의 개선이 우선시 되어야 함을 강조하는 후자는 전쟁 수행을 위한 적합한 인종으로 개조해야 할 것을 요구한 전자의 인식과 위배되고 그것을 부정하는 효과를 야기하였다. 이것은 일본 식민 지배자와 피식민 조선인들이 상상하는 '대동아'의 형상이 결코 동일하지 않았음을 보여준다.

이와 같은 논의의 결과는 한국학 연구와 관련하여 다음의 두 가지 측면에서 시사하는 바가 있다. 첫째, 이 결과는 1940년대 이후 식민지 말기는 일제의 위로부터의 강압적인 지배가 일방적으로 관철된 것이 아니라 일상의 영역에서 지배의 방식을 자신들의 이익과 목적에 맞게 전유하려는 조선인들의 다양한 전술적 실천들에 의해서 식민지 파시즘은 비대칭적인 균열이 나 있었음을 함축한다. 둘째, 비록 한국학 연구에서 일제 강점기는 조선 민족과 일본 제국 사이의 직접적인 이항대립의 갈등과 접촉의 역사로서 습관적으로 기술되고 있지만, '사회진화론'과 '라마르크주의'에서 진동하는 〈집 없는 천사〉의 이중의식에서 알 수 있듯이, 실제의 역사에서는 조선 민족과 일본 제국뿐만 아니라 식민지 시기 동안 조선인들을 매혹시키면서 선망의 대상으로 자리 잡았던 미국 제국으로 이루어지는 삼 항의 갈등과 접촉의 역사가 전개되고 있었고, 이런 점에서 식민지 조선의 문화적 공간은 제국들의 이념이 각축을 벌이는 '초국적 상상계(transnational imaginary)'로 채워져 있었다는 것을 함의한다.

제2부

식민적 판타지, 비천한
스크린, 그리고 충무로영화

제5장

'노란 피부, 하얀 '가면' 무도회'의 〈자유부인〉

1. 〈자유부인〉의 기억과 침묵

이진광 : 나는 그때 다른 기억은 안나고 틀을 깨고 나왔다는 거 그거하고 여자들도 좀 움직일 수 있다. (…중략…) 우리들 맨날 남자들한테 언제까지나 속해 있는 사람들이 아니니까 조심하라고 큰 소리 치고 그랬지. (…중략…) 힘이 많이 됐어.[1]

45년의 시간이 흘렀지만, 이 여성관객은 〈자유부인〉을 움직임에 관한 영화로서 그리고 살아가는 데 힘이 된 영화로 기억하고 있다. '움직임'과 '살아가는 힘'이라면, 희망을 기억하고 있는 셈이다. 하지만 관객의 머릿속에서 재구성된 이와 같은 연상, 정서 그리고 비자발적인 기억

---

1 변재란, 「한국영화에서 여성관객성에 관한 연구」, 중앙대 박사논문, 2000.

은 상당히 선택적인 것이라 할 수 있다. 왜냐하면, 영화 〈자유부인〉은 소설에 비해 다소 열린 결말을 제공한다고는 하지만, 다음에서 알 수 있듯이, 원작자 정비석의 강력한 계몽의 의지가 (바바 식으로 말하자면) 민족의 교육학적인 시간과 계몽의 기획이 강력하게 흐르면서 식민지의 여성들을 고정시키려고 했기 때문이다.

> 5,000년 동안이나 남성 전제하에서 자유를 억제당하며 억울하게 살아오던 한국의 여성들이 미국식 자유민주주의가 밀려들어오는 바람에 이 기회에 '우리도 자유를 찾아야 하겠다'는 생각에서 가정에서 뛰쳐나와 춤에 미쳐 돌아가는 혼란을 (…중략…) 무비판적으로 개탄만 하며 그냥 내버려 두면, 사회가 파괴되어 버린다. 그러기에 그러한 주제를 가지고 역사적인 혼란을 정당한 방향으로 이끌어나가는 과정을 소설로써 제시해 보려고 한 것이 『자유부인』이었다.[2]

비교적 속내를 솔직하게 보여주고 있는, 작가의 이 같은 언설에는 거세된 남성성을 회복해서 근대적인 주체로 나아가려는 민족주의 엘리트의 나르시시즘적인 욕망이 잘 드러나 있다. 하지만 근대적 주체는 무엇보다 세속화된 주체로서, 신의 섭리에 순종하는 금욕이 아니라 자기 욕망을 간직한 독립적인 주체이고, 물화되고 세속적인 욕망의 추구는 근대적 주체의 고유한 특징이라 할 수 있다. 그리고 그 자체가 자유로운 욕망이 아니라, 라캉이 지적한, 특정한 대상과의 동일시를 통한 주체화의 과정은 대문자 타자와의 동일시를 통해서 주체화가 이루어질 것이다. 그렇다면 작가 정비석에게서 대문자 타자는 무엇인가? 그것은 아이러니하게도 미국이다. 이것은 소설과 영화에서 거세된 한글학자 장태연 교수(박암 分)와 "불쌍하게도 한글이 서툰" 타이피스트 그러니까 "수양과 실

---

2 정비석, 『자유부인』, 고려원, 1996.

력을 갖춘 서구 여성" 박은미(양미희 分)와의 로맨스는 윤리적인 것으로, 밀려 들어온 미국화를 함축하는 춘호(이민 分)와 물질주의에 눈이 먼 오선영(김정림 分)의 로맨스는 불륜으로 규정하는 것으로 드러나는데, 미국식 자유민주주의로부터 한국의 여성들을 지켜야겠다는 작가의 민족적인 의도와 근본적으로 모순된다. 이와 같은 모순은 식민화된 시공간에서 민족이라는 이름으로 근대적인 주체가 되려는 과정이 필연적으로 동반할 수밖에 없는 것이다. 왜냐하면, 식민지에서 민족이라는 이름으로 근대에 진입하는 과정에서 미국화로부터 한국의 여성들을 지키겠다는 민족적 가치를 추구하는 것은 '지체'를 의미하는 것이고, 독립적인 근대적 주체로서 세속적인 욕망을 추구하는 것은 새로운 식민화를 의미하게 되기 때문이다. 그리고 이 같은 딜레마와 불열, 모순을 봉합하는 장치가 바로 가정주부의 불륜인 것이다. 즉 거세된 탈–식민지의 엘리트 남성에게 주체화의 과정은 전–근대적인 여성 즉 '부인'을 통해서는 불가능하고 '수양과 실력을 갖춘' '현대 여성'을 통해서 가능하기 때문에, 식민주의에 매혹된, '노란 피부, 하얀 가면'의 토착 엘리트 남성과 서구화된 여성 간의 짝짓기로서 한국의 근대적인 가부장제의 상호인종적인 불륜과 로맨스에 대한 세속적인 욕망, 그러니까 서구를 모방함으로써 근대화하려는 욕망을 은폐하기 위해 필요했던 권력/지식 장치가 바로 1950년대 엘리트의 지배적인 담론이었던, 윤리와 불륜, 도덕과 육체라는 이분법의 드라마였던 것이다. 말하자면, 식민지의 경험과 전쟁으로 거세된 민족의 가족에게는 토착 식민지 여성이 아니라, '수양과 실력을 갖춘' 서구 부르주아지 가족의 여성을 모방한 새엄마가 필요했던 것이다. 따라서 〈자유부인〉은 토착 식민지 여성 즉 가정주부의 성적인 열락에 대한 주체할 수 없는 욕망 즉 '불륜'과 '바람'이라는 협소한 의미를 넘어서 텍스트와 재현의 외적인 논리가 말하지 않고 남겨둔 것 그러니까 테레사 드 로레티스의 표현을 빌리자면, 〈자유부인〉의 '외화면 공간(space-off)'에 서 있는 여성들의 경험을[3] 그리고 스피박의 표현을 빌리자면, 지배적인 담론들에 의해 겹겹이 둘러싸인 젠더화된 하위 주체의 침묵을 듣는 것, 즉 그들의 고통과 딜레마를 이해하는 것이 중요하다. 1950년대 충무로영화관은 이들의 목소리와 침묵을 듣기에 더없이 적당한 장소이다.

2. 거세된 민족의 페티시로서 〈자유부인〉

영화 〈자유부인〉의 동일시의 구조는 가정주부 오선영의 육체를 온갖 부정부패로 타락해 있고 금전만능주의로 더럽혀진 도시, 서울 그리고 나아가 '한국성'의 상징으로 위치시키면서, 이중적인 응시의 대상으로 이미지화(imaging) 시킨다. 이 같은 이중적인 응시는 두 가지 축 즉 토착 엘리트 남성인 장교수의 시선 그리고 미국화된 남성인 춘호의 시선을 통해서 구조화되고, 그 두 가지 시선은 장교수의 응시에 의해 절합된다. 그리고 이 같은 장교수의 가부장적 응시는 영화상에서 느낄 수는 있지만, 비가시적인 형태로 시선들을 구조화하고 있다는 점에서 형상적(figural)이라 할 수 있다. 이와 같은 형상적인 응시는 이 영화의 포스터에서 잘 드러나 있다. 오선영의 불륜을 관음증적으로 지켜보는 장태연의 시선이 전경화되고 있는 포스터는 이 영화에서 서사의 주체는 다름 아닌 토착 엘리트 남성 장태연이었음을 명확히 보여준다(그림 15). 이 영화의 형상적 응시는 토착남성과 제국을 함축하는 미국화된 남성의 절합과 공모를 통해서 이루어지고, 이 과정에서 오선영의 육체는 이중적으로 페티시화

---

[3] Teresa de Laureties, *Technologies of Gender : Essays on Theory, Film, and Fiction*, Indiana University Press, 1987, p.26.

식민적 근대성과 한국영화

되는 동시에 처벌받게 된다.

먼저 영화의 서사에서 미국화된 남성의 시선을 통해서 오선영은 성애적인 과잉 투자의 대상이 되어간다. 이와 같은 성애화는 춘호가 오선영을 반복해서 카메라로 촬영하는 행위와 서울의 거리에서 촬영된 자신의 전신사진이 춘호의 하숙방에 걸려 있다는 것을 발견하는 과정을 통해서 이루어진다. 그리고 이런 과정에서 오선영은 성적으로 해방된 주체 즉 성을 능동적으로 욕망하는, 들뢰즈와 가타리가 말하는 노마드적인 주체이

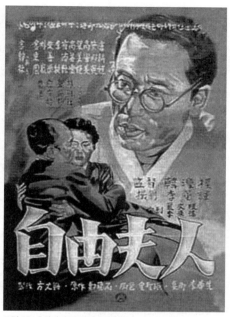

그림 15. 오선영의 불륜을 관음증적으로 지켜보는 장태연 교수의 응시가 전경화되어 있는 이 포스터는 〈자유부인〉의 서사의 주체가 주체화를 욕망하는 토착 엘리트 남성 민족주의자였음을 잘 보여주고 있다

자 리비도적인 주체로 변화되어 간다. 오선영은 춘호와 명옥(안나영 分)이 키스하는 장면을 몰래 훔쳐보게 되면서 성적으로 자유로운 주체가 되어 가는데, 이런 과정의 촉발은 서구화된 남성의 시선을 통해서 이루어진다. 성적인 대상이자 성적인 주체로서 이 영화가 오선영을 구성해가는 과정은 프로이트로부터 전유한, 스피박의 유명한 표현인, "백인 남자가 유색인 남자에게서 유색인 여자를 구해주고 있다"[4]는 것을 연상시키게 해준다. 즉 전통적인 가부장제 아래 억압받던 오선영의 섹슈얼리티는 사진, 서양 음악, 양주, 그리고 댄스와 같은 제국의 남성을 의미하는 춘호에 의해서 성애화되는 동시에 성적인 주체가 된다. 하지만, 스

---

4   가야트리 스피박, 태혜숙 역, 「하위 주체는 말할 수 있는가?」, 『세계사상』 4호, 동문선, 1998, 116면.

피박이 인도의 순장관습인, '사티'를 분석하면서 밝혀내었듯이, 제국주의 남성의 식민지 여성에 대한 시혜적이고 온정적인 행위 즉 '사티'를 폐지시킴으로써, 토착 식민지 여성들에게 가져다주려고 했던, 자유의지와 개인적이고 주권적인 주체의식이란 결국, "담론적 실천 안에서 좋은 아내됨을 남편 장작 위에서의 자기희생과 절대적으로 동일시함으로써 황인종 여자들에게 더 큰 이데올로기적 억압을 가하는 것"으로 작용하게 된다.[5] 그리고 이것은 토착 엘리트 남성과 공모하여 젠더화된 하위주체의 가부장제적 억압을 정당화하고 오히려 강화하는 결과를 초래하게 된다. 마찬가지로 〈자유부인〉에서 춘호는 장교수로부터 오선영을 성적으로 해방시키는 역할을 수행하지만, 결국 기혼여성에게서 리비도적이고 성적인 자유란 '윤리적인 가정'에 국한 되어 있다는 교훈을 상기시켜 줌으로써 오선영에게 더 큰 이데올로기적 억압을 가하게 된다.[6]

다음으로 오선영은 부패한 도시의 상징으로서 토착 엘리트 남성의 시선을 통해서 상품을 페티시화하는 존재로 이미지화되고 결국 처벌받는다. 〈자유부인〉에서는 금욕주의적인 윤리를 가진 타이피스트, 은미를 제외한 나머지 여성들 즉 오선영, 윤주, 사장 부인은 사치, 소비주의 그리고 물질주의에 몰두하는 즉 상품을 페티시화하는 존재로 묘사된다. 원래 마르크스가 분석하는 상품의 페티시화는 노동력의 보편적 상품화와 관련된 것이다. 즉 인간의 노동이 가지는 원래의 사용가치가

---

5   위의 글, 130면.
6   벨 훅스는 피식민지 여성들이 식민 지배국에 의해 또 같은 종족의 남성들에 의해 이중으로 식민화된다는 견해를 제시했다. 흑인 민족주의의 경험을 토대로 벨 훅스는 피식민지 남성들이 자신의 남성성을 회복하기 위해 식민 지배자의 입장을 취한다고 주장한다. 지배국인 미국을 모방하는 가운데 피식민지 한국의 남성들은 여성의 주체성을 부인할 뿐만 아니라 식민지 여성을 억압한다. 이들은 거세되고 유아화된 자기 이미지를 떨쳐 버리고 자신의 남성다움을 과시하기 위하여 여성에 대한 폭력을 포함한 과도한 지배력을 행사하려 한다. 즉 식민지 남성과 식민지배자는 식민지 여성을 억압하는 동지적 관계를 이룬다. bell hooks, "The Imperialism of Patriarchy", *Ain't I a Woman*, South End Press hooks, 1981.

화폐의 교환가치로 변형되면서, 인간의 노동력이 외화된 상품은 그 자체의 자율성을 획득하게 된다. 그리고 그렇게 만든 사람의 통제에서 벗어나 인간이 상품을 지배하는 것이 아니라, 자율성을 획득한 상품이 인간을 지배하게 되는 것이 상품을 숭배하는 현상으로서 페티시화이다. 〈자유부인〉에서는 극히 예외적인 경우 즉 미국계 회사에서 근무하는 은미의 노동을 제외한, 나머지 여성들의 노동과 일은 범죄나 사기, 부정부패, 불륜, 상품의 페티시와 관련된 것으로 묘사되면서, 여성의 노동과 사회적 참여를 비난하고 부정하는 기능 그리고 나아가 당시 한국사회의 부정부패를 이미지화하는 기능을 수행하고 있고, 여기서 서울이라는 도시 즉 한국성은 타락한 여성성으로 할당되면서 공간화된다.

이와 같은 과정에서 마르크스 식 상품숭배와 프로이트 식 페티시즘은 오선영을 비롯한 상품을 숭배하는 여성들의 신체를 중심으로 상호작용하게 된다. 원래 프로이트에게서 페티시의 대상은 잃어버렸다고 생각했던 대상을 대체한다는 점에서 하나의 기호역할을 하는 것으로 그 대체물은 일종의 가면의 역할을 수행하면서 거세가 일어난 충격적인 광경을 덮어버리고 부정하는 베일의 기능을 한다. 이렇게 보면, 〈자유부인〉에서 상품을 숭배하는 여성들 그러니까 '벌레 먹은 장미'의 신체는 당시 한국 엘리트 남성들이 민족의 혼란한 사회적 상황을 '보는' 순간에 '알게' 된 불안감 즉 거세된 민족의 사회체적 근대화 그러니까 온갖 부정부패로 만연되어 있는 경제적 혼란과 무정부 상태를 부정하면서 일시적으로 덮어버릴 수 있는 대체물이었다고 볼 수 있다. 요컨대 물질주의에 눈이 먼 도착적이고 병적인 여성의 이미지 혹은 춤바람 난 아줌마는 사회의 균열을 덮어버릴 수 있는 효과적인 '가면'이 되어 주었고, 상품을 숭배하고 성적으로 방종한 '자유부인'이라는 기호는 거세된 민족의 외상을 이중 부인하는 기능을 수행했던 것이다. 이 영화에서 토착

그림 16. 여성 집단의 파멸해는 썩은 남근의 대체물(술병, 커피숍, 댄스 등)을 통해 거세된 민족의 충격적 광경을 담았다. 은미는 거세된 민족의 메트로폴리탄 자유부인, 거세된 민족의 댄스홀 마담이라고나 할까. 이들 장면은 모던화되는 것/모던화되지 않는 것(혹은 될 수 없는) 것의 충격적인 만남을 배반한다. 그녀들은 여성 패션쇼의 '비정상적'인 정점을 보여준다.

그림 17. 수양과 숙약을 잇는 직절하게 서구화된 여성인 타이피스트 은미에 대해서는 정상적인 패션쇼일이 아니 숭넌다. 은미는 거세된 민족의 주체화를 가능하게 해줄 직접한 남근을 가지고 있기에 욕망의 대상이 되고, 있을 수 는 은미의이 민족에 유아적으로 유아적인 남성으로 퇴행한다.

여성들 즉 '자유부인'들에게 덧붙여진 대체물은 술, 뇌물, 사치, 불륜 같이 사회체적 근대화와 관련했을 때, 거세된 민족의 '썩은 남근'인 것이다. 아마도 정비석의 응시는 그런 썩은 남근들만 도려낸다면, 민족의 주체화가 가능할 것이라고 판단했는지도 모를 일이다. 이 영화의 도입부에 제시된, 상류층 부인들의 파티 장면에서는 거세된 민족의 충격적인 광경을 부정하기 위해 고안된 페티시가 결정적으로 전경화되고 있다. 즉 로라 멀비가 지적한바, 여성 신체의 거세불안을 완화하기 위한 일반적인 페티시화의 전략에 따라 여성의 신체가 분절화되는 동시에 부정부패와 사치, 허영을 암시하는 맥주병, 담배, 반지, 귀금속 같은 썩은 남근의 대체물을 통해서 거세된 민족의 충격적 광경을 이중 부인하고 있다(그림 16).

그러면 타이피스트 은미는 어떻게 되는가? 즉 〈자유부인〉이 토착 엘리트 남성 장교수의 응시를 구조화하고 있다고 했을 때, '수양과 실력을 갖춘' 서구화된 여성은 어떻게 되는가? 마찬가지로 페티시화된다. 하지만 '자유부인'과의 차이는 그녀가 거세된 민족의 적절한 남근을 소유한 여성, 즉 미국식 자본주의화를 체화하고 있는 여성으로서 정상적으로 페티시화된다는 점이고 곧 숭배의 대상이 되어야 할 것이다(그림 17). 이런 이유 때문에 장교수는 은미와 만남에서 유아적이고 로맨틱하며 피학증적인 남성으로 퇴행한다. 이와는 대조적으로 '썩은 남근'을 가지고 있는 부적절한 페티시들은 곧 가혹하게 처벌받을 것이다. 토착 식민지 여성들에 대한 이 영화의 응시는 확실히 관음증적이며 가학적이고 교조적이다. 특히 윤주가 공적인 광경이 되면서 자살하고 오선영이 자신의 잘못을 용서해달라면서 아이를 끌어안고 대문 밖에서 울고 있는, 영화의 마지막 장면이 그러한데, 이러한 결말은 상당히 징후적이다. 즉 그것은 젠더화된 하위주체가 한국의 근대적인 가부장제로서 사적인 영역에서도 밀려나 있고, 한국의 식민적인 자본주의로서 공적인 영역에서도 밀려나 있는, 제국의 남성에 의해 이용당하고 식민지 엘리트 남성의 세속적인 욕망이 버리고 비난하는 젠더화된 하위주체들인 것이다. 비유적으로 말하자면, 민족의 '자아'를 성찰하는 '내'가 세속적인 주체화의 과정에서 형성된 근대화의 욕망을 위해서 '길' 그리고 이후에는 '아스팔트' 위에다 필연적으로 추방하고 내버려야할 여자들인 것이다.

이렇듯 〈자유부인〉의 응시는 토착 식민지 여성들 즉 젠더화된 하위주체들을 페티시와 관련된 존재로서 지속적으로 이미지화하고 대상화함으로써 고정 시키고, 여성들의 사회적 참여를 비난하는 구조를 가지고 있다. 그러면 당시의 여성관객이 기억하는 '움직임'과 '살아가는 힘'의 경험은 어떻게 설명할 수 있는가? 한국의 대중문화에서 〈자유부인〉만큼 성별과 엘리트와 비-엘리트 사이에서 다양한 반응을 야기한 작품도 없었을 텐데, 그것은 크게 세 가지로 나누어볼 수 있다. 첫째는 '고소하다고 느낀' 하층의 남성 관객들이고, 둘째는 '살아가는 힘'이 되었다는 하층의 여성관객들, 셋째는 '위험하다'고 느낀 엘리트 관객들이다. 첫번째 반응은 앞에서 살펴본 바와 같이, 멀비 식의 고전적 응시 이론을 통해서 쉽게 설명할 수 있을 것이다. 즉 장교수 곧 카메라의 구조화된 응시와의 동일시를 통해서, 결핍된 여성의 신체가 야기하는 거세불안 게다가 거세된 민족의 외상을 함께 중화시켜 주는 방식 즉 성애적인 과잉투자를 통해서 페티시화하는(거나가 아니라, either / or) 동시에(and / both) '여성 주체의 죄의식 혹은 질병을 심문'[7]하면서 처벌하는 것이고, 이것이야말로 '당신이 장태연 교수라면 어떻게 하시겠습니까?'라는 이 영화의 선전문구에 대한 해결책이라 할 수 있다. 흥미로운 것은 세 번째 엘리트의 반응이다. 이처럼 명백하게 가부장제 이데올로기를 체화하고 있는, 지나치게 교훈적인 영화를 두고서 그들이 "중공군 30만 명에 해당하는 위력"을 가진 위험한 영화로 직감한 이유는 무엇인가? 아마도 그 이유는 두 번째의 젠더화된 하위주체들의 영화적 경험에서 찾아야 할

---

7   Kaja Silverman, *The Subject of Semiotics*, Oxford University Press, 1983, p. 225.

것이고, 이것은 자연스럽게 여성들에게 과도하게 가부장제적인 충무로 여성용 영화의 의미를 새삼스럽게 다시 고려하게 해준다. 그리고 무엇보다 이와 같은 충무로영화의 중요한 '역사'는 페미니즘 영화 '이론'이 오랫동안 고민해 온 근본적인 의제 즉 이미지와 여성관객이 맺는 관계와 직접적으로 대면하도록 해준다. 그러니까 한국의 근대적인 가부장제의 유리거울에 비추어진 자신들의 모습을 충무로 여성관객들이 어떻게 경험하는가 하는 문제 말이다. 이런 문제를 검토하기도 전에 그 '유리 거울'을 깨뜨려 버리는 것은 성급한 일일 것이다.

3. '노란 피부, 하얀 '가면' 무도회'로서 충무로 여성관객성

그러면 타락한 도시 공간을 상징하는 이미지이자 희생자로 할당되는 여성들 즉 자유부인을 충무로 여성관객들은 어떻게 지각하고 경험하는가? 전통적인 여성관객성 모델을 따르자면, 여기에는 두 가지의 선택이 있다. 하나는 멀비가 〈정오의 결투(Duel in the Suu)〉(King Vidor, 1946)에 고무되어 분석한, 복장도착증 모델이고, 다른 하나는 도앤이 1940년대 할리우드 여성용 영화를 분석하면서 규명한 과잉 동일시와 피학증 모델이다. 이와 같은 고전적 모델이 가지고 있는 근본적인 한계는 영화에서 남성과 여성의 관계가 능동 / 수동, 부재 / 현존, 거리 / 근접성을 계속해서 유지하게 된다는 것에 있고, 지금에 와서 이 두 가지의 모델은 그것이 애초에 전제했던, 여성관객성의 효과를 더 이상 담보할 수 없게 되었다. 왜냐하면 일시적인 남성화를 통해서 자기-자신을 욕망의 대상화함으로써 페티시화가 이루어진다고 하더라도 페티시즘 자체가 더 이상 안정된 동일시의 영역이 아니라 불안정하고 역동적이며 번역되는, '지연된 의식(belated consciousness)'으로 여겨지고 있고,[8] 이미지와 여성이 거리를 취할 수 없다는, 즉 여성에게는 "보는 것과 아는 것 사이의 거리가 결핍되어 있기 때문에 섬광 속에서 판단할 수 있는 위치가 마련되어 있지 않다"는 피학증 모델 역시 프로이트의 "한 아이가 매 맞고 있다"의 재독해를 통해서 가학증과 피학증 즉 권력과 권력상실을 진동하는 판타지로서 유동적인 주체위치로 대체되었기 때문이다.[9] 따라서 재현의 정치를 주장하면서 가부장제의 유리거울을 깨트리기 보다는, 메리 앤 도앤이 통찰력 있게 지적한바, 서사 영화가 여성관객에게 제공하는 '불가능성의 소재지(locus of impossibility)'를 추적하는 동시에 수용의 차원에서 지배적인 주체위치와의 교섭과정으로서 여성관객의 영화관람 경험[10]이 가지는 유물성, 역사성 그리고 시간성을 해명하는 것이 보다 생산적일 것이다.

앞의 인터뷰에서 "다른 기억은 안 나고 틀을 깨고 나왔다는 거 그것하고 여자들도 좀 움직일 수 있다"라고 기억하는 대목은 전형적인 여성관

---

8 Rey Chow, *Woman and Chinese Modernity : The Politics of Reading between West and East*, University of Minnesota Press, 1990, p. 26.

9 Linda Williams, "Film Bodies : Gender, Genre and Excess", Sue Thornham(ed.), *Feminst film theory : A Reader*, New York University Press, 1999, pp. 267~281.

10 이 글에서 사용하는 영화적 경험은 경험주의나 과학과 기술에서 사용하는 도구적 의미로서 안정된 주체-대상 관계를 기반으로 지각과 인지를 지시하지 않는다. 그보다는 사회적 의미를 동반하면서 개인적 지각을 매개하는 것, 무의식적 과정이 동반된 의식, 자기-반영성이 동반된 자아의 상실, 사회적 연결과 관계를 볼 수 있는 능력, 그리고 기억과 희망이 서로 갈등하는 시간성들이라는 의미를 가진다. 이 같은 영화적 경험에 관한 이론화는 영화를 프롤레타리아의 대안적인 공론장으로 이론화하려고 했던, 네그트와 클루게에 의해 시도되었고, 그들의 이론은 아도르노, 크라카우어, 그리고 벤야민의 이론에 기반하고 있다. Miriam Hansen, *Babel and Babylon : pectatorship in American Silent Film*, Havard University Press, 1991, pp. 12~13. 여기서 프롤레타리아는 실제의 프롤레타리아 계급이라기보다는, 소외된 노동과 경험의 역사적 주체를 대표하는 의미로 볼 수 있고, 이런 맥락에서 이들의 이론화는 여성이나 식민지의 타자들에게까지 확장할 수 있을 것이다.

객성의 한 특징을 보여준다. 한센은 여성관객들이 영화를 관람하면서 순간적인 이미지들을 포착한 응시 즉 공감각적이고 움직이는(kinetic) 부분들에 강력하게 반응하고, 남성관객들에 비해 제목이나 플롯은 잘 잊어버리면서도 감상적인 상황이나 이미지를 생생하게 기억하는 것이 전형적인 특징이라고 하면서, 고전적 영화의 서사가 제공하는 동일시의 위치와는 다른 "역사적으로 중요한 관객성"으로 이론화될 필요가 있다고 주장했다.[11] 이런 특징이 여성관객에게만 한정되는 가에 대해서는 더 많은 논의가 필요하지만, 이러한 측면은 오랫동안 여성관객들이 자아를 상실한 채 이미지를 소비한다는 비판의 근거가 되어왔다. 그러나 충무로영화처럼 텍스트적 층위에서 남성적 주체성이 과도하게 전경화되는 상황에서 가부장제 서사보다 감상적인 이미지에 집중하는 것이 비난의 근거가 될 이유는 없을 것이다.[12] 문제는 여성관객이 그러한 서

---

[11] *Ibid.*, p.125.

[12] 과잉으로서 거세된 민족의 한 그러니까 거듭 나려는 민족의 좌절된 오이디푸스 드라마와 그 민족 내부의 가부장제의 타자로서 젠더화된 하위주체들의 억압된 목소리가 뒤섞여 있어 때로는 공명하기도 하고, 충돌하는 것이 충무로 여성용 영화의 특징이다. 이렇게 보면, 충무로 여성용 영화는 남성적이고 민족적인 무의식이 양산하고 허락하는 예속된(subaltern) 여성의 방인 셈이고, 주인 서사(master narrative)로서 민족의 좌절된 역사적 시간 위에 여성의 공간과 경험을 올려놓은 것이 충무로 '여성용 영화'인 것이다. 할리우드영화에서 여성의 목소리가 쉽게 담론의 장에 진입하는 것에 비해, 비-서구의 영화에서 젠더화된 하위주체의 목소리가 담론의 장으로의 진입이 용이하지 않은 것은 억압당한 자의 '가면'을 쓴 주인 서사가 그들의 목소리와 언어를 '흉내'내면서 지속적으로 개입하기 때문이다. 하지만 민족의 히스테리와 그 내부의 타자가 표현하는 언어는 비록 비슷해 보이기는 하겠지만 분명 다를 것이다. 그러니까 젠더화된 하위주체로서 충무로 여성관객들의 영화적 경험은 이미 민족의 언어가 되어버린 히스테리 그러니까 한을 넘어선, 다른 무엇의 의미를 가지고 있을 것이고, 충무로 여성관객성 연구는 그 차이를 규명하는 것일 터이다. 민족영화에 관한 논의는 주로 주인 서사와의 관계에서 논의되어 왔다고 볼 수 있다. 가장 대표적인 사례로는 지그프리드 크라카우어의 『칼리가리에서 히틀러까지』를 들 수 있는데, 이것은 독일의 영화사를 독일의 역사적 사건의 연속들이 보다 심층적이고 근본적인 서사 즉 바이마르 역사와 영화의 역사 둘 다를 조직하는 수동적인 남성성과 상징적인 패배감의 서사로 다시 쓰인 것이라 할 수 있다. 이와 같은 시도는 민족영화를 제임스식으로 일종의 민족의 알레고리로서 이해하는 것이다. 프레데릭 제임슨은 다음과 같이 주장한다. "표현적 인과성이나 알레고리적 주인 서사의 차원에서 과거를 구성하려는 지속적인 유혹이 있다면, 그것은 주인 서사들이 텍스트 그리고 그것에 관한 우리의 사유 속에서 스스로를 기입하려고 하기 때문이다. 이 같은 주인 서

사와 이미지의 지각과 동일시를 어떤 방식으로 수행하는가에 달려 있다. 충무로 여성관객에게 〈자유부인〉이 '움직임'에 관한 영화로 기억되는 것은 결코 우연이 아닐 것인데, 왜냐하면 이 영화에는 '댄스파티'나 '카바레', '거리'와 같은 역동적인 이미지들이 빈번하게 등장하고, 플롯 구조 자체가 '거울'을 보면서 '화장'을 하고 집을 나서 어딘가를 향해 떠났지만 다시 제자리로 돌아오게 되는 가정주부의 '여정'을 그리고 있기 때문이다. 이와 같은 서사는 앞에서 살펴보았듯이, 식민주의에 매혹된 토착 엘리트 남성의 오이디푸스화의 논리에 의해 주도된다. 테레사 드 로레티스는 서사란 그 기본적인 구조 자체가 프로이트의 오이디푸스 여행이다. 남성 중심의 서사가 성인 주체성의 획득과 여성의 소유를 향한 여행이라면, 여성 중심의 서사는 프로이트의 여성성에 관한 신화적 이야기, 다시 말해 성숙한 여성성이라고 불렀던 수동성의 상태인 여성이 남성을 위한 욕망의 대상으로서 자신의 역할을 받아들이는 그 상태를 선호하면서 욕망을 철회하는 여행이라고 했다.[13] 〈자유부인〉은 전형적으로 후자에 속한다고 볼 수 있다. 하지만 이런 식으로는 〈자유부인〉이 불러일으킨 파장과 역동성을 이해하기 힘들 것이다. 왜냐하면 〈자유부인〉에는 여성들 자신의 욕망을 표출했다가 철회하는 것 이상의

사들은 역사와 현실에 관한 우리의 집단적인 환상에 대해 근본적인 차원들을 성찰한다." Frederic Jameson, *The Political Unconsciousness : Narrative as a Socially Symbolic Act*, Cornell University Press, 1981, p. 34. 이와 같은 제임슨의 주장은 서사와 역사에서 주체성이라는 흥미로운 문제를 제안하지만, "알레고리적 서사가 역사와 현실에 관해 우리의 집단적인 사유나 환상을 노출시킨다"는 주장은 많은 문제를 야기한다. 즉 주인 서사가 우리의 문화와 우리의 담론에 중요한 영향력을 행사하는 것은 사실이지만, 그런 서사를 사회적 경험의 총체성으로 받아들이는 것은 그것이 다른 경험과 다른 욕망들을 억압하는 그 실제적인 기능들을 지워버릴 위험이 있기 때문이다. Patrice Petro, *Joyless Street : Women and Melodramatic Representation in Weimar Germany*, Princeton University Press, 1989, pp. 12~13. 성찰의 주체가 민족과 남성이라면, 그 내부의 경험과 목소리는 당연히 사라져 버린다. 따라서 민족영화 연구의 목적이 민족의 경계 안과 밖을 횡단하려는 실천이라면, 그것은 주인서사 내부의 혹은 그것과 경쟁하는 다양한 타자들의 영화적 경험을 담론적으로 구성하는 것이 된다.

13 de Laureties, *op. cit.*, p. 139.

그 무엇이 있기 때문이다. 앞질러서 드 로레티스식으로 말하자면, 충무로 여성관객들의 머릿속에서 그리고 신체적인 반응을 통해서 한국의 오이디푸스화 즉 근대화는 일시중지 한다.

드 로레티스는 고전적 응시 이론에서 가정하는 것처럼 여성관객이 "응시와 이미지 사이에서 꼼짝 못하게 되는 것"이 아니라, 서사의 운동과 관련된 형상적인 이중적인 동일시를 한다고 주장한다. 즉 여성관객이 응시와 이미지 그러니까 남성성과 관련된 시선과의 동일시와 여성성과 관련된 이미지와의 동일시가 한 번에 일어나지 않고 교대(alternation)로 일어난다면 그 둘 사이의 분리가 봉합불가능해지고 그러면 어떤 의미나 동일시도 일어나지 않을 것이라고 보면서, 여성관객은 본질상 오이디푸스를 향해 있는 서사 운동의 형상 즉 신화적 주체와 동일시하는 동시에 그 서사의 종결, 즉 서사 이미지와 이중적으로 동일시한다고 주장한다. 이런 맥락에서 여성관객성은 서사의 쾌락에 참여하기 위하여 서사운동과 서사 이미지 같은 형상들과의 '이중적인 동일시의 소재지'가 된다. 드 로레티스가 멀비의 고전적 응시이론을 '확장'한 부분은 그가 영화에서 여성의 위치를 '이미지'에서 서사성이 개입하는 '이미지화(imaging)'[14]로 발전시켰다는 점이다.[15] 그는 '서사란 최종적으로 여성의 이미지에 의존하

---

14 드 로레티스는 이미지 대신에 이미지화를 즐겨 사용하고, 또 그것을 이론적으로 고안해낸다. 그에 따르면, 영화적 장치는 단순히 이미지가 아니라, 동일시를 확립하고 욕망이 운동하는 방향을 정향시키고 관객을 위치화하여, 이미지에 정서와 의미가 부여되는 이미지화를 생산한다고 본다. 그러니까 이미지화란, 의미·감정·정서가 이미지에 달라붙는 방식을 말하고, 관객은 영화에 의해 개인적으로 소구되고 관람과정에 주체적으로 참여하기 때문에 이미지에는 의미론적 가치와 사회적 가치 그리고 정서와 환상이 결합하게 된다. 이렇듯, 드 로레티스가 이미지를 발본적으로 재이론화하는 것은 영화에서 항상 이미지로 고정되었던 여성들의 위치를 역동적인 것으로 재개념화함으로써 여성들이 좀 움직일 수 있는 이론적 가능성을 고안하려는 페미니즘의 실천에 있었다.

15 드 로레티스가 페미니즘 이론에 발본적으로 공헌한 부분은 '응시로서 남성 / 이미지로서 여성'이라는, 성차와 시각에 근거한 고전적 응시이론에 서사과정을 재도입했다는 것에서 찾을 수 있다. 이렇게 함으로써, 드 로레티스는 멀비 식의 형식주의적인 분석을 비판하는

는 복원의 과정'이고, 이와 같은 여성이 영화의 관람쾌락에서 차지하는 기능은 '교환의 기능으로서 서사 이미지'라는, 스티븐 히스의 제안을 받아들인다. 즉 영화가 소비하고, 선전하는 것은 '여성의 이미지'가 아니라, 여성이 서사에서 차지하는 위치의 이미지 그러니까 이미지와 이야기가 상호 결합되어 있고, 영화적 시선 장치가 효력을 발생시킨 시각적 등기물과 서사 등기물이 결합된, 여성의 '서사 이미지'인 것 이고, 따라서 영화에서 여성의 위치는 단순히 시각적인 대상이 아니라, '서사가 종결되는 형상'이자 '서사화의 최종 결과물로서 생산된 이미지'인 것이다. 드 로레티스는 다른 학자들과 달리, 프로이트가 여성성과 남성성을 시각적인 차원이 아니라 서사의 차원에서 인식했다고 재해석한다. 즉 프로이트에게서 여성성과 남성성은 욕망과의 관계에서 주체가 점유하는 위치들인 것이고, 이것은 리비도의 수동적이고 능동적인 목적에 상응하는바, 남성성과 여성성은 남아와 여아가 단일한 목적지 즉 오이디푸스를 향해 있는 운동의 위치들인 것이다. 드 로레티스는 그 운동이 바로 서사 담론의 운동 즉 신화적인 주체로서 남성의 위치와 신화적인 장애물 혹은 운동이 일어나는 공간으로서 여성의 위치를 생산하는 운동이고, 이런 서사의 운동이 영화에서 여성의 동일시를 설명해 줄 수 있다고 본다. 그러니까 여성관객은 서사 운동의 주체인 동시에 공간, 즉 서사 운동의 형상으로서 신화적 주체와 의미 닫힘(closure)으로서 서사 이미지와 동일시한다는 것이다. 이 같은 이중적인 형상적 동일시는 교차해서 이루어지는 것이 아니라 동시에 발생하고, 능동적인 동시에 수동적인

동시에, '분극화의 억압된 측면으로서 여성도 사회적 담론에서 대상이 아니라, 주체로서 이해되어야 한다'는 로라 멀비가 애초에 의도했던 정치적 기획을 재확신하게 된다. 이런 것이 가능해지는 것은 여성 주체성이라는 정치적 문제가 다른 차원에서 즉 여성은 단순히 이미지로 환원되는 것이 아니라, 욕망의 대상인 동시에 주체로서 이중적 동일시의 소재지로서 이해될 수 있게 되었기 때문이다. 가부장제 사회에서 이 같은 여성의 동일시가 의미하는 이중성 즉 그 불 / 가능성(im / possibility)을 사려 깊게 논의함으로써, 여성관객은 잠재적으로 새로운 방식의 사회문화적 질의를 가능하게 하는 영토가 될 수 있었던 것이다.

목적을 가지는 다양한 위치의 욕망들 즉 '타자를 위한 욕망' 그리고 '타자에 의해 욕망되려는 욕망'을 계속해서 유지하게 된다. 그리고 이 같은 작동을 통해서 서사와 영화는 여성관객의 합의를 구해내고, 여성들을 단일한 여성성으로 유혹하게 된다.[16]

  그럼 〈자유부인〉에서 충무로 여성관객들은 형상적 동일시를 어떻게 수행하고 또 어떤 욕망을 느끼게 되는가? 앞서 살펴본바, 이 영화에서 서사 운동의 신화적 주체는 카메라와 등장인물 그리고 관객의 시선을 비가시적인 형태로 구조화해내는 장교수의 응시이다. 그렇다면 여성관객들이 또 다르게 동일시하게 되는, 서사 이미지는 무엇인가? 영화에서 여성 오이디푸스 궤도와 드라마를 재현하는 전형적인 특징 중의 하나가 여성 이미지의 미쟝아빔이나 거울에 비추어진 모습 혹은 초상화라고 했을 때,[17] 이 영화에서 반복해서 등장하는, 춘호가 오선영을 촬영한 '사진'과 화장을 위해 '거울'을 바라보는 오선영의 쇼트, 그리고 처음으로 양품점에서 일하는 날, 화려한 외제 화장품의 진열장 사이로 포착되는 오선영의 클로즈업은 이 영화의 전체적인 주제를 함축하면서 서사 이미지의 기능을 수행한다. 즉 거리에서 한복을 입고 서 있는 오선영의 사진과 거울 속에 비친 오선영의 화장하는 얼굴은 한복을 입고 공적인 영역으로 진출해 화장을 하면서 '생존'해야 하는 젠더화된 하위주체를 암시하는, '자유부인'이라는 서사 이미지로서 기능하게 된다. 그러니까 여성관객들은 식민지 엘리트 남성의 오이디푸스화로서 서사운동의 신화적인 주체의 형상과 '자유부인'이라는 서사 이미지의 형상과 이중적으로 동일시하게 되고, 이와 같은 이중적인 동일시 관계의 집합들은 오

---

16 de Laureties, *Ibid.*, pp.142~143.
17 Tania Modleski, "Never to be Thirty-Six Old : Rebecca as Female Oedipal Drama", *Wide Angle* 5(1), Johns Hopkins University Press, 1982, pp.34~41; *Ibid.*, p.151.

선영의 형상화를 통해서 여성관객에게 중계된다. 그런데 이와 같은 여주인공의 형상화는 단순한 거울의 역할을 하는 것이 아니라, 일종의 프리즘으로 작용하면서 그 이미지를 여성 오이디푸스 드라마의 '이중적인 위치성'으로 분산시키고 여성성과 남성성 사이의 진동을 유지시키는 기능을 하게 된다. 아마도 이런 이유 때문에 이 영화가 오이디푸스적 해결을 제공함에도 불구하고, 여성의 욕망과 권력이 강하게 표출되었다고 여겨졌을 것이다.

그렇다면 〈자유부인〉에서 표현된 여성 주체의 욕망은 식민지 엘리트 남성의 오이디푸스화라는 담론적 그물망이 구조화한 서사와 이미지의 축으로 포섭되어 버리는가? 즉 이 영화에서 표현된 여성주체의 욕망이란, 단순히 총무로가 허락하는 그러니까 가부장제 텍스트가 허락하면서도 결국에는 비평적 재구성을 통해서 재통합·재총체화·영토화되는 혹은 멀비 식으로 말하자면, 한국의 근대적인 '가부장제를 위한 안전밸브'로서 가부장제 이데올로기의 모순이나 과잉, 파열을 상영하고 있을 뿐인가? 하지만 그러기에는 '자유부인'이라는 서사 이미지는 너무 많은 모순으로 가득차 있는 듯이 보인다. 즉 형상적인 이중적 동일시가 교차하면서 이 영화가 절합하는 것은 단순히 남성 오이디푸스의 껍데기 즉 엘렉트라 콤플렉스가 아니라, 정확하게 말하자면 남성 오이디푸스 드라마 즉 식민주의에 매혹된 한국의 근대적 주체화의 기만성 이다. 드 로레티스는 〈오양 이야기〉에 관한 카자 실버만(Kaja Silverman)의 분석을 재독해 하면서, 이 영화가 비록 성에 관해서 그렇게 많이 고백하면서 여성의 성적 욕망을 서사 이미지를 통해서 드러내고 있지만, 그것은 결국 부르주아 기원의 신화에 의해 생산된 서사 이미지에 지나지 않은 수동적인 욕망이고 또 남성 오이디푸스 논리 아래 여성 오이디푸스 상황을 지나치게 단순화 시킨 것이라고 비판한다.[18]

이에 비해 〈자유부인〉이 이데올로기적으로 구성하려는 단일한 이미지로서 여성 즉 '수양과 실력을 갖춘 서구화된 여성'은 여성관객들이 서사의 닫힘으로서 형상적으로 동일시하게 되는 '자유부인'이라는 서사 이미지와 너무 많은 충돌을 일으키게 되면서, 그 단일한 이미지 자체가 쉽게 동의를 구하지 못했던 것으로 보인다. 이 영화를 기억하는 다른 여성관객이 '최소한 요조숙녀는 되지 말아야지'라는 인터뷰를 남겼을 때 '요조숙녀'는 바로 타이피스트 은미일 것이고, 〈자유부인〉이 '중공군 30만 명에 해당하는 위력을 가지고 있다'고 이 땅의 엘리트들이 무의식적으로 눈치 챈 이유가 바로 여기에 있을 것이다. 즉 그것은 '자유부인'이라는 서사 이미지에 새겨져 있는, 서구 근대성과 '환원불가능할 뿐더러 통약불가능한 차이'로서 서구 근대성의 제도적 근간을 이루는 '자유주의적 개인주의'와 '부르주아 가족서사'의 번역불가능성 혹은 그 최종적인 모순의 노출인 것이고, 이것이야말로 비-서구 여성의 다른 오이디푸스화라는 오이디푸스화 내부에서 비-서구 여성 주체의 욕망이 불가능한 조건일 것이다. 말하자면, 드 로레티스가 히치콕의 〈레베카〉를 분석하면서 규명했던 것과도 유사하게 〈자유부인〉을 통해서 여성관객들은 남성 오이디푸스화의 기만성 그러니까 그 내부에서 여성 오이디푸스화의 불가능한 욕망을 가지게 되는 것이다.

이렇듯 충무로에서 여성의 자유는 그 정도가 미약한 것이 아니라, 탈-식민지의 여성에게 너무도 터무니없는 비-서구에서의 자유주의의 기만된 약속 그 자체가 문제가 되어 버리는 것 그러니까 '자유주의'라는 기호 자체에 대한 수행성을 경험하는 것이다. 이리저리 얽혀 있는 충무로라는 탈-식민지의 미로 속에서 '자유주의'는 그것이 원래 가지고 있던

---

[18] de Laureties, *Ibid.*, pp. 151~152.

모순과 한계를 드러내면서 길을 잃어버린다. 라캉식으로 표현하자면, 서구에서 발원한 '자유주의'는 비-서구라는 목적지로 도착하지 못한 채, 충무로영화관에서 미끄러져 버리는 소동을 일으키게 되는 것이다. 이렇듯 〈자유부인〉이 상영되는 충무로영화관에서는 대타자로서 미국이 한국이라는 "식민지를 정당화하는 상징적 공간에 대한 의문이 제기"[19] 되었기에 '중공군 30만 명'이라는 극한의 반공 수사법이 동원되었던 것은 당연한 결과였다고 볼 수 있다. 그러니까 '자유부인'이라는 서사 이미지를 통해서 한국의 근대적인 아버지이자 억압자로서 미국의 지배적인 이념이 가지는 권위가 위협받았던 것이다.

〈자유부인〉에서 '사진'이나 '거울' 속의 오선영이 서사 이미지로서 기능한다면, 충무로 여성관객들은 이 영화에 등장하는 '화려한 여성들'을 어떻게 지각하게 되는가? 영화가 진행될수록, 이 영화의 여성 등장인물들은 점점 화려해지면서 '여성스러워져' 간다. 성적으로 수동적이고 또 전혀 매력적이지 않은, 한복을 입고 다림질하는 탈성애적 가정주부 오선영은 화려한 양장의 오마담으로 변하게 되고, 영화의 결말부에 해당하는, 오선영이 한태석을 기다리는 장면에서는 남성을 기다리는 히스테릭한 여성 그러니까 과도하게 남성에게 매달리고 종속된 여성의 모습을 보여주고 있으며 짙은 화장에 머리에 꽃치장을 하고 날개 같은 양장한복을 입은 모습은 지나치게 화려하다. 최윤주의 경우에도 마찬가지인데, 마지막 댄스파티에서 극약을 먹고 자살하기 바로 직전, 깊게 파인 섹시한 이브닝드레스 차림으로 남자 파트너의 품에서 황홀해하는 찰나의 순간 과도하게 열락(悅樂)에 도취한 여성의 모습 그러니까 장가 정비석이 애초에 묘사하고 싶었던 바로 그 여성, 즉 "외갓 남자의 손짓

---

19 호미 바바, 앞의 책, 199면.

한 번에 황홀해하는 여성"의 '페티시화된' 모습을 보여준다. 아마도 이 모든 것을 결정화해서 보여주는 이미지는 영화의 마지막 부분에 한태석과 오선영이 호텔에서 불륜을 저지르기 직전이다. 다시 말해 한사장의 부인인 이월선(고향미 分)이 방으로 들이닥치기 직전에, 남성에게 모든 것을 다 맡겼다는 듯이 오선영이 "불 좀 꺼주세요"라고 지나치게 수동적이고 종속적인 태도로 자신의 성적 욕망을 '고백'하는 쇼트일 것이다. 아마도 남성관객들은 이런 이미지와 장면들을 절시증(scoptophilia)적인 시선을 통해서 성애적이고 페티시즘적인 쾌락을 그리고 결국에는 서사운동의 신화적 주체인 장교수의 관음적인 응시를 통해 처벌받는 과정을 지켜보면서 가학증적인 쾌락 즉 '고소하다'를 경험했을 것이다.

그러면 충무로 여성관객들은 어떤 경험을 하게 되는가? 일시적으로 남성화되는가? 과잉-동일시를 통해 피학증을 경험하는가? 아니면 스스로를 욕망의 대상으로 설정하면서 나르시시즘을 통한 자아 상실을 경험하게 되는가? 아마도 이 모든 것이 조금씩 함께 작동했다고 볼 수 있고, 여기에 덧붙여 여성의 이성애적인 시각적 쾌락인 여성 절시증이나 심지어는 동성애적 쾌락 같은 것도 작동했을 것이다. 하지만 이 모든 것들이 가능함에도 불구하고, 〈자유부인〉을 일관되게 관통하면서 여성관객들이 가지게 되는 지배적이고 중요한 쾌락과 경험이 있는데, 그것은 모든 여성등장인물들이 무언가를 잘 차려 입었거나, 신체에 모자, 선물, 뇌물, 돈 꾸러미처럼 무엇인가가 덧붙여져 있다는 느낌을 받는 것 즉 메리 앤 도앤이 지적한 '가면무도회(masquerade)' 같은 것이라 할 수 있다.[20] 타이피스트, 박은미의 경우도 예외는 아니어서, 장태연과의 최초의 전화통화 장면 중에 과도한 여성스러운 몸짓 즉 '여우짓'으로 그리고 심지

20 May Ann Doane, "Film and the Masquerade : Theorising the Female Spectator", Sue Thornham(ed.), *Feminst film theory : A Reader*, New York University Press, 1999, pp. 131~145.

어는 장태연에게 반말로, "응" 하고 전화를 끊은 뒤, 미국인 직장 상사에게 "땡큐"라고 말하고 당당하게 자기 자리로 돌아가 타이핑을 하는데, 바로 이 장면을 두고서 당시의 변호사 황산덕은 "대학교수가 양공주에게 놀아났다"고 분통을 터트렸던 것이다. 하지만 '에스닉한 관객성'은 '주어지는 것'이라는 레이 초우의 지적을 수용한다면,[21] 충무로 여성관객 특히 기혼여성들에게는 백인 중산층 여성성을 흉내 내는 '하얀 가면'을 쓴 은미의 행동이 상당히 건방져 보였거나 약간 우스워 보였을 것이고, 이후에 '노란 피부, 하얀 가면'의 상호 인종적인 짝짓기로 발전하게 되는 음모 같은 것도 미리 직감할 수 있었을 것이다.

"여성다움은 벗었다 썼다 할 수 있는 가면 같은 것"이라는 조안 리비에르(Joan Riviere)로부터 빌려온, 도앤의 '가면극' 개념이 '자아와 여성 자신의 이미지 사이의 거리를 형성하면서 결핍을 꾸며내는 것'이고 여성이 "자신의 신체와 섹슈얼리티를 일종의 가면으로 사용함으로써 (…중략…) 이미지와 여성 관객 사이에 거리를 확보"하는 것이라면,[22] 그리고 그러한 도앤의 주장이 결코 페미니즘 아방가르드 실천으로 환원되어서는 안 되고 "모든 여성관객들의 응시로 확장되어야 한다"는 린다 윌리엄스의 주장을 받아들인다면,[23] 〈자유부인〉이라는 텍스트는 그 자체가 하나의 유기적이고 총체적인 '가면무도회' 그러니까 〈노란 피부, 하얀 가면〉의 주체를 형성하는 '젠더 테크놀로지'라 할 수 있다. 심지어는 앞에서 살펴보았듯이, 이 영화의 서사 운동의 형상을 구조화하는 장태연의 응시마저도 결국 '노란 피부, 하얀 가면'을 쓰고 있지 않았던가. 그러면 남자도 가면을 쓸 수 있는가? 도앤은 '남자도 자신의 신체를 특수한 목

---

21 Rey Chow, *Woman and Chinese Modernity : The Politics of Reading between West and East*, University of Minnesota Press, 1991, p.2.

22 Doane, *op cit.*, p.136.

23 Williams, *op cit.*, p.317.

적이나 이득을 위해 사용할 수 있지만, 그렇게 할 필요가 없다'라고 했지만,[24] 제국에 의해 거세를 경험한 탈-식민지의 엘리트 남성은 서구의 남성과는 달리, 근대적인 주체화를 위해서 의도적으로 '하얀 가면'을 쓸 필요가 있는 것이다. 이렇게 식민지 엘리트 남성이 뒤집어 쓴 '하얀 가면'이 도드라지는 장면은 장태연과 박은미가 공원에서 '윤리적인' 데이트를 하다가, 박은미가 '선생님은 부인을 직장생활까지 하게 하실 정도로 개방적인 분'이라고 칭찬하는 낯간지러운 장면인데, '수양과 실력을 갖춘' 타이피스트는 식민주의에 매혹된 장태연이 백인 중산층 남성을 흉내 내면서 쓰고 있는 인종적 마스크 즉 '하얀 가면'을 존경했을 테지만, 상호인종적인 불륜 현장을 목격하고 있는 에스닉한 충무로 여성관객들은 장태연이 쓰고 있는 그 '하얀 가면'의 기만성에 코웃음을 쳤을 것이다.

앞서 살펴보았듯이, 가면은 다양한 목적과 필요를 위해서 사용될 수 있다. 그러니까 '노란 피부, 하얀 가면'처럼 탈-식민지의 엘리트 남성이 근대적 주체화를 위해서 쓰는 것일 수도 있고, '페티시'처럼 민족의 거세된 외상을 일시적으로 덮어버리는 것일 수도 있듯이, 그 자체로서는 그러니까 가면이 함축하는 젠더의 유동성 그리고 심지어는 젠더의 비-정체성까지도 어떤 급진성을 담보하지 못한다. 따라서 가면을 누가 무슨 목적으로 어떻게 쓰고 있는가를 사려 깊게 논의해야 할 것이다. 그렇다면 여성관객에게 가면은 어떤 의미를 가지는가? 메리 앤 도앤의 다음과 같은 반문은 〈자유부인〉의 충무로 여성관객성을 이해하는데 매우 적절하고 유용하다. "다른 방식으로 보기 위하여 '가면무도회'를 가정하는 것 아닌가?"[25] 그렇다면 '가면무도회'는 토착엘리트 남성들이 덧씌워 놓은 페티시를 응시하기 위하여 그리고 보다 발본적으로는 젠더화된 하

---

24 Doane, *op cit.*, p. 139.
25 *Ibid.*, p. 139.

위주체들이 토착엘리트 남성들과 '다르게' 경험한 근대성을 이해하기 위하여 유용한 분석적 도구가 될 수 있을 것이다. 이 지점에서 이 영화를 가정주부의 불륜에 관한 영화로 기억하는 여성관객들이 드물다는 사실을 상기해 보자. 그러면 충무로 여성관객들은 젠더화된 하위주체들에게 덧씌워진 '사치', '퇴폐', '불륜'이라는 껍데기 즉 거세된 민족의 페티시로서 가면 이면의 무엇을 경험했을까? 원래 리비에르가 통찰력 있게 지적한 가면극은 다음의 유명한 인용문에서 알 수 있듯이, 두 가지의 기능을 수행한다고 볼 수 있다.

> 그러므로 여성다움은 남성성의 소유를 숨기고 여성이 남성성을 가지고 있다는 것이 알려질 때 예상되는 보복을 피해 볼 요량으로 쓰고 있는 일종의 가면으로 보아야 할 것이다. 마치 도둑이 물건 훔친 것을 의심받을 때를 대비해서 자신의 주머니를 비워두어야 하는 것처럼 말이다. 그러면 내가 여성다움을 어떻게 정의내리고 있는지 그리고 여성다움과 가면극을 구분하는 진정한 기준이 무엇인지 궁금해질 것이다. 내가 제안하는 것은 그 두 가지는 원래 차이가 없다는 거 그러니까 발본적이든 표피적이든 간에 그 두 가지는 같은 것이라는 거다.[26]

이렇듯 가면극은 첫째, "여성이 남성성을 가지"는, 즉 타자가 권력을 소유하는 것을 숨기는 역할을 수행하고, 둘째 "여성다움과 가면극을 구분하는 진정한 기준"이 없다는 점에서 여성성이나 그 어떤 정체성이 가장하는 권력도 원본이나 본질을 가지고 있지 않고 고정되어 있지 않다는 것을 그러니까 그 원본 대상이 가장하고 있는 권력이나 권위의 본질을 꿰뚫어 보거나 패러디함으로써, 그 유동성을 부각시키는 기능을 가지고 있다. 이와 같은 두 가지 측면을 고려해 볼 때, 〈자유부인〉은 '가면

---

26 Riviere, Joan, "Womanliness as a Masquerade", Hendrik M. Ruitenbeek(ed.), *Psychoanalysis and Female Sexuality*, College and University Press in Doane, 1966; *Ibid.*, p.138.

무도회'의 풍부한 특징들이 잘 드러나는 텍스트이다.

먼저, 가정주부 오선영이 양품점 마담으로서 공적 영역에 진출하게 되는 것은 장태연에게 자신의 여성스러움을 가장함으로써 가능해진다. 영화의 도입부에서 장태연의 동의를 구하기 위해 오선영은 '애교'를 떨면서 일단 절반의 승낙을 약속 받는다. 사회적 참여, 경제적인 신분상승을 위한 권력을 위해 오선영이 여성스러운 '가면극'을 수행하는 모습은 영화의 곳곳에서 드러난다. 특히 양품점의 실제 소유자인 이월선에게 자신의 능력 곧 사회적 권력을 증명하게 되는 시퀀스에서 이러한 측면이 잘 드러나는데, 막무가내로 '최~고급품'만을 달라는 사기꾼 백광진(주선태 分)에게 값 비싼 외제 화장품 세트를 판매하고 난 뒤, 뒤로 돌아서 계산대에 돈을 입금하면서 오선영과 이월선의 클로즈업이 교차되고 의미심장한 시선의 교환이 이루어진다. 그리고 백광진에게 궐련을 권하고 불을 붙여 주자, 그는 '그 참 써~비스가 근~사 합니다'라면서 오선영의 능력을 칭찬한다. 이어지는 쇼트에서는 이월선이 담배연기를 길게 내뿜으면서 오선영을 의심하는 시선으로 바라본다. 짙은 화장을 한 오선영이 이월선을 바라보고 이월선이 윙크로 화답하는 클로즈업의 교차는 말 그대로 '자신의 신체와 성을 이용하면서' 그리고 '여성성을 휘날리면서' 백광진을 멋지게 '속여' 넘기는데,[27] 그러한 시선의 교환을 충무로 여성관객들이 바라보는 그 순간은 충무로영화사에서 성적 유동성과 탈안정화 그러니까 한국사회에서 여성도 능동적으로 권력을 소유할 수 있다는 희망을 현존하는 한국영화사에서 최초로 확인할 수 있는 역사적인 순간이다(그림 18). 그리고 이 순간은 여성의 노동과 사회적 참여의 가능성의 조건을 확인하는 순간, 드 로레티스가 두 가지 입장의 욕망 즉

---

27 Doane, *Ibid.*, p.193.

그림 18. 오선영은 여성스러움의 가면극을 성공적으로 수행함으로써 여성의 사회적 참여의 가능성과 경제적 상승의 자신감을 확신한다.

여성 오이디푸스의 궤적이 동시적으로 현존할 수 있다고 지적했던 것을 확인할 수 있는 그 순간이고, 가부장제 하에서 권력을 가지는 여성이 생존할 수 있는 전략을 익히는 순간이며 무엇보다 충무로 여성관객들이 살아가는 데 힘이 되었다고 기억하는, 즉 충무로 스크린에 의해 젠더화된 하위주체들이 권력을 부여받는(empowered) 역사적인 순간이기도 하다. 하지만 권력을 소유한 여성이 가면을 쓰고 있다는 사실은 같은 여성만이 눈치챌 수 있을 것이다. 오선영이 가면을 쓰고서 권력을 소유하고 상승시킬 수 있다는 사실은 장태연이나 신춘호 그리고 한태석 같은 남성 등장인물들은 물론이고 '고소하다'고 느낀 남성 관객들조차도 까맣게 모르고 있었던 것이고, 그것을 바라보는 이월선 그리고 충무로 여성관객들만이 공유할 수 있는 여성들 사이의 어떤 은밀한 공동체적 연대감 같은 것이라 할 수 있다. 여성관객들은 '무슨 수를 쓰더라도 돈을 벌겠다'는 최윤주에게서도 이런 비슷한 연대감을 느꼈을 것이다. 이렇게 여성들 간의 은밀한 공동체적 연대감과 관련되기에 충무로 여성관객에게 〈자유부인〉은 '불륜과 윤리의 드라마'보다는 '살아가는 힘에 관한 영화'로 그러니까 '권력과 권력상실의 드라마'로 기억된다.

하지만 〈자유부인〉에서 상연되는 '가면무도회'는 도앤이 강조하는 여성성의 패러디, 즉 여성스러운 가면무도회(feminine masquerade)에 한정되지 않는다. 오선영이 여성스러운 가면을 쓰고 있다면, 보다 적극적이고 가시적으로 경제적 권력을 맹목적으로 추구하는 그러니까 당시의 식민주의에 매혹되어서 경제적인 페티시 숭배주의자가 되었던 당시의 남자들을 흉내 내는 최윤주는 남성스러운 가면무도회(masculine masquerade)에 참여하고 있다. 앞서 지적한바, 이 영화에서 토착 엘리트 남성이 거세된 민족의 트라우마를 부인하기 위해 젠더화된 하위주체에게 씌워 놓은 가면 곧 페티시는 두 가지인데 오선영에게 주로 '불륜'이라는 가면이 씌워져 있다면, 최윤주의 경우에는 주로 '부정부패'라는 가면이 씌워져 있다. 최윤주는 밀수로 큰 돈을 벌 수 있다는 백광진에 속아서 결국 자살에 이르게 되지만, 이 같은 과정에서 최윤주가 상연하는 남성스러운 가면무도회는 최종적으로 당시 1950년대 한국사회에서 만연한 '부정부패', '사바사바', '밀수' 그리고 '사기'와 같이 남성들이 주도했던 식민적인 근대화를 패러디하는 효과를 가지게 된다. 이런 이유 때문에 우리는 영화의 마지막, 무도회 중 독약을 먹고 자살하는 최윤주의 마지막 모습을 지켜보기가 상당히 고통스러운 것이다.

아마도 〈자유부인〉을 충무로 여성관객들로 하여금 그렇게 오랫동안 기억하게 만드는 장면은 무엇보다 이 영화에서 빈번하게 등장하는 무도회 즉 댄스파티 장면일 것이고, 그중에서도 신춘호를 따라 오선영이 처음으로 가본, 무도회장에서 악단이 연주하는 맘보 음악에 맞춰 반라의 무희가 무대 위에서 열정적으로 춤을 추고 또 그것을 오선영이 선망의 눈빛으로 바라보는 순간은 참으로 인상적이다. 그러나 이 장면을 두고서 여성의 신체를 페티시화 시켰다고 비판하는 것은 철저히 남성적인 시각, 쾌락 그리고 근대적인 경험을 대변하는 것이 된다. 왜냐하면 부인을 따라서 이 영화를 보러 온 남자들은 그렇게 제국과 토착 엘리트에 의해 페티시화된 식민지 여성의 신체가 야기하는 절시증적 쾌락을 '안전하게' 즐겼을 것이기 때문이다. 하지만, 그 관객석에 충무로 여성관객들이 앉아서 오선영의 매개된 시선을 통해 무대를 바라보는 순간, 모든 상황은 과도해져버리면서 불안정해지고 '위험하게' 흔들리게 된다. 할리우드의 뮤지컬을 어설프게 모방한 듯이 보이는 이 무대에서 역시 백인 여성의 의상을 어설프게 모방한, 마치 크리스마스트리에 다는 장식으로만 만들어진 것처럼 보이는 의상을 입은 반라의 무희가 음악이 흐르는 대로 열정적으로 신체를 움직이고 있다. 그러나 이 춤의 움직임은 우리가 할리우드 뮤지컬을 통해서 익히 보아왔던, 집단적이지만 규격화되고 규율화된 움직임과는 많이 달라 보인다. 그렇다면 이 멋진 장면이 충무로 여성관객에게 제공하는 영화적 경험은 무엇인가? 대중문화로서 영화의 양가성을 누구보다 통찰력 있게 이해하고 있었던 지그프리드 크라카우어는 대중문화의 보수적인 대표적 사례로서 1931년도 독일에서 순회공연 중이던 미국의 댄스 팀, '틸리 걸(Tilly Girl)'의 공연을 보고 난 뒤, 마치 인공적으로 만들어진 것 같고 수학공식처럼 움직이는 즉 추상화되고 파편화된 무희들의 신체를 통해서 '컨베이어 벨트의 미덕' 즉 '능률과 관리'라는 자본주의의 합리화와 노동의 합리화를 찬양하는 느낌을 받으면서, 이런 느낌이 관객들로 하여금 근대화에 대한 합리화된 반응을 양산할 것이라고 기술한 적이 있다.[28] 탈식민주의와 페미니즘의 절합, 다시 말해 인종과 섹슈얼리티의 절합을 시도한 한 연구에서 타니아 모들스키는 우피 골드버거가 출연한 일련의 영화들을 분석하면서, 섹시한 이브닝드레스 차림의 골드버거처럼 백인 여성성에 대한 흑인 여성의 연기와 모방은 백인 여성과 '같지만 다른', 즉 바바 식으로 표현하자면, '거의 동일하지만 아주 똑같지는 않은 차이의 주체'로서 쥬디스 버틀러가 지적한, 일종의 젠더 트러블과 드랙(drag)의 효과를 양산한다고 주장했다. 그리고 그런 효과를 질식할 것 같은 관습적인 여성성으로부터 해방되는 출발점으로 이해한다.[29] 이와 같은 크라카우어와 모들스키의 논의는 〈자유부인〉에서 무희가 춤추는 시퀀스가 전달해 주는 역동적인 경험을 해명할 수 있는 실마리를 마련해 준다. 즉 이 장면에서 무희는 할리우드 뮤지컬의 집단화되고 합리화된 움직임이 아니라 그것으로부터 이탈한 즉 노동의 합리화로부터 이탈한 탈규율화된

---

28 Petro, *op. cit.*, p.65.
29 Tania Modleski, "Cinema and the Dark Continent : Race and Gender in Popular Film", Sue Thornham(ed.), *Feminst film theory : A Reader*, New York University Press, 1999, p.333.

그림 19. 젠더화된 하위주체에게 덧씌워진 '노란 피부 하얀 가면'이 흔들리면서 근대성의 이면 즉 식민적 근대성에 대한 유동적인 응시가 허락되는 위험한 순간.

신체적 움직임의 경험을 전달해 준다. 그리고 동시에, 황인종 여성이 백인 여성성을 연기하고 모방함으로써 일종의 드랙의 효과가 배가되고 충무로 여성관객들로 하여금 젠더 자체가 탈안정화되는 유동적인 응시의 순간을 허락한다. 말하자면 남성관객들과 달리, 여성관객에게는 찰나적이긴 하지만, 노란 피부의 무희에게 씌워져 있는 하얀 가면이 흔들리면서 그 이면을 꿰뚫어 보는 응시의 순간이 허락되는 것이다(그림 19). 그러면 그 가면 뒤에는 무엇이 있는가? 아마도 서구의 여성스러운 '가면무도회' 이면에는 여성성의 비-정체성이 그러니까 여성과 나아가 젠더에 관해 어떤 본질도 존재하지 않겠지만, 탈-식민지의 여성용 영화에서 여성에게 덧씌워진 하얀 가면 뒤에는 근대성의 아포리아 즉 그 밝디 밝아 보이기만 하는 서구 문명의 계몽으로서 근대성의 어두운 면(the dark side of modernity) 그러니까 젠더화된 하위주체의 힘든 현실과 고통스러운 역사가 자리잡고 있다. 아마도 충무로 여성관객들은 이 무희가 영화관 밖에서 백인 여성의 의상을 입고 춤을 추는 노란 피부의 여성들 곧 양공주와 닮아 있음을 일순간 느꼈을 것이다. 이 장면이 그렇게 역동적으로 기억되는 것은 이렇듯 두 가지의 모순된 영화적 경험 즉 탈규율화된 여성 신체의 해방적인 움직임과 현실에 대한 고통스러운 인식 사이에서 여성관객들로 하여금 진동하게 만들었기 때문일 것이다. '노란 피부, 하얀 가면'이라는 탈-식민지의 인종, 젠더, 계급으로 구성된 '다중적인 가면무도회(multiple masquerade)'에서 식민지 여성이 춤을 추니까 식민주의에 매혹된 민족 공동체는 깨질 것처럼 위험하게 요동치게 된다. 하지만 〈자유부인〉이 당시의 여성 관객에게 가져다준 역동적인 경험에는 이것을 넘어선 다른 그 무엇이 아직도 남아 있다.

4. 움직이지 않고 움직이는 〈자유부인〉의 시간성

그러면 다른 '그 무엇'은 무엇인가? 그것은 앞서 지적했던 '좀 움직일 수 있다'는 것이고, '움직임'은 무엇보다 시간성 그리고 변화와 관련된 것이다. 그런데 〈자유부인〉의 마지막 장면에서 오선영의 목적지는 답답하게도 출발점인 듯이 보인다. 오선영의 여정 즉 '화장'을 하고 집을 나섰지만 결국 같은 공간으로 돌아와 울면서, 자신의 잘못 곧 권력의 소유를 부정하고 그 자체에 대한 용서를 구하면서 고백하는 마지막 장면은 오히려 움직임을 부정하는 것으로 보이지 않는가. 그런데 이렇게 움직임과 권력관계의 변화를 부정하는데 어찌해서 움직임을 경험할 수 있다는 말인가. 전형적으로 여성용 멜로 드라마의 관습적인 결말처럼 시청각적 과잉이 전경화되는 이 마지막 장면에서 오선영의 경험은 무엇이고, 또 여성관객들은 그것에 어떻게 반응을 하게 되는가? 타니아 모들스키는 처음과 끝이 분명하게 다른, 고전적 할리우드의 선형적인 서사와는 다르게, 여성용 멜로 드라마 영화는 부단하게 이전 상태로 되돌아가는 경향이 있다는 것에 주목하면서, 그와 같은 경험을 '기차여행의 경험'에 비유한 적이 있다.[30] 즉 움직이는 기차의 차창 밖을 바라보고 있으면, 결코 출발한 장소는 아니지만 그래도 매번 어떤 목적지에 반복해서 도착하게 되는데, 〈자유부인〉의 경우에도 집이라는 공간으로 반복해서 도착하는 구조를 보여주고 있다. 영화는 도입부에서 카메라가 집의 외관을 크랭크 인으로 포착하고 다림질하는 오선영으로 컷 하면서 시작하고, 영화의 중간 중간에 집으로 돌아오는 장면이 반복되고 결국 영화의 마지막은 같은 장소에서 끝이 나는데, 오선영은 문 밖에서 아이를 끌어안고 울고 있다. 이렇게 오선영의 여정은 마치 '집'이라는 정거장을 반복해서 스쳐 지나가는 '기차여행' 같은 것이라 할 수 있고 결국에는 이전 상태로 돌아갔다는 인상을 준다. 많은 연구들이 지적하듯이, 이와 같은 여성용 멜로 드라마의 반복 구조는 시간과 장소에 대한 히스테릭한 경험과 밀접한 연관을 가지고 있는 듯이 보이고, 서사의 중요한 순간 그러니까 비자발적인 기억은 이전 사건이 반복되는 마지막 순간에 분출한다. 그러면 오선영은 프로이트가 지적한바, 무언가를 잃어버린 기억이 야기하는 상실감 그러니까 권력의 상실에 대한 회상이 야기하는 신체적인 징후로서 히스테리화되는가? 과도한 미장센과 음악은 그러한 오선영의 권력 상실에 대한 슬픔의 표현으로서 그러니까 억압된 것의 귀환으로서 전환 히스테리로 보아야 하는가? 그리고 충무로 여성

---

30 Tania Modleski, "Time and Desire in the Woman's Film", Christine Gledhill(ed.), *Home is Where the Heart is : Studies in Melodrama and the Woman's Film*, BFI, 1987, p.330.

관객들은 히스테릭해 지는가? 달리 말해서, 충무로 여성관객은 여성 히스테리 환자의 딜레마 즉 스스로를 표현하려는 과도한 욕망에 사로잡혀 있지만 그것을 표현하기에 어려움을 겪는 여성 혹은 남성의 응시와 동일시하거나 남성의 욕망의 대상이 되는 것 사이에서 꼼짝 못하게 되는 딜레마에 바보처럼 사로잡힐 수밖에 없는 것인가? 그러나 린다 윌리엄스가 지적한바, 스크린 상의 신체가 전시하는 감각을 관객의 신체가 단순히 재생산한다는 가정은 지나치게 단성적인 견해 일 것이다.[31] 오히려 젠더화된 하위주체를 통합할 수 없을까봐 안절부절못하는, 그러니까 '노란 피부, 하얀 가면'의 젠더 테크놀로지가 실패할까봐서 안절부절못하는, 민족 주체 장태연이야말로 히스테릭한 상태에 빠져 있지 않은가. 그렇다면 정서적으로 과도한 이 영화의 마지막 시퀀스가 영사되는 충무로영화관에는 과연 어떤 시간성들이 흐르고 있고, 또 어떤 욕망과 경험이 생성되고 충돌하는가?

타니아 모들스키는 여성용 멜로 드라마의 중심을 차지하는 상실의 경험, 그것이 의미하는 시간성, 그리고 그것에 대한 여성관객들의 반응을 성차를 기반으로 줄리아 크리스테바의 이분법(즉 남성의 시간인 강박적인 역사적 시간과 여성의 시간인 히스테릭한 시간)으로 본질화되는 것을 문제 삼으면서, 헬렌 식수의 '열린 기억'을 통해 보다 설득력 있고 심층적인 설명을 제안한 적이 있다.[32] 모들스키는 〈익명의 여인으로부터 온 편지〉(Letter from an Unknown Woman, Max Ophuls, 1948)를 재독해하면서, 크리스테바가 제안한 여성의 시간을 멜로 드라마와 여성에 곧바로 적용시킨 시도들은 성급한 것일 수 있다고 비판한다. 즉 멜로 드라마에서 반복되는 시간을 여성의 시간으로 보고, 그것을 크리스테바가 '앞선 시간적 양상들(anterior temporal

---

31 Williams, *op. cit.*, p. 273.
32 Modleski, *op. cit.*, pp. 331~336.

modalities)'이라고 부른 여성의 히스테릭한 시간 즉 '순환, 임신, 자연에 순응하는 생물학적 리듬의 반복'으로 본질화되는 것은 기획, 목적론, 선형적으로 전개되는 서구의 역사적 시간과 대조하는 것에는 그러니까 여성을 역사의 시간에 대한 부정으로서 그것으로부터 완전한 바깥을 상정함으로써 진보로의 역사를 부정하는 데는 효과적일지 모르겠지만, 여성을 역사에 진입하지 못하는, 영원히 유아적인 상태로 고착시키는 부정적인 결과를 초래하기 때문이다.

유사하게 크리스테바의 여성에 관한 본질론적인 견해는 비-서구 여성인, 중국 여성으로 확장하는데, 이런 시도를 두고서 가야트리 스피박은 여성을 "기호 이전의 잠재적인 공간에 위치시킴으로써 기원을 해체하기 보다는 복원"시키려 한다고 통렬하게 비판한다. 아마도 젠더화된 하위주체들의 근대성을 본질화하는 크리스테바 식의 여성의 시간과 목소리는 자기-동양화되면서 민족의 과거를 애도하는 일련의 민족영화들, 예컨대 거세된 '한국성'과 여성을 등가로 위치시키는 〈서편제〉 같은 영화에서 쉽게 발견할 수 있을 것이다. 어쨌든 〈자유부인〉의 마지막 시퀀스에서 민족의 거세를 애도하면서 식민주의에 매혹된 토착 엘리트 장태연은 강박적인 역사 곧 근대화의 시간으로 진입한 것으로 보인다. 왜냐하면 거세된 민족의 상실감의 원인이었던, 사치와 허영에 들떠 민족을 망치는 페티시가 무릎을 꿇고 스스로 용서를 구하기 때문이다. 어쩌면 아이 때문에 어쩔 수 없이 닫았던 대문을 다시 여는 '용서'와 '자비'의 손끝에서 자기도 모르게 갑자기 밀려드는 어떤 숭고함과 나르시시즘에 우쭐해지면서 몸을 부르르 떨었을지도 모르겠다. 그 숭고함 속에는 잃어버린 대상을 통합함으로써 그러니까 젠더화된 하위주체를 수양과 실력을 갖춘 여성으로 단단히 길들여 서구의 부르주아 가족을 모방함으로써 민족의 거세를 벗어날 수 있을 것이라는, 근대적 주체화에 대한 확신 같은 것도 들어있었으리라. 그렇다면 장태연이 경험하는 시간은 고난과 역경을 이겨내고 민족의 새로운 가족이 탄생했다고 비장하게 자축하는 선형적인 역사의 시간성일 테고, 이 같은 비장미와 숭고함의 민족적인 표현형식이 바로 민족의 권력상실을 애도하는 동시에 근대적인 욕망을 추구하는, 문화적 표현형식으로서 '멜로 드라마적 상상력'이다. 이런 측면에서 1960년대의 근대화는 1950년대에 예비되었다고 볼 수 있다. 하지만 근대적 주체화라는 세속적이고 강박적인 욕망에 사로잡힌 역사적 시간은 허망하게도 '죽음이라는 장벽에 도달할 때까지 영원히 멀어지는 그리고 결코 도달할 수 없는 목적지를 향해 움직이는 시간'일 것이다.[33]

그렇다면 영화 〈자유부인〉의 마지막 장면에서 오선영과 충무로 여성 관객들이 경험하는 시간성은 무엇인가? 그것은 결코 부단하게 반복되는 히스테릭한 시간은 아닐 것이다. 더욱이 여성을 그렇게 히스테릭한 위치로 추방함으로써 우리가 얻을 이익도 별로 없지 않은가. 그러면 권력의 상실을 슬퍼하고 애도하는가? 헬렌 식수는 남자들은 그렇게 한다고 한다. 즉 남자들은 상실감에 빠지지 않으면 살아갈 수 없는 존재들인데, 문제는 그렇게 상실감을 슬퍼하고 애도하는 것은 진정으로 상실을 경험하는 것이 아니라 남성이 거세에 저항하는 방식, 그러니까 숭고를 통해 잃어버린 대상을 통합하면서 거세를 빠져 나가는 방식이라는 것이다. 즉 애도하는 행위는 잃어버린 대상에 들어간 투자를 서둘러서 복원하려는 거짓된 상실감이라는 것, 그래서 애도에는 고통이 따르지 않는다. 이에 비해 여성들은 애도하지 않고 상실감에 빠지지 않는다고 한다. 그러기에 고통이 돋아나게 되고, '상실에 대한 도전을 받아들이게 되고, 그것을 꽉

---

[33] *Ibid.*, p.336.

부여잡고, 그것을 몸으로 실현하고, 그래서 도약한다. 그것은 부단하게 나아가는 '열린 기억' 같은 것이다.[34] 오선영이 영화의 마지막 시퀀스에서 대문 앞에서 바보처럼 울고 있는 모습이 권력의 상실감을 회상하면서 히스테릭하게 보이는 것은 표면적인 것이라 할 수 있다. 왜냐하면 〈자유부인〉을 슬픈 결말로 기억하는 관객은 없다. 마지막 장면에는 슬픔과 애도 따위는 없지만 고통은 있다. 충무로 여성관객들은 울고 있는 오선영의 모습을 담담하게 지켜볼 뿐이다. 충무로 여성관객들은 오선영의 권력상실 그리고 자본주의와 토착가부장제의 이중적인 억압으로 점철된 너무도 모순된 '자유부인'이라는 식민지의 역사와 기호를 호들갑스럽게 애도하면서 기억하기 보다는 근대성의 식민주의를 꿰뚫어 보면서 그리고 온 몸으로 그 고통을, 그러니까 제국과 식민지 엘리트로부터 이중적으로 식민화된 고통스러운 경험과 신체의 역사를 움켜잡으면서, 점점 여성의 일과 노동, 사회적 참여와 같은 열린 역사, 탈규율화된 신체 그리고 '열린 기억'의 소유자가 되어간다. 그러다가 일순간 도약이 이루어진다. 그것은 '움직이지 않고도 움직이는' 경험이라 할 수 있다.[35] 그것은 진보로서 남성의 근대성도 아니요, 열락(jouissance)으로서 여성의 근대성도 아니다.[36] 그것은 앓과 고통으로서 젠더화된 하위주체의 근대성 즉 버나큘라

---

[34] Helene Cixous, "Castration or Decapitation?", trans. Annette Kuhn, *Signs : Journal of Women in Culture and Society* 7(1), University of Chicago Press, 1981; *Ibid.*, 1987, p.335.

[35] Modleski, *op. cit.*, p.336.

[36] 여기서 본 연구는 남성의 근대성은 마셜 버만의 논의를 여성의 근대성은 리타 펠스키의 논의를 염두에 두고 있다. 이 두 논의는 근대성에 대한 남성과 여성의 상이한 경험을 다루고 있지만, 비-서구의 차이에 관한 논의는 다루고 있지 않다는 점에서 공통점을 가지고 있다. 특히 버만의 경우에는 비-서구의 경험을 저발전으로서 그리고 지연된 근대성으로서 러시아의 경험을 일반화시키고 있다는 점에서 그리고 펠스키의 경우에는 여성 내부의 차이에 주목하지 못하고 있다는 점에서 환원론적인 측면을 가지고 있다. 따라서 어떠한 경우에도 두 논의를 한국 근대성 논의에 적용시킬 때에는 상당한 주의와 번역의 과정을 필요로 한다. 특히 장수동과 덜릭에 의하면, 버만의 모더니즘에는 세계의 식민화가 근대성의 유로-아메리칸적 경험에 끼쳤을법한 방식에 대한 언급이 없으며 유로-아메리카의 강요에 의하여 다시 말해 근대성을 외부로부터의 지배를 통해 경험할 수밖에 없었던 사람들의 경험에 대한 언급이 전혀 없다는 점에서 각별한 주의를 필요로 한다. Zhang Xudong · Arif Dirlik, *Chinese*

식민적 근대성과 한국영화

근대성이요, 식민주의에 매혹된 엘리트와는 다르게 젠더화된 하위주체
들이 근대를 '발본적으로 다르게' 경험하는 순간이다.[37] 그리고 이 순간은
이미 봉쇄가 예견되어 있는 저항의 순간이 아니라, 비록 유신의 근대화
라는 이름으로 좌절될 운명을 겪게 될 테지만, 자본으로서 서구의 발전
에 이미 종속된 '노란 피부, 하얀 가면'을 쓴 민족과는 다른, 그리고 그것
을 꿰뚫어 보는 비판적인 안목을 가지는, 탈식민지의 여성이라는 '민족
의 파편들'의 공동체의 흔적을 확인하는, 말 그대로 비근대적인 주체[38]의

Modernism in the Era of Reforms : Cultural Fever, Avant-Garde Fiction and the New Chinese Cinema, Duke Universiy Press, 1997, pp. 2~3.

한편, 펠스키는 자신의 저서에서 언급하지 못했던 부분을 후기에서 다음과 같이 언급하고
있다. "근대성의 역사를 그것의 형성과정에 기여했던 다양한 하위 주체의 정체성의 견지에
서 재고할 필요가 있다. (…중략…) 근대적 주체의 필연적 복수성에 대한 우리의 이해를 확
장시키는 데 있어서 그러한 기획은 기존의 시간적 도식과 시대구분의 구조를 허물고 개조
하는 것을 수반한다." 이 글은 펠스키의 이 같은 통찰에서 출발했다.

37 젠더화된 하위주체들은 근대성을 어떻게 경험하는가? 그것은 두 가지 방식을 통할 때에만
가능하다. 하나는 할리우드영화나 잡지, 외국 소설과 같은 서구의 근대성을 매개된 형태를
통한 것이기는 하지만 직접적으로 조우하는 것이고, 다른 한 가지는 서구 근대성의 충격과
맞서 싸우는 '집중화된 응시(concentrated gaze)'가 아니라, 충무로영화처럼 역사적 외상에
의해 거세된, 식민지 남성의 불안하고 '산만한 응시(distracted gaze)(크라카우어 식으로 말
하자면, 표피적인 산만함이 아니라, 사회적 현실을 완전히 재구조화할 수 있는 모순된 양가
성과 이중적인 의미를 가진 산만함)'를 통해서 그러니까 서구의 근대성을 쳐다볼 능력을 상
실해서 이미 아우라에 사로잡혀 있는, '노란 피부, 하얀 가면'의 가부장제 '유리거울'을 통해
서 경험하는 것이다. 전자의 경우에는 다른 많은 연구들이 지적하듯이, 근대성의 물질적이
고 외양적인 '껍데기'만 경험하는 것, 그러니까 근대를 정면으로 바라보지 못하고 그 측면
만 바라보는 것으로서 자본주의의 물질주의와 소비주의 같은 근대성의 '아우라'에 매혹되
는 것이겠지만, 후자의 경우는 이미 근대성의 아우라에 매혹된 탈-식민지의 보들레르가
식민 종주국의 근대성을 어설프게 흉내 내고 번역하는 모순된 잡종화의 과정이기에 '변증
법적인 보기'를 달리 말해서, 젠더화된 하위주체들로 하여금 근대성의 식민주의, 모순, 아
포리아 그리고 그 번역 불가능한 환원 불가능한 차이를 찰나적이지만 정면에서 꿰뚫어 보
는 응시와 권력의 순간을 허락한다. 충무로 여성용 영화가 허락하는 이 순간이야말로 탈-
식민지의 젠더화된 하위주체가 근대를 '발본적으로 다르게' 경험하는 것이니, 충무로 여성
관객성의 문화적 근대성은 여기서 드러난다.

38 여기서 비근대적 주체들이란 이미 상식이 되어버린, 서구로서 근대와 짝패를 이루는 전통
을 지칭하지도 않을 뿐더러 서구의 산업화를 중심으로 그 이후를 지칭하는 탈근대를 지칭
하지도 않는다. 그보다는 역사를 회복한 전통과 탈근대를 횡단하는 위치로서, 비-서구의
토착적인 다른/근대(alter/native)의 가능성을 내포한 개념이다. 흔히 비근대는 근대에 이르
지 못한 것으로 여겨지면서 사용하기를 꺼리는데, 이러한 관점 역시 서구를 근대의 준거틀
로 사용함으로써 발생한 오해에 지나지 않는다. 환원불가능한 차이 때문에 근대화에 영웅

탈식민화의 섬광 혹은 찰라 여기서 한국의 오이디푸스화가 일시중지한다. 잠시 뒤 영화관의 불이 켜진다.

이렇듯 충무로영화의 기원으로 여겨지는 작품 중의 하나인, 〈자유부인〉은 전혀 의도하지 않은 결과 즉 '현대를 살아가는 여성들의 세태를 보여주고 경종을 울리겠다'는 음흉한 권력이 양산한 혹은 푸코 식으로 말하자면, '자유부인'이라는 담론은 권력의 효과로서 '다른 사회적 주체를 위한 가시성의 조건'[39]이라는 희망을 생산한 셈이다. 그리고 이런 의미에서 〈자유부인〉이 상영되는 충무로영화관은 한국의 근대화와 공진(共振)하면서 경쟁하고 있었던, 다른 사회적 주체를 향해 열려 있는 촉매제의 역할을 수행하면서 다가올 역사의 변화 그러니까 여성의 노동과 일, 섹슈얼리티, 역사에 대한 참여를 등기하고 있는 광학적 무의식(optical unconsciousness)을 충무로 여성관객의 머리와 신체 속에 제공해 줌으로써 대안적인 공론장[40]의 역할을 수행했다고 볼 수 있다. '미래를

적으로 저항하는 존재가 아니라 그것으로 길들일 수 없는 그래서 태생적으로 벗어나 있을 수밖에 없는 하위주체들에게 비근대라는 시간대는 적절하다. 이 땅에 서구로서 근대가 이식된 이후, 예나 지금이나 우리가 서 있는 이 시간대, 그것은 근대 이전도 아니고 이후도 아니다. 그것은 서구로서 근대의 여파(aftermath)이자 호명된 효과로서 이미 근대 안에 있지만 동시에 바깥에 있다.

39 하나의 공식처럼 되어버린 '가시성의 조건'에 관한 드 로레티스의 설명은 다음과 같다. "이 미지화를 재정의해 볼 때, 현재의 여성영화의 과제는 서사와 시각적 쾌락의 해체가 아니라, 다른 참조틀 그러니까 더 이상 기준이 남성주체가 아닌, 준거틀을 구성하는 것이다. 왜냐하면 결국 문제가 되는 것은 가시적인 것을 비가시적인 것으로 만드는 것이 아니라, 다른 사회적 주체를 위한 가시성의 조건을 어떻게 생산할 수 있는가가 될 것이기 때문이다(de Laureties, *op. cit.*, pp.8~9)." 드 로레티스의 이 같은 발언에 덧붙여 말하자면, 비-서구의 여성영화에서 '다른 참조틀'이란 이 글에서 살펴본바, 남성과의 차이뿐만 아니라 서구와의 차이가 동시에 고려되어야 할 것이다.

40 대안적인 공론장(alternatice public sphere)은 네그트와 클루게가 하버마스의 부르주아 공론장에 대한 대응부로 제안한 것이다. 이것은 안정된 형식의 공론장이라기보다는 역사의 불연속적인 틈새에서 부상하는 것으로, 부르주아 공론장처럼 연속적이고 실재하는 것이라기보다는 일시적이고 불연속적인 형태의 담론적이고 이론적인 구성물이라 할 수 있다. 말하자면 그것은 부정으로서 존재할 수 있는 것 즉 "대안적인 경험의 조직화를 내포하는 어떤 공적인 형성체를 억압·해체·소외·분리·동화 시키려는 패권적인 노력으로부터 출현

향해 열려 있는 과거로서 현재'라 할 수 있는, 버나큘라 모더니즘으로서 충무로영화의 기원과 역사는 이렇듯 생산과 수용의 엇박자 속에서 시작되었던 것이었다.

하는 것" 이다. Hansen, *op cit.*, p. 13. 충무로 여성용 영화를 일종의 대안적인 공론장으로 이론화한다고 했을 때, 그것은 실제의 공론장이었다기보다는 지배적인 담론들의 권력과 그 주름들 그리고 그 마찰의 사이-속에서 부상하는 것으로 볼 수 있다.

제6장

식민적 판타지를 횡단하는 〈하녀〉

1. 〈하녀〉의 초국적 상상력과 보편성

〈하녀〉는 공간과 시간의 제약 즉 세대, 민족, 연령, 성별을 뛰어넘는 어떤 보편적인 영화적 경험을 제공한다. 공전의 히트를 기록한 이 영화의 대중성은 1961년 개봉 당시에는 '식모와 여대생'이 즐겨 보았다는 기록에서 알 수 있듯이, 충무로 여성 관객에게 인기 있는 대중영화였으며, 비록 민족주의적인 리얼리즘 중심의 한국영화사에서 주변부로 밀려나 있었지만 1990년대 중반 영화 비평에 의해 재발견된 이후 젊은 관객에게 일종의 '컬트 영화'로 인기를 누렸고, 아직까지도 일반 관객에게 상당한 호소력을 가지고 있다. 뿐만 아니라, 국제 영화제를 통해 뒤늦게 소개되면서, 해외의 비평가들은 이 영화를 독일의 에리히 폰 스트로하임이나 파스빈더 혹은 미국의 더글라스 서커(Douglas Sirk)에 비견할 만한 독창성을 가지고 있는 작가영화로 평가하기도 했다.[1] 이런 측면에서 〈하녀)의 영화적 상상력은 대중영화와 제도로서의 예술영화의 경계를 횡단할 뿐만 아니라 그 영화적 경험은 서구와 비-서구의 차이를 횡단하는 초민족적인 호소력과 보편성을 가지고 있다고 볼 수 있다.[2]

1961년도 충무로영화관의 구석진 자리에서 이 영화를 보았던 식모와 김기영의 영화에 열광하는 동시대 서구 비평가의 영화적 경험을 연결해 주는 것은 무엇이며, 오래된 영화 〈하녀〉를 관람한 전 세계의 동시대 씨네필들이 열광하는 이유는 무엇인가? 아마도 그것은 이 영화가 식민적 근대성의 근본적인 문제 즉 근대적 주체의 기원 그리고 그 죽음과 관련된 문제를 다루고 있기 때문일 것이다. 그러니까 '노란 피부, 하얀 가면'이라는 한국의 근대적 주체의 형성에서 '하얀 가면'이 메트로폴리탄에서 '탈-식민지'로서 이식된 것이라 했을 때, 서구의 부르주아지 가자고을 모방함으로써 형성된, 한국의 근대적인 주체화와 관련된 문제는 그 모방의 원본이 되는 서구 부르주아지의 형성을 인용하게 되면서, 초민족적인 상상력을 획득하게 될 것이다. 서구 민족과 근대성을 모방하면서 형성된 탈-식민지의 근대적인 민족 주체 형성은 〈하녀〉를 통해서 그 모방의 원본에 대한 인용을 심문받게 되면서, 원본과 모방이라는 서구의 근대성과 비-서구의 근대성의 관계에 대한 본질적인 질문을 던지게 되는 것이다. 이런 의미에서 〈하녀〉는 전 지구적 근대성의 형성 과정에 관한 일시적인 '슬로우 리버스 모션'이라 할 수 있고, 그렇게 거꾸로 천천히 되돌리는 과정을 통해서 현행의 전 지구적 근대성의 근본적인

---

[1]   Chris Berry, "Introducing 'Mr Monster' : Kim KI-young and the Critical Economy of the Globalized Art-House Cinema", In Chungmoo Choi(ed.), *Post-colonial Classics of Korean Cinema*, Korean Film Festival Committee at University of California, 1998, pp.39~47.

[2]   최근 뉴욕과 파리에서 개최된 한국영화회고전에서 알 수 있듯이, 뒤늦게 발견된 한국영화의 고전 〈하녀〉에 대한 세계적인 반응은 뜨겁다. 2004년 11월 뉴욕링컨센터에서 열린 한국영화 60년 회고전을 스케치한 기사의 머리글은 다음과 같다. "〈하녀〉, 뉴요커의 마음을 사로잡다!(http://www.ohmynews.com/nws_web/view/at_pg.aspx?CNTN_CD=A0000222918)"

한계 즉 근대성 속의 식민주의로서 식민적 근대성이라는 모순과 한계가 드러나게 될 것이다. 즉 유럽에서 기원한 근대성이 식민주의에 매혹된 토착 엘리트 남성을 경유해서 최종적으로 탈-식민지의 젠더화된 하위주체로 일방향적으로 전달되고 이식되는, '필연적인 실패'의 과정을 정반대의 순서로 보여 주는 이 영화를 통해서 접촉과 번역으로 비-서구의 근대성 그리고 탈식민적 대항 근대성이 드러난다.

2. 식민적 근대성의 기원적 판타지

김소영은 「유예된 모더니티 : 한국영화들 속에서의 페티시즘의 논리」에서 김기영의 영화가 빈번하게 상연하는 과도한 페티시즘 그리고 그것이 야기하는 과잉과 아이러니에 주목하면서 근대와 전근대, 현대와 전통, 서구와 그 나머지와 같은 서구 근대성의 근간을 이루는 다양한 식민주의적 이항대립의 쌍들이 김기영의 상상력이 펼쳐 놓는 페티시즘을 통과하면서 교란되고 비판적으로 동요하면서 소멸되어 가는 방식에 주목한다.[3] 그리고 이런 논의를 통해서 그는 근대성의 전 지구적인 방사는 '일방향'이 아니라 역동적인 번역의 과정이라는 것 그리고 그런 번역이 이루어지는 김기영의 영화는 한국영화를 식민주의와 자본주의가 일방향으로 전달된 수동적 피해자라는 기존의 협애한 논의를 수정하고 있다. 김소영은 김기영의 영화를 '국내적으로나 세계적으로나 하나의 돌파구'로 주목하면서 다음과 같이 지적한다.

---

[3] 김소영, 「유예된 모더니티 : 한국영화들 속에서의 페티시즘의 논리」, 『흔적』, 문화과학사, 2001.

(식민주의와 자본주의에 대한 공포와 반응이라 할 수 있는) 분석적인 과잉이나 강도 높은 아이러니와 더불어 김기영은 남한의 응축적 근대화의 압력에 의해 표면으로 부상한 나선을 추적한다. 그리고 그 흔적 자체가 근대성의 실제화다.[4]

그렇다면 〈하녀〉가 제공하는 초국적인 상상력과 보편적인 호소력은 김기영의 상상력이 빚어 놓은 과잉과 아이러니를 야기하는 페티시즘 그리고 그 '흔적으로서의 근대성의 실제화'를 통해서 이해할 수 있을 것이다. 서구라는 근대성의 양피지 위에 거듭 씌워져 반-주변부의 식민적인 근대화의 '흔적'으로 남아 있는 젠더화된 하위주체는 〈하녀〉를 통해서 피와 살을 얻게 될 것이고, 그렇게 되살아난 '흔적'은 양피지를 찢어 버리면서 근대성 자체를 위협하고 수정하라고 요구할 것이다. 그리고 이런 것을 두고서 전 지구적 근대성의 형성은 번역과 접촉 없이는 상상할 수 없는 서구와 비-서구의 양방향적이며 동시적인 과정이라 할 수 있다.[5]

〈하녀〉는 주인공 동식(김진규 分)이 신문 기사를 읽다가 그 기사 내용을 상상하면서 서사가 전개되고, 영화의 마지막은 부인(주증녀 分)이 신문 기사를 읽고 있고 동식이 관객들을 향해 여자를 조심하라고 웃으면서 충고하는 것으로 끝이 난다. 신문 기사를 토대로 동식이 상상한 내용은 어느 단란한 가정에 들어온 식모(이은심 分)가 주인집 남자 동식을 유혹하게 되고 결국 그 가정을 파멸로 몰아간다는 내용이다. 그런데 이 영화에서의 동식의 상상이 한국 사회에서 그다지 낯설지가 않다. 그것은 이 영화의 상상이 극장 사장의 살해 사건이라는 실제의 신문기사를 토대로 만들어진 이유도 있지만, 시골에서 올라온 식모와 주인 남자의 불륜 그리고 그로 인한 가정 파탄은 1950~60년대 한국 사회에서 공식적

---

4 김소영, 앞의 글, 380면.
5 나오키 사카이, 「서문」, 『흔적』, 문화과학사, 2001, 3면.

으로나 비공식적으로 흔히 접할 수 있는 익숙한 이야기였기 때문이다. 1980년대 중반 이후 한국이 장밋빛 탈산업화 시대로 진입하면서, 거의 무보수에 가까운 임금을 받으며 전근대적인 '여종' 생활을 해야 했던, 식모라는 직업은 파출부로 대체되면서 사라졌지만, 지배적인 위치의 남성과 종속적인 위치 특히 하층 계급 여성 간의 불륜 그리고 그로 인한 가정의 파탄은 식모에 이어서 버스 차장, 호스티스 그리고 여공으로 반복해서 나타났고, 이런 이야기들은 충무로영화에서 빈번하게 다루어 온 소재이다. 그렇다면 한국의 근대화의 주변부로 밀려난 젠더화된 하위주체와 지배적인 위치의 남성 간의 불륜과 그로 인한 가정의 파멸이라는 소재가 반복해서 등장한 이유는 무엇이고 또 그 이야기가 우리에게 그렇게 익숙한 이유는 무엇인가? 그것은 이런 재현들이 앞 장에서 살펴 본, '노란 피부, 하얀 가면'으로서 식민주의에 매혹된 토착 엘리트 남성과 '수양과 실력을 갖춘' 서구화된 토착 여성의 로맨스를 통한 한국의 근대적인 주체 형성과 욕망의 기원과 관련된 문제 즉 '한국인으로서 우리는 누구이고 무엇을 욕망하며 우리는 왜 다른가?'에 대한 일종의 '기원적 판타지(originary fantasy)'에 말을 걸고 있기 때문이다.

린다 윌리엄스는 특정한 청중을 겨냥하여 제작되고 과도한 신체적 정서적 반응을 야기하는 세 가지 장르 즉 포르노그래피, 공포영화, 여성용 멜로 드라마를 '신체 장르(body genre)'라고 명명하면서, 이 같은 '신체 장르'의 역사적이고 사회적인 특성성을 기원적 판타지와 관련된 해결할 수 없는 문제들을 해결하려는 유토피아적인 판타지로서 이해할 필요가 있다고 주장했다.[6] 그는 '신체 장르'가 영화연구에서 서사 영화의 고전적 리얼리즘의 선형적 인과성 및 스타일과의 차이로 그러니까 그것에 대한

---

6   Linda Williams, "Film Bodies : Gender, Genre and Excess", Sue THomham(ed.), *Feminist Film Theory : a Reader*, New York university Press, 2000.

과잉으로서 정의되어 왔거나 영화에서 제시되는 신체적이고 정서적인 재현이 젠더화된 고정적인 반응을 양산한다고 가정되어 왔다는 점을 비판하면서, '신체 장르'와 같은 장르 영화들은 고전적 시스템에 대한 변주가 아니라 그 자체를 '과잉의 체계'로서 이해해야 하며, 저급하다고 여겨져 온, 심지어는 반-페미니즘적이라 여겨져 온, '신체 장르'는 남성 / 능동 / 가학 / 권력 그리고 여성 / 수동 / 피학 / 권력상실이라는 이분법적인 영화적 쾌락과 경험을 양산하는 것이 아니라, 성적인 정체성의 유동성, 불안정성 그리고 불확실성을 양산하는 젠더 판타지의 장르로 보아야 한다고 주장했다. 판타지는 '욕망의 대상을 추구하는 서사가 아니라, 욕망을 세팅 즉 의식과 무의식, 자아와 타자, 부분과 전체가 만나는 장소'이고, '판타지의 시나리오에서는 탈종속화된 주체성들이 어떤 고정된 장소를 점유하지 않으면서 자아와 타자가 진동하게 된다'는 라플랑쉬와 퐁탈리스의 이론에 기초하면서, 윌리엄스는 '신체 장르'에서 작동하는 욕망의 생성과 이 장르의 역사적이고 사회적인 호소력을 형식적인 특수성과의 관계에서 해명하려고 시도한다. 원래 기원적 판타지란 프로이트가 제안한 것으로서 아이가 자신의 기원에 관해 반복해서 부딪히게 되는 수수께끼에 관한 해결을 제공해 주는 신화적인 기능을 수행하는 판타지들을 말한다.[7] 윌리엄스는 라플랑쉬와 퐁탈리스의 이론을 토대로

---

7 프로이트는 내가 누구이고, 나는 왜 욕망하며, 나는 왜 여자와 다른가와 같이 아동이 반복해서 직면하게 되는 중요한 수수께끼들을 해결해 주는 판타지들의 신화적 기능을 설명하기 위하여, '기원적 판타지'라는 개념을 도입했다. '기원적 판타지'에서 '기원'은 다음의 두 가지를 의미한다. 첫째, '기원적 판타지'는 개인의 역사와 기원에 관한 밑그림을 그린다는 의미에서 기원적이다. 즉 "아이가 직면하게 되는 수수께끼를 재현하고 그것에 대한 해답을 마련해 주면서, 주체에게 설명이나 이론을 필요로 하는 어떤 것이 등장할 때, 드라마화된다"는 의미에서 기원적이라는 것이다. 둘째, 항상 정해진 시나리오를 생산하는 것이 아니라, 판타지의 구조가 다양한 방식으로 활성화된다는 의미에서 기원적이다. 즉 의식이나 무의식, 꿈, 백일몽 혹은 영화적 허구는 자체의 서사를 구성하기 위하여 현재의 '만화경(Kaleidoscopic)' 같은 물질을 사용하면서, 이 같은 기원적 판타지들을 재작업한 2차 판타지들이라 할 수 있다. 따라서 판타지와 현실이라는 단순한 이항대립은 불가능해져 버리게 된다. 왜냐하면 판타지는 사회적 현실에 기초를 둘 뿐만 아니라 사회적 존재의 만화경 같은

거슬러 올라가면 결국 부르주아지 주체 형성이나 성적인 기원과 관련된 세 가지의 '기원적 판타지'와 연관된 해결할 수 없는 문제들을 포르노그래피, 공포영화, 여성용 멜로 드라마 영화가 반복해서 말을 걸고 있다는 점에 주목한다. 즉 포르노그래피가 다루는 유혹 판타지는 '나는 왜 욕망하는가'라는 '성적인 욕망의 문제'를, 공포영화가 상연하는 거세 판타지는 '나는 왜 다른가'라는 '성차의 문제'를 그리고 여성용 멜로 드라마가 상연하는 일차적 장면은 '내가 누구인가'라는 '자아의 기원의 문제'를 다루고 있다는 것이다. 그리고 '신체 장르'가 관객에게 지속적으로 호소력을 가질 수 있는 이유는 다음과 같다. 첫째, 이 장르들이 실제로는 문제를 해결하지 않더라도 성적 정체성과 관련된 기본적인 문제에 반복해서 말을 거는 능력에 있고, 둘째, 각각의 장르는 기원적인 문제들을 단순히 반복하는 것이 아니라, 상이한 시간 구조(즉 포르노그래피의 경우에는 '지금 바로', 공포영화의 경우에는 '무 이른', 그리고 여성용 멜로 드라마의 경우에는 '너무 늦은')를 통해서 문제-해결에 대한 상이한 유토피아적 요소 즉 유동적인 젠더 정체성을 구성해 낸다는 것에 있다고 주장했다. 이 같은 기원적 판타지와 '신체 장르'에 관한 린다 윌리엄스의 연구는 〈하녀〉에서 나타난 탈-식민지 토착 엘리트 남성의 마조히즘적 판타지와 그것이 야기하는 초민족적인 영화적 경험을 이해하는 과정에서 이론적 공식을 마련해 준다. 특히 영화가 서구 부르주아지 주체의 기원적 판타지를 재상연하면서 그것이 가지는 문제를 시간성의 구조화를 통해서 유토피아적으로 해결해 보려고 시도한다는 윌리엄스의 지적은 〈하녀〉의 판타지 구조를 이해하는 효과적인 길잡이를 마련해 준다. 다음 부분에서는 서구 부르주아지 주체 형성의 기원과 관련된 판타지와 영화의 상관성에 관한 윌리엄스의 연구에 덧붙여, 〈하녀〉가 비-서구의 주체 형성 그러니까 식민적 주체 형성에 대

물질을 재작업하는 과정에서 무의식에 기초를 두기 때문이다.

식민적 근대성과 한국영화

한 기원적 판타지를 재상연하고 있고, 그것에 대한 유토피아적인 해결책을 제시하고 있음을 살펴볼 것이다.

그렇다면 〈하녀〉가 재상연하고 있는 '기원적 판타지'는 무엇인가? 토착 엘리트 남성에게 젠더화된 하위주체가 자신을 공격했거나 혹은 그럴지 모른다는 불안감과 공포는 어디에서 기원하는가? 이와 같은 문제를 윌리엄스가 '신체 장르'를 논의했던 방식을 따라가면서 살펴보기로 하자. 한국의 근대적 주체로서 '우리'는 살아가면서 '우리가 누구인가'라는 쉽게 해결할 수 없는 기원적인 문제와 대면하게 될 것이다. 더욱이 자아에 대한 발견이 근대화를 경험하면서 가능해지는 것이라 했을 때, 식민지의 경험을 통해서 강압적인 근대화가 진행되었고, 전쟁, 독재정치, 압축적 근대화 그리고 터보 자본주의와 같은 해방 이후의 급격한 정치적 · 사회적 변동의 과정에서 과거와 급격하게 단절하면서 유로-아메리카의 근대성을 모방해야 했던 탈-식민지의 특수한 상황 그리고 '고전적인 비동시성의 나라'인 한국에서는 이와 같은 질문이 보다 더 빈번하게 제기될 것이었다. 그리고 아마도 이와 같은 질문은 서구 근대성과의 접촉이 보다 용이했던 식민지의 토착 엘리트들에게 더 빈번하게 제기되었을 것이다.

근대의 문지방에 서 있는 한 남자 아이, 향후 민족의 교사로서 토착 엘리트로 성장하게 될 이 남자 아이는 '나는 누구인가'라는 기원적인 질문을 스스로에게 던지게 될 것이다.[8] 그런데 아이가 주위를 둘러보는

---

8 원래 비-서구를 아이로 호명하는 것은 식민 지배를 정당화하는 서구의 동양론 혹은 이광수의 「소년에게」 그리고 최남선의 「해에게서 소년에게로」에서 잘 드러나듯이, 내부-식민화의 징후인 자기-동양화의 전형적인 전략이다. 그럼에도 이 장에서 토착 엘리트 남성을 유아로 위치시킨 것은 두 가지 이유 때문이다. 첫째 그렇게 함으로써 식민적 주체 형성의 경로를 추적할 수 있고 그렇게 형성된 식민적인 주체성에 대한 정신분석의 최종 목적 그러

순간에 두 개의 상반된 쇼트가 동시적으로 몽타주되면서 야기되는 '해결할 수 없는 불일치'의 순간을 목격하게 된다. 하나의 쇼트에는 제국에 의해 거세된 민족의 전근대적인 현실이 파노라마처럼 펼쳐져 있다. 조선이라는 나라는 일본의 식민지가 되었고, 비주체적인 식민지 독립과 해방 이후 한국전쟁으로 모든 것이 잿더미로 변해 버렸으며, 거리에는 거지, 양공주, 전쟁고아, 미망인, 사기꾼, 실업자, 상이군인 같이 불결한 존재들이 득실거린다. 제국의 식민화에 의해 거세된 민족의 현실을 사실적으로 보여주는 이 쇼트는 주체적인 근대화가 불가능한 무기력감 그리고 패배감을 양산한다. 〈오발탄〉(1961, 유현목)에서 포착된 무기력하게 거세된 남성의 리얼리즘적 시선을 상상해 보라. 민족의 거세는 실제로 일어난 것이고 민족의 기원과 남근은 잃어버린 대상이 되면서 결코 돌이킬 수 없거나 주체적으로 복원할 수 없는 역사적 트라우마를 그 아이에게 새겨놓을 것이다. 마치 아이가 거세된 어머니의 신체를 바라보면서 공포감을 느끼듯이, 거세된 어머니로서 민족의 더러운 현실을 담은 쇼트는 이 아이에게 심각한 불안과 공포를 야기할 것이다. 아이가 식민 종주국 일본이나 미국으로 유학을 가서 본 것일 수도 있고, 할리우드 영화나 서구의 소설을 통해서 접한 것일 수도 있는 다른 쇼트에서는 식민 종주국의 세련되고 청결하며 합리적인 부르주아지 문화 그리고 서구의 근대화가 펼쳐 놓은 매혹적인 물질성의 세계가 양산하는 황홀경의 눈부신 세계가 제시될 것이다. 눈부신 서구의 사회체적 근대화를 접하게 된 아이는 서구의 근대화를 욕망하면서 민족의 근대화를 상상하게 될 것이다. 그러나 이 아이에게서 서구의 근대화는 잃어버린 민족의 기원과 거세된 남근을 대체하지만 동시에 그 부재를 끊임없이 환기시

니까 제국의 호명에서 깨어나는 과정을 시도해 볼 수 있기 때문이다. 둘째, 역사의 주체로서 유럽이 번역된 결과로 '우리'가 형성되었다면, 그로부터 빠져나오기 위한 과정은 필연적으로 우리를 호명해 온 과정을 거칠 수밖에 없기 때문이다.

식민적 근대성과 한국영화

키고 이중 부인해야 하는 기호 즉 페티시로서 기능하게 될 것이다. 아이는 숭배의 대상인 서구의 근대화라는 페티시가 이중적으로 환기시키는 민족의 거세와 관련된 현존과 부재 사이에서 갈등하다가 결국 다음과 같은 해결할 수 없는 질문을 던지게 된다. "서구 제국은 왜 우월하고 식민지 조선은 왜 열등한가?" "제국의 문화는 왜 앞 서 있고, 식민지의 문화는 왜 뒤쳐져 있는가? 왜 다른가?" "전근대적인 존재인 우리는 과연 서구의 민족처럼 근대화를 할 수 있을까?" "더럽고 불결하며 뒤 처져 있는 바보 같은 우리는 누구인가?" 라플랑쉬와 퐁탈리스는 "실제로 일어났다고 가정된, 복원할 수 없는 기원적 경험과 그 환영적인 복원의 불가능성", "잃어버린 대상이라는 실제적 존재 그리고 그 실제적 존재와 그 부재를 동시에 환기시키는 기호", "과거에 어디에선가 일어난 돌이킬 수 없는 실제적 사건과 결코 일어난 적이 없는 완전히 상상적인 사건' 사이의 해결할 수 없는 불일치의 순간을 덮어 버리려는 시도 등이 기원적 판타지의 기능이라고 했다. 그러면 서구와 비-서구, 전근대와 근대, 거세된 민족과 주체화된 서구 제국 사이의 해결할 수 없는 불일치의 순간을 경험하는 식민지의 아이에게 그 해답의 기원을 마련해 주는 '기원적 판타지'는 무엇인가? 요컨대 노란 피부의 아이가 서구의 사회체적 근대화를 욕망하면서 하얀 가면를 쓰게 되는 '기원적 판타지'는 무엇인가? '기원적 판타지'가 개입하면서 수수께끼를 풀 수 있는 실마리를 잡아야 근대의 문지방에 서 있던 식민지의 그 아이는 강박적으로 반복되어야 할 서구로서의 근대라는 시간 속으로 비로소 진입할 수 있을 것이다.

'노란 피부, 하얀 가면'이라는 탈-식민지의 근대적인 주체 즉 식민적인 주체형성의 기원이 되는 판타지는 어디에서 찾을 수 있는가? 호미 바바는 프란츠 파농의 『검은 피부, 하얀 가면』에서 빌려 온, 식민적 주체형성의 기원이 되는 두 개의 식민적 판타지를 분석한 적이 있다. 첫 번째 판타지는 백인 소녀가 파농을 바라보다가 "저기 검둥이 좀 봐 (···중략···) 엄마, 저기 검둥이 좀 보세요! 무서워요"라고 하면서 어머니를 찾으려 돌아서면서 파농을 시선과 언어로 고정시키는 일차적 장면이다. 다른 하나는 백인 소년이 뼈에 사무치는 추위로 떨고 있는 검둥이를 분노로 치를 떤다고 오인하고 "엄마 검둥이가 날 잡아먹으려 해요"라면서 엄마 품속으로 뛰어드는 판타지이다.[9] 바바가 파농을 재독해하면서 발전시킨, 이와 같은 식민적 판타지는 "똑같이 정형화되어 있지만 서로 정반대로 평가되는 식민자와 피식민자의 지식들을 생산함으로써 그 전략을 권위화"하고, "피식민자를 근본적 근원의 기준에서 퇴보한 유형의 인민으로 해석하는" 식민적 담론의 기원이 되는 것이라 할 수 있다.[10] 백인이 주인공이고 흑인이 악당으로 등장하는 이와 같은 식민적 판타지는 식민지 사회라는 무대 위에서 매일 공연되고 있는 일종의 드라마 같은 것으로 인종주의와 문화적 차별에 관한 정형화를 생산하면서, 식민적 주체화 과정의 일차적인 과정이 된다. 바바는 이와 같은 인종적·문화적 정형화에 관한 식민적 판타지가 백인 아이들뿐만 아니라, 식민지 사회의

---

9 관련되는 내용은 다음과 같다. "내 육체는 그 하얀 겨울날 왜곡되고, 다시 색칠되고, 퍼진 모습으로 비애에 싸여 나에게 되돌아 왔다. 검둥이는 짐승이고, 사악하고, 비열하고, 추악하다. 저기, 검둥이 좀 봐, 아 춥다. 검둥이는 떨고 있다. 그는 춥기 때문에 떨고 있는 것이다. 그런데 작은 소년은 검둥이를 무서워하며 떨고 있다. 검둥이는 추위로, 뼈에 사무치는 추위로 떨고 있는데, 예쁘장한 작은 소년은 검둥이가 분노로 치를 떤다고 생각하고 오들거리는 것이다. 작은 백인 소년은 엄마의 품속으로 뛰어든다. 엄마, 검둥이가 날 잡아먹으려고 해요." 프란츠 파농, 이석호 역, 『검은 피부, 하얀 가면』, 민음사, 1998, 145면; 호미 바바, 나병철 역, 『문화의 위치』, 소명출판, 2002, 173면.

10 호미 바바, 위의 책, 153면. 파농을 통해서 바바가 식민적 판타지를 전경화시키는 이유는 이러한 식민적 판타지는 식민적 담론의 원형이 되는 것으로서 동양론의 양가성과 불안정성을 주장하기 위한 것이다. 즉 동양론이 식민 지배자와 피지배자 양자에게서 모두 동일한 인종적·문화적 정형화와 고착화를 양산한다고 보는 에드워드 사이드의 주장과는 반대로, 나르시시즘적 동일화를 통해 종속적인 식민 관계가 실행되면서 백인만이 자존심을 드러내고 흑인은 행동적인 인격체가 될 수 없다는 프란츠 파농의 주장을 '발전'시킴으로써 바바는 식민 담론이 양산하는 정형화가 식민 지배자와 피지배자 양자에게서 페티시로 기능하면서 고정되는 것이 아니라 끊임없이 미끄러지는 분열의 효과를 양산한다고 주장한다. 이 글에서도 하녀가 환기시키는 양가성과 분열의 효과를 추적할 것이다.

흑인 아이들에게도 동일하게 작동한다면서 다음과 같이 주장한다.

> 흑인 어린이는 유색인 동시에 무색인 백색의 긍정성에 총체적으로 동일시하면서 자신의 인종 즉 자기 자신에게서 고개를 돌린다. 이중 부인과 고착화의 행위 속에서 식민적 주체는 상상계적 나르시시즘에 빠져 하얗고 완전한 이상적 자아에 대한 동일시로 되돌아온다.[11]

똑같은 논리로 근대라는 문지방 위에 서 있던 한국의 토착 엘리트가 될 그 아이는 이제 이와 같은 식민적인 판타지를 통해서 동양론을 내면화한 즉 자기-동양화한 정형화한 결과로 '한국은 더럽고, 불결하고, 뒤처졌다'고 생각하면서, 자신의 노란 피부에게서 고개를 돌리고, 하얗고 완전한 이상적 자아라는 제국의 '하얀 가면'과 동일시하면서 식민적 주체로 구성될 것이다. 하지만 바바가 주장한바, 정형과의 완벽한 동일시는 항상 그리고 언제나 식민 담론 내부에서의 불가피한 의미의 초과, 미끄러짐, 파열을 양산하면서 실패할 것이고 그 순간에 식민지의 그 아이는 다시 끊임없이 자신의 기원에 관한 질문에 부딪히게 될 것이며, 영원히 식민적 판타지를 기원으로 작동시키면서 재작업할 수밖에 없는 운명에 처하게 될 것이다.

〈하녀〉가 말을 걸고 있는 식민적 판타지는 인종주의와 문화적 차별이라는 식민적 근대성의 기원이 되는 판타지, 서구에 의한 비-서구의 문화적 동화의 기원이 되는 판타지, 한국 근대성에서 내부 식민화의 기원이 되는 판타지 그리고 비-서구에서 민족 성원과 비-민족 인구들 그리고 시민과 비-시민을 규정하는 기원을 가지고 있다. 마치 백인 아이

---

11 위의 책, 164면.

의 눈에 비친 흑인이 동물 같은 열등한 존재이듯이, 서구의 부르주아지 가족을 모방하는 식민지의 토착 엘리트 가족인 동식의 가족에게 하녀는 바보 같고 동물 같은 열등하고 가장 하층적인 존재로 인식된다. 심지어는 노동자 계급 집단의 여성 즉 여공인 경희는 동식의 가족과 대등한 관계를 유지하는 것에 비해, 하녀는 한국사회에서 전통적으로 피착취 계급이었던 여공들보다 더 열등한 존재로 재현된다. 이것은 제국으로서의 서구 시민 사회의 부르주아지 가족이 식민지인을 정형화하는 방식인 동양론이 식민지의 토착 엘리트 부르주아지 가족에 의해 내면화되면서 자기-동양화된 결과라 할 수 있다. 하지만 〈하녀〉는 식민적 주체 형성의 기원이라 할 수 있는, 이와 같은 식민적 판타지를 단순히 반복하기보다는 재상연하는 과정에서 식민 담론과 그 기원이 가지는 그 자체의 양가성과 분열을 효과적으로 드러내고 전복시킨다. 그리고 궁극적으로는 바바의 표현을 빌려, "기원적 판타지에 대한 욕망 속에서 인종·피부색·문화의 차이에 의해 기원적 판타지가 위협당하는 상황이 벌어"지고,[12] "식민적 판타지라는 시나리오가 가지는 (…중략…) 식민자의 가장 난폭한 판타지를 따름으로써, (…중략…) 그 지배의 위치의 '판타지(욕망·방어로서의 판타지)'에 담긴 어떤 것을 폭로"하게 된다.[13] 이러한 과정은 식민 담론 분석을 통해서 호미 바바가 규명한 "고정성을 넘어선, 페티시로서의 정형화와 모방" 그 두 가지를 통해서 살펴볼 수 있다.

---

[12] 위의 책, 162면.
[13] 위의 책, 173면.

3. 〈하녀〉가 재현하는 근대의 실패로서 '모방'

먼저 〈하녀〉가 한국의 근대성이라는 성운 속에서 영화적으로 성취해 내고 있는 미적인 성과는 제국이 양산했고 이후에 식민지 엘리트가 내면화하게 되는, 식민 담론이 피식민자에게 부여한 고정된 정형화를 해체하면서 그 분열 상태를 효과적으로 드러내고 있다는 점이다. 한국의 엘리트들은 일본의 제국주의 지식이 생산한 담론들 즉 우생학, 인종학, 의학과 같은 지식을 통해서 권력을 실행해 왔다. 즉 제국이 조선을 규정한 정형들이 해방 이후 예속된 국민을 위한 공간을 창조한 셈이다. 그러니까 퇴보한 유형의 인민으로 고정시킨 식민 담론의 지식 생산의 효과가 내부 식민화로서의 독재 정치라는 권력의 실행을 위한 빌미와 토대가 되었던 것이다. 하지만 바바는 이와 같은 식민적인 정형들을 페티시와 유사한 것으로 이해한다. 즉 식민 지배자가 피지배자에게 일방적으로 부여하고 그래서 피지배자를 고정시키는 것으로 여겨지는 정형은 안정된 효과를 담보하는 것이 아니라 식민 지배자로 하여금 끊임없이 진동하는 불안정한 위치를 제공하고, 이것은 다시 정형을 계속해서 유포하게 만드는 이유가 된다.

바바는 식민 지배자와 정형의 관계를 페티시 숭배자가 페티시와 맺고 있는 이중적인 관계 즉 차이를 인식하면서도 부인해야하는 이중부인과 유사하다고 본다. 예를 들어서, 한국의 근대화를 주도해 왔던 토착 엘리트들은 일본의 제국주의자들을 따라서 하위주체를 전근대적이고 순수하고 단일한 존재로 정형화해왔다. 하지만 바바 식으로 이해했을 때, 토착 엘리트들에게 하위주체는 원래 분열된 주체로서 결핍된 민족의 흔적을 환유적으로 환기하는 불쾌하고 두려운 존재인 동시에 근대화를 위해 그 차이를 부인하면서 은유적으로 민족이라는 이름으로 전체성과 유사성에 대한 낡은 승인을 할 수밖에 없는 존재인데, 이런 분열된 상태를 페티시가 정형으로 가려 주면서 포섭하고 있었다고 볼 수 있다. 하위주체를 전근대적인 존재로 고정시키는 정형이란 피식민자를 '타자'이면서도 완전히 인식되고 지각될 수 있는 사회적 리얼리티 즉 동양론이 비-서구를 투명한 인식의 대상으로 바라보는 리얼리즘이라고 했을 때, 페티시로서 정형이 가지는 양가성에 주목하는 것은 그것이 식민 지배자의 것이었든 토착 엘리트의 것이었든 간에 리얼리즘이 가정하는 단일한 주체로서의 인종적 순수성과 문화적 우월성을 해체함으로써 전도된 동양론이나 비-서구의 민족주의가 반복하고 있는 유럽의 인식론 즉 주권적인 주체에서 벗어날 수 있게 된다. 한국 근대성의 성좌에서 〈하녀〉가 판타지라는 형식을 통해서 성취해 내는 성과는 하위주체를 철저하게 양가성을 가진 분열된 주체로 재현함으로써 결국 동양론의 우산 아래에서 정형과 페티시라는 가면 속에 억류되고 봉쇄되어 있던 토착 엘리트 남성의 다중적 신념의 체계와 하위주체의 분열된 주체 형상들을 풀어 헤쳐 놓고 있다는 점에서 한국 근대성에 대한 탈동양론적인 재현을 성취하고 있는 부분이다.

어느 날 기다리던 서구 근대성의 기표, 텔레비전이 집에 설치되면서 '백인이 주인공이고 흑인이 악당으로 나왔을' 법한 미국의 재현과 접하고 그 이미지를 흉내내 보기도 하는 토착 엘리트의 아이들은 이유 없이 하녀에게 가혹하게 대하고 차별한다. 하지만 동시에 마치 백인 소녀가 파농을 보면서 "검둥이 좀 보세요! 무서워요"라고 느끼고, 백인 소년이 "엄마 검둥이가 날 잡아 먹으려 해요"라고 오인하듯이, 서구 시민사회의 부르주아지를 모방하는 식민지 토착 엘리트의 아이들은 하녀가 자신들을 독살할 수도 있다고 의심할 때 하녀는 위험한 여성이 된다. 하녀가 동식의 집에 처음으로 온 날 그러니까 동식이 아픈 아내를 위해 카레라이스를 만들어 주던 날 '수양과 실력을 갖춘 구미 여성'을 모방한 즉 프로테스탄티즘을 체화한 듯이 보이는 청결하고 정직하며 성실한 동식의 아내가 두려워하는 불결한 쥐를 손으로 잡고 장난감처럼 들여다볼 정도로 '원시적인' 하녀는 영화의 후반부에서 주인아줌마가 자신을 독살할 것을 미리 눈치 채고 병에 든 쥐약을 설탕물로 바꿔 놓을 정도로 교활하고 약삭빠르다. 처음에 동식은 하녀를 순진하고 순종적인 존재로 알았지만 그녀가 몰래 담배를 피우고 있음을 알게 되는 순간부터 하녀는 거짓말하는 신뢰할 수 없는 존재가 되어 버린다. 동식을 유혹하고 파멸로 몰아가는 하녀는 천진난만한 아이인 동시에 섹슈얼리티의 화신으로 제시된다. 이렇듯 가까운 미래에 한국의 근대화의 핵심이 될 토착 엘리트 가족에게 젠더화된 하위주체인 하녀는 고정된 타자도 아니고 서구의 신문명이라는 기원으로 중심으로 보았을 때, 전근대적이고 퇴보한 존재도 아니다. 하녀는 도무지 종잡을 수가 없는, 불투명하고 분열된 주체로서 재현된다. 타자를 이런 식으로 재현하는 방식은 객관적 진리와 역사적인 발전 법칙을 기초로 타자를 투명하게 재현할 수 있다고 믿고 있는 리얼리즘과 지식과 권력에의 의지에 기반을 둔 동양론을 넘어선 탈동양론적인 재현이라 할 수 있다. 이렇듯 판타지 형식을 통해서 〈하녀〉가 성취한 미적인 결과는 제국과 민족, 근대와 전근대, 서구와 비-서구 같은 이항대립을 돌파할 수 있는 디딤돌을 마련해준다.

이와 같은 〈하녀〉의 탈동양론적인 재현은 이 영화의 핵심적인 구조인 식민적인 '모방(mimicry)' 과정을 통해서 식민적 판타지의 해체로까지 나아간다. 〈하녀〉에서 제시된 동식의 판타지 중 전반부에서 하녀는 노동 계급 여성인 오경희(엄앵란 分)를 모방한다. 어떤 배경을 가진 인물인지 전혀 소개되지 않고 공장 기숙사 벽장 속에서 담배를 피면서 불쑥 등장한 하녀는 마치 아이처럼 텅 빈 존재 같다. 오경희의 소개로 동식의 집에서 일하게 된 하녀는 공장 기숙사에서 노동자 계급 여성들에게 착취당한 대가로 배우게 된 담배가 그리워, 동식에게서 피아노 레슨을 받고 있는 경희를 훔쳐 본 뒤에 경희를 모방해서 자신도 피아노를 배우겠다고 하고, 주인아줌마가 친정에 간 날 밤에 경희가 동식을 유혹하는 장면을 모방해서 하녀는 동식을 유혹하는 데 성공한다. 영화의 후반부에서 하녀는 '수양과 실력을 갖춘 서구 여성'을 모방한 주인아줌마를 모방한다. 임신 중인 주인아줌마를 모방해서 하녀는 동식의 아이를 가지게 되고, 동식이 아내에게 하녀와의 관계를 고백한 뒤 아이를 낙태하라는 주인아줌마의 꼬임에 빠져 계단에서 굴러 떨어져 낙태를 하게 된 하녀는 주인아줌마를 모방해서 주인아줌마의 아들 창수(안성기 分)를 계단에서 굴러 떨어져 죽게 한다. 창수의 죽음 이후에 하녀는 주인아줌마의 삶을 모방한다. 이제 하녀는 주인아줌마가 가졌던 남편을 가지게 되고, 자신의 방에서 동식과 잠자리를 같이 한 하녀는 주인아줌마가 차려다 준 아침식사를 한다. 하녀는 이전에 자신을 특정한 동기 없이 차별했던 동식의 딸을 모방하면서 이제는 그 딸에게 가혹하게 대한다. 그러나 중요한 것은 오경희 역시 할리우드영화에서나 보았을 법한 서구의 노동 계급 여성을 모방하고 있다는 것이고, 마치 1940년대 할리우드의 가족 멜로 드라마에서 빈번하게 등장했던 미국 중산층 가족의 집을 연상시키는, 집의 중앙에 계단이 있는 이층집에서 피아노, 재봉틀, 텔레비전, 값비싼 찻잔 세트, 기이한 무늬의 벽지, 조각상 그리고 이름 모를 수많은 잡동사니처럼 시각적 과잉을 야기하는 상품에 둘러싸여 하녀를 부리면서 살아가는 동식의 가족의 삶 역시 서구의 부르주아지 가족을 모방하고 있다는 것이다. 정리하면, 하녀가 궁극적으로 모방하는 것은 오경희가 모방한 서구 노동계급의 삶이요, 누군가를 흉내 낸 것이기에 왠지 껍데기 같이 느껴지는 탈-식민지 토착 엘리트 가족이 모방하는 서구 부르주아지의 삶인 것이다. 이렇듯 〈하녀〉는 탈-식민지와 서구의 근대적인 삶을 가로지르기에 초민족적인 호소력을 획득할 수 있는 것이다.

　미셸 푸코의 생산적인 권력 이론을 따르는 호미 바바는 식민 담론의 권력은 그것이 담론을 통해서 실행되는 과정이기에 그것의 전략적 실패임에 분명한 수많은 부적응한 대상을 생산할 것이고 그렇게 식민 주체들이 식민 담론을 수행하는 과정에서 "거의 동일하지만 아주 똑같지는 않은 차이의 주체"로서 분열되는 과정을 '모방'이라고 불렀다.[14] 바바가 모방을 강조하는 이유는 식민적 판타지를 나르시시즘적인 동일시로 수행하는 것으로 이해했을 때, 결국 제국의 주체성을 고정시켜버리는 결과를 초래할 것이기 때문이다. 따라서 바바가 식민적 판타지를 피식민지인이 어떻게 수행하는 가를 이해하기 위하여 모방을 강조하고 있다는 점에서 모방은 식민적 판타지와의 관계에서 나르시시즘 동일시와 대척점에 놓인 것이라 할 수 있고, 식민적 판타지가 피식민지인에 의해서 반복해서 실행되면서 분열되는 과정이 바로 모방인 것이다. 바바는 식민종주국의 문화를 피식민지인들이 모방하는 과정은 완벽한 것이 아니라 문화적 · 인종적 · 역사적 차이 때문에 부분적인 현존과 그 현존에 대한 환유로서의 불완전성 그리고 동일성과 차이를 양산하게 되는 모순된 과정으로 이해한다. 그리고 그렇게 식민 담론의 실패를 의미하는 그 현존에 대한 환유로서의 차이는 규율적인 시선으로 피지배자를 바라보았던 식민 지배자에게 피지배자의 치환적인 응시를 되돌려 주게 된다.

　그렇다면 여기서 '현존에 대한 환유로서의 차이'는 무엇인가? 그것은 식민 종주국의 근대성이 가지는 결핍을 말한다. 식민지적 적응의 성공

---

[14] 호미 바바, 위의 책, 180면.

은 그 전략적 실패임에 분명한 부적응한 대상의 증식에 의존하며 따라서 모방은 닮는 것인 동시에 위협이기도 하다. 그리고 바바는 식민적 모방의 욕망이 현존의 환유라는 전략적 목표들을 갖는다고 주장하면서, 억압된 것의 귀환의 과정과는 다른 어떤 것으로 만드는 담론적인 욕망의 전략들이라고 주장한다. 즉 억압과 억압된 것의 귀환이 상징계 내부에서의 순환 논리를 지닌다면, 현존의 환유는 현존을 분열시킴으로써 상징계로는 표상할 수 없는 영역 즉 실재를 드러내게 된다는 것이다. 그리고 모방이 양산하는 환유에 의한 전체와 부분의 순환으로 인해 완전한 근대 문명을 가장하는 제국보다 오히려 그것을 불완전하게 모방한 식민지에서 근대성의 이중성, 모순 그리고 근본적인 한계는 더 잘 드러나게 된다. 〈하녀〉에서 식민 종주국의 문화에 대한 과도한 모방은 근대성의 식민주 즉 식민적 근대성을 가시화시켜 주는 동시에 두 가지의 상징질서 그러니까 식민 종주국과 식민지 사이에 실재가 틈입할 수 있는 공간을 마련해 주게 된다. 과도한 모방의 과정을 통해서 〈하녀〉가 드러내는 근대성의 모순은 부르주아지 주체 형성의 이면을 형성하는 식민적인 주체 형성에 관한 판타지 그리고 그런 의미에서 근대의 기원이 되는 판타지이다. 즉 〈하녀〉는 한국의 근대적인 주체 형성의 기원이 되는 서구 부르주아지 가족에 내장되어 있는 식민적인 판타지를 모방의 과정을 통해서 재상연하고 있는 것이다. 그러니까 식민적 판타지는 서구 부르주아지 가족의 인종주의 담론과 문화적 차별의 기원이 되는 판타지, 서구에 의한 비-서구의 문화적 동화의 기원이 되는 판타지, 한국 근대성에서 내부 식민화의 기원이 되는 판타지와 같은 기원적인 사회적 판타지라고 할 수 있다. 그리고 우리가 〈하녀〉를 통해서 아이러니를 느끼는 것은 〈하녀〉의 식민적 모방이 양산한 과잉의 효과였던 것이다.

4. '서발턴한 과거'와 식민주의로부터의 깨어남

그런데 하녀를 민족적인 타자 즉 남한의 억압받는 노동계급 여성의 귀환으로 이해하는 것은 성급한 역사화일 것이다. 그보다 하녀는 다양한 역사화 / 상징화를 관통하여 동일한 것으로 돌아오는 원본으로서의 근대성 자체의 '실재적인 중핵'이자 모든 사회 체계 속에서 항상 동일한 외상적인 중핵으로서 돌아오는 문명의 비역사적인 적대 즉 그 자체로서는 아무 것도 아닌 한계로서의 실재 같은 것이다. 즉 그것은 근대성이 전 지구적으로 방사되는 과정에서 완전히 억압되어 버린 것, 언어로서 상징화될 수 없도록 '배척된 것', 그리하여 '서발턴한 과거(subaltern past)'가 형상화된 것이라 할 수 있다.[15] 차크라바르티는 비-서구의 역사를 소수성의 역사의 한계를 확장하는 서발턴한 과거로 보아야 한다고 주장한다. 소수성의 역사가 무엇인가? 그것은 거대 서사에서 배제되고 간과되어 온 억압된 집단의 과거를 복원하려는 행위로서 무엇보다 역사의 규율을 민주화하려는 요구라 할 수 있다.

그러나 차크라바르티는 1970년대부터 시작된 소수성의 역사가 억압되고 간과된 집단을 발견하고, 그들을 말하게 하는 성과를 거두었지만, 역사의 규율 자체를 변화시키지 못함으로써 저항의 목소리를 동화시켜 왔다고 주장한다. 즉 역사의 규율에 성공적으로 통합된 소수성의 역사들은 오늘날의 신사가 되어 버린 지난날의 혁명과 유사하다는 것이다. 예컨대 대표 민주주의라는 역사의 규율은 훌륭한 저항의 역사이지만 결코 전복적이지 않은 역사들을 생산해 왔다고 볼 수 있다. 이 같은 문제에 직면해서 차크라바르티는 소수성의 역사에 대한 대안으로 '서발턴한 과

---

15 Chakrabarty, *op.cit.*, pp.97~113.

거'의 정치를 제안한다. 서발턴한 과거란 역사 규율의 방법론에 의해 포착될 수 없는 과거의 경험, 적어도 역사 규율의 한계를 보여주는 과거의 경험으로서 진정한 소수성의 역사라고 할 수 있는 것이다. 여기서 차크라바르티가 제안하는 서발턴한 과거는 소수성의 역사와 상호분리된 독립적인 범주가 아니라 데리다식의 대리보충적인 관계를 가진다. 즉 서구에서 시작된 소수성의 역사 쓰기는 서발턴한 과거를 발견하게 해 주었고, 서발턴한 과거는 다시 역사적 규율의 실천에 내장된 보기 양식의 한계를 우리가 볼 수 있도록 도와주는 역사성을 재구성할 수 있게 해주기 때문이다. 따라서 서발턴한 과거에 말을 거는 것은 이중적인 과제를 가지게 되는데, 한편으로는 서구의 지식 생산 방식을 따라 비-서구의 훌륭한 소수성의 역사를 쓰면서 사회적 정의와 대표 민주주의의 정의를 확장해야 하지만, 동시에 그 역사 규율의 한계에 대해서도 말해야만 한다. 그것이 명확한 것이 아니라 더듬거리면서 대충의 윤곽만 그리는 것일지라도. 왜냐하면 세계는 아직까지 비국가적인 민주주의의 형식을 완벽하게 이해하지도 않았고 윤곽조차 그려 보지 못했기 때문이다. 이런 이유 때문에 비-서구의 역사는 이미 주어진 주체로서 대표하는 원칙으로 환원시키지 않으면서 그것이 가진 이질성 그러니까 우리가 문화적 차이라고 부르기에 적당한 것을 보여주는 서발턴한 과거로 보아야 할 것이다. 차크라바르티는 서발턴한 과거가 주변화된 이유는 어떤 의식적인 의도 때문이 아니라, 역사가가 발굴하는 아카이브가 전문적인 역사의 목적에 비추어 보았을 때, 고집불통임을 드러내는 순간을 재현하기 때문이었다고 주장한다. 여기서 그런 이해할 수 없는 고집불통의 순간이야말로 역사 규율의 한계를 드러내는 환원불가능하고 통약불가능한 차이라고 말할 수 있다. 따라서 서발턴한 과거는 서구의 진보적인 지식 체계로 쉽게 가지고 들어갈 수 없는 고집불통의 우리 역사를 가리킨다.

순수한 욕망의 논리에 따라 행동하는 하녀를 우리가 바라보기가 끔찍한 것은 라캉이 배척된 것이라고 말한 것에 해당하기 때문이다. 억압되었다는 것은 무의식 속에 저장되어 보존된다는 것을 의미하는데, 만일 어떤 사건이 너무나 충격적이라면 그것은 무의식의 세계에서조차 자리를 잡을 수 없게 된다. 즉 그것은 무의식에게서도 배척된다. 부정의 상징을 통해서 매개되지 못하고 완전히 억압된 것 즉 배척된 생각이나 이미지들은 이제 실재에서 등장하게 된다. 억압된 것들과 달리 배척된 것은 언어를 통한 매개 과정을 거치지 못한 것들이다. 로빈 우드의 정식화가 보여주었듯이, 영화 연구에서 공포 영화의 괴물은 전형적으로 억압된 소수성의 문화가 귀환하는 것으로 고려되어 왔다.[16] 그러나 앞에서 언급했듯이, 억압된 것의 귀환이란 상징계의 순환논리에 갇힌 것이다.

이에 비해, 〈하녀〉는 상징화가 불가능한 실재의 주체라 할 수 있다. 하녀는 계급으로서의 타자성과 여성으로서의 타자성의 최하층적인 존재 즉 전 지구적인 경제 체제의 바깥에 위치해 있는 스피박 식으로 표현하면, 절대타자로서 어떤 형태로의 전유와 협상을 허락하지 않고 또 그것을 불가능하게 만들어 버리는 존재인 것이다. 더욱이 하녀는 역사주의의 이행적 서사에 의존하는 소수성의 역사로서의 계급이나 여성이라는 범주에 저항하는 그리고 그것으로는 환원 불가능한 환유적이면 번역적인 타자이기도 한다. 이렇듯 서발턴한 과거가 사물의 수준으로 형상화되었기에 〈하녀〉는 초국적인 공포와 호소력을 획득할 수 있다. 게다가 하녀에게 어떤 구체적인 이름도 붙여 놓지 않은 김기영의 상상력은 하녀의 환원불가능하고 미결정적인 타자성을 배가시켜 준다. 즉 하녀는 소수성의 역사로 상징화가 불가능한 근대성의 실재의 주체인 셈이다.

---

16 로빈 우드, 이순진 역, 『베트남에서 레이건까지. 할리우드영화읽기 : 성의 정치학』, 시각과 언어, 1994, 96~104면.

뿐만 아니라 〈하녀〉는 대타자의 욕망을 탐구함으로서 서구와 비-서구의 경계를 지탱하는 식민적 판타지를 횡단하는 정신분석적인 과정을 상연하고 있다. 그러나 〈하녀〉에서 드러나는 욕망의 구조는 가야트리 스피박이 질 들뢰즈를 비판하면서 제기했던 진보적 인본주의 방식에 기반을 둔 욕망 즉 이데올로기에 대해 자유로운 역사의 주체로서의 유럽의 자율적이고 주권적인 주체의 '권력을 폭발시키는 욕망', '결핍되지 않은 욕망', '생산적인 욕망'과 다른 것이다. 그보다는 대타자의 욕망을 탐구함으로써 이데올로기 속에서 소외된 주체에서 분리된 무의식적인 욕망의 주체로 태어나는 여정과 흡사하다. 즉 타자의 욕망에 의해 소외당한 주체가 대타자의 욕망과 대면하면서 '그가 나에게 원하는 것은 무엇인가?'라는 질문 속에서 대타자도 결핍되어 있다는 것, 대타자 역시 스스로 봉쇄되어 있고 욕망하고 있다는 것을 깨닫게 되면서 분리된 주체의 탄생은 가능해 지는 것이다.[17]

〈하녀〉에서 제국의 욕망으로 소외된 주체에서 분리된 주체로의 변화는 근대성의 순수한 환유적 존재인 하녀의 욕망과 동식이 대면하면서 가능해지게 된다. 텅 빈 존재로 등장한 하녀의 욕망은 서구 부르주아지 가족의 아내이자 어머니를 모방한 주인아줌마의 결핍되고 세속적인 욕망으로 채워지게 된다. 따라서 하녀의 만족할 줄 모르는 욕망은 결국 제국을 모방하는 민족 엘리트의 욕망이 투사되어 나타난 것이니, 민족 엘리트 동식이 하녀에게 던지는 '네가 정말 원하는 것은 무엇인가?'라는 질문은 결국 자신이 모방하는 원본으로서의 제국이라는 대타자의 욕망에 대해서 던지는 질문이 된다. 그러한 질문을 가능하게 하는 위치는 호미 바바가 '나의 언술도 나의 대화자도 아닌, 제3의 위치'로서 '시간 지

---

17 슬라보예 지젝, 이수련 역, 『이데올로기라는 숭고한 대상』, 인간사랑, 2002, 155~225면.

체(time lag)'를 가능하게 해준다고 하였던 바로 그 장소인 것이다.[18]

동식의 가족은 판타지 속에서 자신의 끔찍한 욕망의 실재와 대면하게 되고, 전 지구적 근대성에 예속된(subaltern) 동시대의 관객 역시 끔찍한 대면을 하게 되며, 이런 이유 때문에 이 영화는 국제적인 보편적 호소력을 획득할 수 있게 된다. 이런 맥락에서 하녀의 끝없이 결핍된 욕망과 죄의식 없는 폭력은 근대성의 결핍 즉 식민적 근대성을 민족 엘리트 동식으로 하여금 인식할 수 있고 대타자의 욕망을 벗어날 수 있게 해 준다. 이렇듯 〈하녀〉는 서구와 비-서구 사회가 근대성을 지탱하고 있는 식민적 판타지를 횡단하기에 초국적 공포를 획득할 수 있게 된다. 정신분석의 최종 목표가 주체가 동일시하는 대타자의 욕망 즉 결핍을 깨닫고, 자신을 지탱하는 상징적 정체성의 근본적인 판타지를 경험하는 것이라면, 〈하녀〉는 비-서구의 주체성의 대타자인 제국의 결핍을 깨닫고, 독립 이후 죽었지만 여전히 살아 있는 제국의 유령으로서의 제3세계 민족의 상징적 정체성을 지탱하는 식민적 판타지를 횡단하면서 그로부터 벗어날 수 있는 가능성을 보여주고 있다. 말하자면, 〈하녀〉는 단순히 억압된 것이 귀환해서 정상성을 공격하거나 비천함처럼 자아와 비-자아의 불확실성을 통해 정체성의 경계를 질문하는 것이 아니라, '노란 피부 하얀 가면'을 쓴 동식의 가족 그리고 근대성의 식민주의를 가리는 식민적 판타지로 지탱되는 근대성을 살아가는 동시대의 전 지구적 관객들에 대해서 그 사회적 판타지를 횡단하면서 성공적인 정신분석을 수행하고 있는 것이다. 정리하면, 〈하녀〉가 제공하는 궁극적인 영화적 경험은 계몽이라는 이름으로 제국의 욕망을 욕망하는 한국의 근대적 주체 형성의 기원이 되는 식민주의로의 동화(assimiliation)에의 꿈으로부터의

---

18 호미 바바, 앞의 책, 357면.

깨어남 즉 역사의 주체로서의 유럽을 향한 계몽에의 욕망과 의지로부터의 깨어남이라 할 수 있다.

더욱이 〈하녀〉를 진정으로 전복적인 텍스트로 만들어 주는 것은 하녀가 죽음 충동에 사로잡혀 있는 텅 빈 공백의 윤리적 주체로서 제시된다는 점이다. 영화의 마지막에서 하녀는 동식과 함께 독약을 먹고 자살을 한다. 라캉과 지젝에게서 상징질서를 전복하는 급진적인 행위는 자신의 욕망을 끝까지 포기하지 않는 것, 즉 죽음을 욕망하는 것이고 그러한 것을 정신분석학적인 의미에서 '윤리적 행위'라고 한다.[19] 이때 라캉이 말하는 상징적 자살로서 윤리적 행위란 현실에서의 자살과 다른 것이다. 현실에서의 자살이 상징적 소통의 그물망 속에 붙잡혀 있으면서 여전히 대타자에게 메시지를 보내려는 시도라면, 상징적 자살은 모든 것을 잃는 행위, 상징적 현실에서 물러나는 행위, 주체를 주체들 간의 회로에서 배제하는 행위이고, 이렇게 상징적 질서 자체를 거절함으로써 진정한 자유를 획득할 수 있는 텅 빈 공백의 주체가 가능해 지며, 이는 다시 새로운 주체성이 부여될 수 있는 조건이 된다. 상징적 세계를 파괴함으로써 진보와 발전이라는 역사적 전통을 완전히 쓸어버릴 수 있는 가능성은 젠더화된 하위 주체인 하녀의 역사의 영도로서의 비역사적인 죽음 충동을 통해서 가능하게 된다. 제국과 민족이라는 근대성의 끔찍한 죽음 그리하여 역사의 주체로서의 유럽을 넘어서 새로운 주체성을 모색해 보자는 하녀의 희망을 피해서 동식은 식민적 판타지가 지탱하는 현실로 도피한다. 호미 바바가 지적했던 앞으로 투사되는 과거(비-서구의 역사 속에서 먼저 나타난 미래이자 근대성의 플래시 포워드(flash forward))로서 유럽을 지방화할 수 있는 가능성이 충무로영화관에서 은밀하게 모색되고 있었던 것이다.

---

19 슬라보예 지젝, 주은우 역, 『당신의 징후를 즐겨라! : 할리우드의 정신분석』, 한나래, 1997, 95면.

제7장

군사독재의 '비천한 스크린'과 충무로 로드무비 장르 연구

1. 남자 둘 여자 하나, 한국영화사의 무의식적 장르

특이하게도 한국영화사에는 두 명의 남자와 한 명의 여자가 우연히 길에서 만나 고향을 찾아나가는 영화들이 꽤 있다. 남자들은 일정한 거처를 가지지 않은 부랑자이거나 막노동꾼 혹은 어리숙한 대학생이며, 여자는 어김없이 매춘부다. 남자들은 여자를 착취하는 과정을 통해서 만나게 되지만, 여자를 만나고 난 뒤로 이들은 어울려 고향을 찾아가는 길을 떠나게 된다. 비록 가진 것은 없고 자연의 혹독한 시련이 있어 힘든 길이지만 이들의 여행은 즐겁기만 하다. 사소한 갈등으로 여자는 남자들과 헤어지게 되지만, 위기에 빠진 여자를 남자들이 구출하게 되면서 여행은 재개되고, 결국 이들은 함께 갈 수 없다는 것을 깨닫게 되면서 아쉬운 작별을 하게 된다. 이와 같이 산업화에서 소외된 남자 둘, 여

그림 20. 한국영화사에는 남자 둘 여자 하나가 우연히 길에서 만나 여행을 고향을 찾아가는 영화가 있다.

자 하나가 길 위에서 만남과 헤어짐을 거듭하는 서사와 이미지가 우리에게 익숙한 이유는 〈삼포 가는 길〉(1975, 이만희), 〈바보선언〉(1983, 이장호), 〈고래사냥〉(1984, 배창호)과 같은 한국영화사의 중요한 작품들에서 반복되어 나타난 것이기 때문이다(그림 20).

그러나 이와 같은 영화사적인 비중에도 불구하고, 하나의 영화 장르로서 언급한 작품들에 대한 연구는 불충분하게 남겨져 있다.[1] 이 영화

---

1 한국 로드무비 장르에 관한 선행 연구로는 유지나와 주진숙의 연구를 들 수 있다. 그러나 두 연구는 공통되게 〈세상 밖으로〉를 비중있게 다루고 있다는 점에서 충무로 로드무비 장르를 유신체제 이후 독재국가에 대한 환멸의 서사와 초국적 욕망의 이미지로서 독해하고 할리우드 로드무비 장르의 영향과는 별도로 성립된 특수한 문화적 산물로서 이론화하려는 제7장의 시도와는 미묘한 차이를 보인다. 즉 이 장에서는 할리우드 로드무비 장르를 적극적으로 패러디·파스티셰(pastiche)하고 있는 〈세상 밖으로〉를 충무로 로드무비 장르의 원형으로 보기에는 무리가 있다고 보고, 그것을 포스트-충무로 로드무비 장르의 텍스트로서 이해하면서 일단은 논의의 대상에서 제외키로 한다. 이 장에서는 선행의 두 연구에서 공통되게 지적되었지만 모호하게 남겨져 있던 '한국적인 로드무비'에 대한 질문의 해답을 찾아나가는 과정이라고 할 수 있다. 유지나, 「한국사회의 영화적 수용에 관한 텍스트 읽기 : 〈삼포 가는 길〉, 〈고래사냥〉, 〈세상 밖으로〉」, 『영화연구』, 한국영화학회. 1995; 주진숙, 「세상밖으로 : 로드무비의 새로운 지평」, 『영화연구』, 한국영화학회. 1995.

들이 유사한 서사와 이미지를 가지고 있음에도 불구하고 하나의 영화 장르로서 논의되기 어려웠던 것은 이 영화들에는 영화 장르를 구성하는 필수적인 요인 중 하나인 산업적 연관성이 부재하기 때문이다. 일반적으로 영화 장르가 텍스트(text)와 맥락(context) 즉 영화 장르의 주제나 형식적 특징과 같은 텍스트적 측면, 그것을 생산한 산업적인 측면, 그리고 청중의 수용과 같은 측면에 의해서 중층 결정된다고 했을 때, 텍스트와 수용의 측면에서는 장르적 속성을 독해하는 것이 가능할지라도 이 영화들은 산업적인 측면에서 어떠한 상관성도 가지고 있지 않기 때문이다. 즉 〈고래사냥〉이 충무로영화의 주류에서 생산되었고 〈삼포 가는 길〉과 〈바보선언〉이 주류의 외곽에서 극도의 어려운 제작 여건에서 생산된 것을 감안하면, 적어도 이 영화들에서 일반적인 영화 장르가 가지는 산업적인 연관성은 발견하기 어렵다는 것이다.

그러나 산업적인 요인이 부재한다고 해서 이 영화들의 장르적 정의가 불가능한 것은 아니다. 장르적 정의가 영화 장르를 텍스트의 구성요소로 간주하고 그 장르의 본질을 구성하는 형식적 기제들의 경계를 설정하면서, 주어진 장르를 구성하는 핵심 요소를 규명하려고 시도하는 것이라면,[2] 영화 장르의 텍스트적 본질을 구성하는 공식(formular), 관습(convention), 도상(icon)의 차원에서 위에서 언급한 영화들은 로드무비 장르로 손쉽게 정의내릴 수 있다. 즉 위의 작품들은 산업화에서 소외된 두 남자와 한 여자의 여행을 제시하는 익숙한 플롯 구성의 공식을 가지고 있고, 우연한 만남과 헤어짐, 도시에서 벗어난 자연 속에서 즐거운 시간을 보내기, 위험에 빠진 여성을 구하기, 영화의 결말부에서 멜로 드라마적인 이별 장면과 같은 관습을 가지고 있으며, 눈 덮인 겨울 산이나 한 여름의 바다 같은 자

2　Jason Mittell, "A Cutural Approach to Television Genre Theory", *Cinema Journal* 40(3), University of Texas Press, 2001, p.5.

연 풍경, 부랑자 같은 남성 등장인물의 의상, 여성 등장인물의 매춘부 이미지와 같은 도상을 공통적으로 제시하고 있다.

제7장에서는 이렇듯 영화산업적 맥락이 부재하는 동안에도 영화 장르로서 성립 가능한 충무로 로드무비의 미학과 역사성에 주목하고자 한다. 여기서 산업적인 요청이 없었음에도 불구하고 한국영화사에서 비중 있는 작품들에 반복되어 등장한다는 것은 이 영화 장르가 한국영화의 집단적인 무의식과 관련이 있음을 가리킨다. 프로이트는 외부자극과 무의식의 관계를 '매직노트'로 비유한 적이 있다.[3] 무수한 글자가 쓰였음에도 불구하고 셀룰로이드판과 밀랍종이를 들어 올려버리면 감쪽같이 사라져 버리지만 그 흔적이 밀초평판에 새겨져 있는 매직노트처럼, 충무로 로드무비 장르는 영화산업의 층위에서 실재하기 보다는 한국영화사의 무의식에 새겨진 역사적 장르라 할 수 있다. 즉 그것은 식민 지배, 한국전쟁, 분단, 군사독재, 압축적 근대화, 그리고 민주화와 같은 한국 사회의 다양한 역사적 자극들이 한국영화라는 매직노트 위에 기입되었다고 했을 때 의식적인 영역에서는 관찰할 수 없지만, 가장 지층의 영역에서 새겨진 상처와 흔적이 만들어 낸 무의식적인 장르로서 이해할 수 있다는 것이다. 이런 측면에서 우리는 충무로 로드무비를 한국 사회의 역사적 자극에 대한 무의식적 반응으로서 '민족적 영화 장르'

3　프로이트는 인간의 지각 메커니즘을 '매직노트'에 비유한다. 셀룰로이드판, 반투명 밀랍종이, 밀초평판으로 이루어진 매직노트는 셀룰로이드 판 위에 글씨를 쓰면 그 아래에 있는 반투명 밀랍종이와 그보다 더 아래에 있는 밀초평판에 글씨가 새겨지고, 셀룰로이드 판과 밀랍종이를 들어 올리면 그 위에 쓴 글씨들이 감쪽같이 사라지는 필기도구이다. 여기서 가장 아래에 있는 밀초평판은 무의식에, 밀랍 종이는 내적 · 외적 자극을 수용하는 기관인 '지각－의식'에 그리고 셀룰로이드 판은 외부자극에 대한 차단막 역할을 하는 '보호방패'에 비유된다. 자극은 마치 매직노트에 기입되는 글자처럼 잠시 우리의 의식에 남지만, 곧 쏟아지는 다른 자극들을 위해 지워지고 그 흔적은 무의식에 남게 된다. 김홍중, 2006, 「문화적 모더니티의 역사시학 : 니체와 벤야민을 중심으로」, 『경제와 사회』 제70호, 한국산업사회학회, 93～94면.

로 정의할 수 있다.

　이렇게 이 영화 장르를 민족적인 산물로 정의내릴 수 있는 것은 다음과 같은 특징들을 가지고 있기 때문이다. 첫째, 충무로 로드무비 장르는 등장인물이 두 명의 남성과 한 명의 여성으로 이루어져 있다는 점에서 버디가 등장하는 여타의 로드 무비와 구분된다. 이런 특징은 〈이지 라이더(Easy Rider)〉(1969, 데니스 호퍼)부터 〈델마와 루이즈(Thelma & Louise)〉(1991, 리들리 스콧)까지 할리우드 로드 무비가 주로 동성의 버디가 등장한다는 점을 염두에 둔다면 매우 독특한 인물구성이라 할 수 있고, 이런 형상은 페데리코 펠레니(Federico Fellini)의 〈길(La Strada)〉(1954)부터 일마즈 귀니(Yilmaz Guney)의 〈욜(Yol)〉(1982, Serif Goren, Yilmaz Guney) 그리고 테오도르 앙겔로폴로스(Theodoros Angelopoulos)의 〈안개 속 풍경(Topio stin omichli)〉(1988)까지 유럽의 예술적 로드 무비에서도 발견하기 어렵다. 둘째, 충무로 로드무비 장르는 유신체제 이후 군사독재기(1972~87)의 문화적 산물이라는 점이다. 한국영화사 전체를 놓고 볼 때, 이전 시기에서 딱히 로드무비로 분류할 수 있는 영화가 부재하다는 점에서 충무로 로드무비는 명백히 유신체제 이후 군사독재시기에 부상한 문화적 산물로 볼 수 있다. 이후의 민주화 시기(1988~97)와 동 시대의 '민주화 이후의 민주주의' 시기(1998~2007)에서도 〈세상 밖으로〉(1994, 여균동)와 〈로드 무비〉(2002, 김인식) 같은 로드무비가 제작되기는 하였지만, 이 영화들은 할리우드의 로드무비 장르와 버디 영화의 관습에 기반하고 있다는 점에서 이 장에서 '민족적 영화 장르'로서 고찰하고 있는 충무로 로드무비와는 차별화되는 지점이 있다.[4] 셋째, 무엇보다도 이 '민족적인 영화 장르'가 기반하고 있는 문화적 자양분은 한국 현대 문

4　비록 〈세상 밖으로〉도 남자 둘 여자 하나의 등장인물 구성을 가지고 있지만, 할리우드 로드무비의 영향을 발견할 수 없는 충무로 로드무비 장르와는 달리 할리우드 로드무비 장르의 공식을 적극적으로 패러디·파스티셰하고 있다는 점에서 현재의 논의에서는 제외한다.

화의 교차점이라는 것이다. 할리우드나 여타의 로드무비와 차별화된 충무로 로드 무비 장르의 근본적인 특수성이 위치하는 지점이 바로 여기인데, 이 '민족적인 영화 장르'는 비록 로드무비의 형식을 취하고는 있지만 그 기원은 할리우드 로드무비에 있는 것이 아니라, 청년문화로 대변되는 1970~80년대 한국의 민중문학과 대중문학의 상상력에서 출현한 것이다. 이것은 영화 〈삼포 가는 길〉의 원작이 한국의 대표적인 민중문학가인 황석영의 소설이고, 〈고래사냥〉의 원작은 대표적인 대중문학가인 최인호의 소설이라는 점에서 알 수 있다. 이렇듯 '민족적 영화 장르'로서 충무로 로드무비가 한국 현대 문화의 중요한 두 축을 형성하는 민중문학과 대중문학의 토대 위에서 성립 가능한 것이라면, 이 장르에서는 민중문화와 대중문화라는 위계적 이분법은 더 이상 불가능해진다. 그리고 그런 위계적 이분법이 이 장르 속에서 허물어진다는 의미에서 충무로 로드무비는 한국 현대문화의 교차점이라고 할 수 있다. 요컨대 한국 현대 문화에서 충무로 로드무비는 민중문화와 대중문화가 공유하는 역사와 미학을 논의할 수 있는 훌륭한 문화적 영토를 제공해 줄 수 있다는 것이다.

제7장에서는 충무로 로드무비 장르를 유신체제 이후 군사독재기의 광범위한 사회문화적 맥락 속에서 위치시킴으로써 그 미학과 역사성을 규명하려고 시도한다. 이런 맥락에서 2절에서는 이 장르의 비천한 존재와 감각의 출현을 군사독재의 아브젝시옹 과정으로 이론화함으로써 그것을 당대의 충무로영화와의 연속선상에서 논의하고, 그런 과정이 군사독재의 통제와 감시의 대상이 되었던 수동적인 충무로영화가 능동적으로 자신이 속한 세계를 표상하는 한 방식이었음을 살펴본다. 3절에서는 이 장르의 미학과 역사성을 '가족 로망스(family romance)'와 풍경 표상을 통해 분석함으로써 군사독재에 대한 환멸과 복수심이 초래한 초국적 욕망을 논의한다.

2. 군사독재의 '비천한 스크린'

충무로 로드무비가 관객에게 전달해 주는 주된 영화적 감각과 정서는 '비천함(卑賤, abjection)'인데, 이것은 등장인물, 시각적 배경, 그리고 그들의 여행 그 자체에서 기인한다. 먼저 〈삼포 가는 길〉은 막노동꾼, 장돌뱅이, 매춘부, 〈바보선언〉에는 두 명의 부랑아와 매춘부, 그리고 〈고래사냥〉에는 거지, 미성숙한 대학생, 매춘부가 등장하는데, 공통된 것은 사회적으로 소외되었거나 주변부에 위치한 비천한 존재들이라는 점이다. 이 장르를 구성하는 중요한 시각적 배경 또한 〈삼포 가는 길〉의 얼어붙은 산하, 짓다 만 다리 밑, 작부 집, 〈바보선언〉과 〈고래사냥〉의 매음굴이라는 것에서 알 수 있듯이, 비천한 장소들이 대부분이다. 그리고 이 장르의 기반을 이루고 있는 여행의 서사 역시 구체적인 목적의식을 가지기 보다는 막연히 비천한 존재의 고향을 찾는다는 점에서 충무로 로드무비 장르는 비천한 존재들의 여행 서사와 이미지로 읽을 수 있다.

그렇다면 이 영화 장르의 비천함이라는 감각의 역사적 기원은 무엇인가? 그것은 어떤 역사적 배경으로부터 출현한 것이며 그 역사적 성격은 무엇인가? 먼저 충무로 로드무비 장르의 이 같은 비천한 감각과 정서가 이 장르에 한정되기보다는 유신체제 이후 군사독재기 동안 충무로 영화의 광범위한 영역에서 발견할 수 있는 지배적인 감각과 정서였다는 점에 주목할 필요가 있다. 일반적으로 이 시기의 한국영화사는 '암흑기'로 인식된다.[5] 여기서 '암흑기'란 이전과 이후 시기의 한국영화 르네상스 시기와 비교하였을 때, 영화산업에서의 불황과 영화 미학에서의

---

[5] 김종원, 정중헌, 『우리 영화 100년』, 현암사, 2001, 308~321면; 한국영상자료원 편, 『한국영화변천사』, 〈http://www.kmdb.or.kr/2006contents/history_view.asp?idx=86&page=1〉.

저질·퇴폐 영화의 양산 두 가지를 동시에 가리킨다. 그리고 이러한 '암흑기'를 초래한 원인으로는 첫째, 1970년대 들어 급속히 대중화되기 시작한 TV시대의 개막,[6] 둘째, 한국영화의 보호와 육성이란 미명하에 충무로영화를 강력하게 통제하려고 하였던 영화정책 그리고 표현의 자유를 심각하게 훼손하고 억압했던 악명 높은 영화 검열 등이 거론된다.[7]

그러나 우리가 습관적으로 이 시기의 한국영화사를 '암흑기'로 인식하게 되는 것은 영화산업에서의 불황과 침체의 탓도 있지만, 실제로 생산된 영화들 자체가 유신체제 이후의 군사독재가 주도한 산업적 근대화의 어두운 측면들을 서사와 이미지를 통해서 재현하고 있기 때문이다. 유신 체제 이후 군사독재기 동안 충무로영화가 보여준 특징 중의 하나는 이전 시기까지 가장 대표적인 장르였던 가족 멜로 드라마와 코미디 영화 장르가 사라졌다는 점이다. 쾌활한 분위기와 밝은 톤이 지배적인 이 장르들이 1970년대 이후 대중문화의 중심으로 자리 잡기 시작한 TV미디어에서 주도적으로 생산되기 시작한 반면, 충무로영화는 호스티스 섹스 멜로 드라마, 하층남성들의 판타지를 극화한 액션 영화, 괴기영화, 한국전쟁의 비참함을 고발하는 국책영화, 토속적인 이미지와 여성의 성애에 비정상적으로 집중했던 문예영화 등과 같은 어두운 스크린이 채우고 있었던 것이고, 이것은 1990년대의 〈결혼 이야기〉로 대표되는 밝은 분위기의 로맨틱 코미디로 전환하기 전까지 충무로영화의 지배적인 경향이었다. 비유적으로 말한다면, 이 시기 충무로영화의 등장인물들은 매춘부, 범죄자, 룸펜, 건달, 무당 등 산업화의 부적응자들이라 할 수 있는 '비천한 신체'를 가진 '어둠의 자식들'이 대부분이었고, 그 이미지는 뒷골목이나 농촌과 같이 급격한 산업화·도시화가 초래한

6   호현찬, 『한국영화 100년』, 문학사상사, 2000, 184~186면.
7   이호걸, 「영화」, 한국예술종합학교 한국예술연구소 편, 『한국 현대 예술사 대계 Ⅵ : 1970년대』, 시공사, 2004, 215~223면.

그림 21. 군사독재기 동안 충무로영화의 등장인물들은 매춘부, 범죄자, 룸펜, 건달, 무당 등 산업화의 부적응자들이라 할 수 있는 '비천한 신체'를 가진 '어둠의 자식들'이 대부분이었고, 그 이미지는 뒷골목이나 농촌과 같이 급격한 산업화·도시화가 초래한 '비천한 장소'에 강박적으로 몰입하고 있었다. 이런 의미에서 우리는 산업적 근대화의 어두운 영역들을 상상하는 이 시기의 충무로영화를 '비천한 스크린'이라고 부를 수 있다.

'비천한 장소'에 몰입하고 있었던 것이다. 이런 의미에서 우리는 산업적 근대화의 어두운 영역들을 상상하는 이 시기의 충무로영화를 '비천한 스크린(abjection screen)'이라고 부를 수 있으며, 충무로 로드무비 장르가 제공하는 비천한 감각 역시 이와 같은 '비천한 스크린'으로부터 출현한 것으로 이해할 수 있다(그림 21).

이렇듯 이 시기의 충무로영화와 로드무비 장르를 '비천한 스크린'으로 특징지을 수 있다면, 그것의 역사적 성격은 무엇이었는가를 질문해볼 수 있다. 먼저 언급되어야 할 것은 '비천한 스크린'은 유신체제 이후 군사독재의 문화정책의 실패와 모순이 양산한 결과라는 점이다. 군사쿠데타 직후인 1961년 새로운 사회질서를 구축한다는 미명 아래 영화사를 통폐합시키고 곧이어 새롭게 영화법을 제정했을 정도로 영화의 대중동원과 그 중요한 파급효과를 잘 인식하고 있었던 군사정권은 1987년 각본사전심의제도를 폐지할 때까지 영화사 허가제, 이중검열, 국책영화나 우수영화 제작을 통한 외화수입권 보상제도와 같은 다양한 정책을 통해서 지배 체제의 이념에 부합하는 '건전한 영화'들을 육성하려고 시도하였다.[8] 그러나 결과적으로 보았을 때, 이와 같은 군사정권의 영화문화정책은 실패한 것으로 볼 수 있다. 왜냐하면 이 시기 동안 군사정권의 지배적인 문화가 '사회정화에의 강박증'에 비정상적으로 몰두했던 반면,[9] 충무로영화는 국가가 의도하는 '건전한 영화'들과는 거리가먼 '퇴폐'와 '저질' 영화로 분류된 영화들을 주도적으로 생산했기 때문이다. 실제로도 이 시기의 가장 대표적인 장르가 〈별들의 고향〉(1974, 이장호)과 〈영자의 전성시대〉(1975, 김호선)부터 〈매춘〉(1988, 유진선)까지 1970~80년대를 가로지르면서 지속적으로 양산된 호스티스 섹스 영화였다는 점은 이런 사실을 방증해 준다. 이런 측면에 주목하면서, 파시즘 치하의 독일영화와 비교해 보았을 때 이 시기의 충무로영화가 군사독재의 대중동원이 의도하는 통합의 강력한 사회적 판타지를 제시하는 데 실패했다는 주장도 있다.[10] 그리고 정권의 지배 이념의 재창출을 의도하고자 하였던 관주도적 국책영화에 대한 관객의 외면에서 알 수 있듯이,[11] 이 시기의 충무로영화는 군사독재의 지배 이데올로기에 동원되거나 그

---

8 박승현, 「대중매체의 정치적 기제화 : 한국영화와 건전성 고양(1966~1979)」, 『언론과 사회』 13(1), 성곡언론문화재단, 2005, 53~55면.

9 이상록, 「박정희 체제의 '사회정화' 담론과 청년문화」, 장문석 · 이상록 편, 『근대의 경계에서 독재를 읽다 : 대중 독재와 박정희 체제』, 그린비, 2006, 339면.

10 유선영, 「동원체제의 과민족화 프로젝트와 섹스영화」, 『언론과 사회』 15(2), 성곡언론문화재단, 2007, 12면.

11 김종원, 정중헌, 앞의 책, 313면; 이호걸, 앞의 글, 252면.

것에 손쉬운 동의를 보여주지 않았다는 것은 분명하다. 하지만 군사독재에 대해 이 시기 충무로영화가 직접적으로 저항했다고 볼 수도 없는 이유는 그것에 대한 저항이 혹독한 검열에 의해 원천적으로 봉쇄된 탓도 있지만, 근본적으로 군사독재 문화 정책이 모순된 것이었기 때문이다. 즉 건전문화 육성이 그 기본 목적이었지만 1980년대 들어 전두환 정권의 3S 정책에서 본격화된 것에서 알 수 있듯이, 유신체제 이후 군사정권은 호스티스 영화와 같은 퇴폐적인 영화에 대해 맹목적이었거나 적어도 검열의 수위에서 관대하였으며 나아가 노골적으로 조장하기도 했던 모순된 양산을 보여주었던 것이다.

이와 같은 측면들은 군사독재와 충무로영화의 관계가 지배와 저항이라는 선명한 이분법으로 재단될 수 없는 한 측면을 드러내는데, 이와 같은 복합적인 양상을 이해하기 위하여 아래에서는 줄리아 크리스테바(Julia Kristeva)의 '아브젝시옹(abjection)' 이론을 적용함으로써 충무로영화의 스크린을 군사독재에 대한 '자발적 동의'로서 대중 독재의 주체(subject)나 군사독재가 실행한 '강제'의 대상(object)이 아니라,[12] 그것의 비체(卑體, abject)로서 이해하고자 한다. 크리스테바에 따르면, 아브젝시옹은 기분 나쁜 것으로 여겨지는 것의 조건이나 위치로서 일종의 '상태'이자 그런 평가를 계속해서 만들어내는 지속적인 '과정'이다.[13] 그것은 주체가 생산되는 한 방법인데, 주체는 자아를 둘러싼 지각적이고 개념적 경계를 확립하고 못마땅한 것을 추방함으로써 자의식을 가지게 된다. 즉 세계에 대한 어떠한 감각도 가지지 않은 채 태어난 유아는 주체성을 형성하기 위하여 거울 단계 이전에 어머니나 환경과 분리되는 아

---

12 임지현, 「'대중독재'의 지형도 그리기」, 비교역사문화연구소 편, 『대중독재 : 강제와 동의 사이에서』, 책세상, 2004, 22~23면.
13 노엘 맥아피, 이부순 역, 『경계에 선 줄리아 크리스테바』, 앨피, 2007, 91~111면.

브젝시옹의 경험을 하게 되는데, 이 과정을 통해서 자신의 일부인 것처럼 보이지만 깨끗하고 적절한 자아의 일부가 아닌 것 즉 '비체(abject)'를 육체적으로 그리고 정신적으로 추방함으로써 분리된 '나'의 감각을 개발하기 시작한다. 그러나 추방된 것들은 단 한 번으로 사라지지 않고, 주체의 의식에 끊임없이 출몰하면서 그 주변에 남아 있게 된다. 이런 점에서 '억압된 것'과 '비체'는 근본적인 차이를 가지게 되는데, '억압된 것'이 부정당하고 무의식 안으로 가라앉아 있는 것이라면, '비체'는 의식으로부터 억압되는 것이 아니라, 의식 주변에 지속적으로 출몰하며 가시적인 모습으로 남아 있게 된다. 따라서 아브젝시옹은 한 개인의 발달 과정에서 스쳐 지나가는 단계가 아니라 삶 전체에 걸쳐서 지속적으로 반복되어야 하는 과정이 된다. 이처럼 아브젝시옹이 하나의 과정으로 존재하는 이유는 계속해서 불안하게 동요하는 자아의 감각에 안정된 정체성을 확립하고 재창조하기 위한 필수적인 기제이기 때문이다. 이런 이유 때문에 우리는 '비체'에 대한 양가적 감정 즉 혐오와 매혹을 동시에 가지게 된다. 즉 주체의 자아 경계들은 '비체'의 출현에 의해 역설적이게도 지속적으로 위협받는 동시에 유지되게 되는데, 추방된 것이 그 경계를 부수기에 충분할 정도로 매혹적이기 때문에 자아의 경계는 위협받지만, 그러한 붕괴의 두려움이 주체로 하여금 방심하지 않도록 하기 때문에 그 경계는 계속해서 유지될 수 있다는 것이다. 그리고 크리스테바는 문화가 '비체'의 위협을 처리하는 제의들을 확립해 왔다고 본다. 즉 과거에는 종교가 '비체'를 정화하거나 순화하는 방법을 확립함으로써 그러한 목적에 기여해 왔다면, 사회가 발전하고 종교가 약화되면서 예술이 종교의 정화기능을 대신하게 되었고, 예술은 쫓아버리고자 하는 혐오물을 불러들이는 방법으로 정화기능을 수행하게 된다는 것이다. 그리고 이런 맥락에서 크리스테바는 아브젝시옹이 '문화의 도화선(primer)'이라고 주장한다.[14]

이렇듯 아브젝시옹이 자아와 사회의 정체성을 확립해 나가는 한 방식이라면, 우리는 왜 유신체제 이후 군사독재 시기 동안의 충무로영화가 '비천한 스크린'으로 채워졌는가를 이해할 수 있게 된다. 비록 아브젝시옹이 모든 인간 문명의 보편적인 문화적 과정이라 할지라도 그것을 특수하게 영화의 중요한 양상과 관련시킬 수 있는 전거는 이 시기 한국 사회의 특수성에 있다. 군사독재 시기 중에서도 이 시기 한국사회의 지배적 담론은 '국민의 계몽'이 아니라 '국민 총화'에 있었고, 1970년대의 유신 체제와 1980년대의 전두환 정권은 침탈한 권력의 유지를 위해 경제개발을 통한 사회적 발전보다는 사회적 '안정'과 '통합'의 이데올로기를 유달리 강조했다는 점에서 차별화된다. 그리고 이 시기에는 군사독재의 강제적이며 폭력적인 권력 획득 과정을 숨기기 위해서라도 강력한 민족적 통합의 이념이 강조되었으며, 과거와는 급격히 단절된 급조된 사회적 정체성을 필요로 하였다. 그러나 그와 같이 새롭게 구성하려는 민족적 통합의 상징적 응집성을 유지하기 위해서 민족적인 비체(national abject)가 지속적으로 제시되는 동시에 추방되어야 하는 아브젝시옹의 과정을 필요로 하게 되는데,[15] 이런 과정이 이 시기 영화의 영역에서 집중적으로 나타나게 된 것으로 이해할 수 있다.

그러면 다른 미디어와 달리 왜 영화에 집중해서 '아브젝시옹'이 일어났는가? 근본적인 이유는 많은 연구가 지적했다시피, TV 미디어의 급속한 확산과 대중화에 따라 미디어 지형에서 충무로영화 자체가 비천한 영역으로 밀려난 탓이다. 1960년대가 한국영화산업의 황금기였다면, 1970년대 들어 TV의 보급이 폭발적으로 늘어나면서 민영방송국이 설립

---

14 줄리아 크리스테바, 서민원 역, 『공포의 권력』, 2001, 동문선, 22면.
15 Karen Shimakawa, *National Abjection : Asian American Body Onstage*, Duke Unversity Press, 2002, p.3.

되었고 1980년대 컬러 TV 시대에 접어들면서, 충무로영화는 1950~60년 대에 누렸던 대중문화산업의 중심을 내어주게 되었다.[16] 이처럼 미디어 지형에서 영화가 비천한 영역으로 추방된 것은 1970~80년대의 일관된 현상이다. 다음으로는 레이 초우가 지적했듯이, 민족영화 자체가 "방대한 전 사(transcription, 轉寫) 과정의 결과물"로 "새로운 에스노그라피(new ethnography)" 로 볼 수 있기 때문이다.[17] 초우는 현대 중국영화를 민족 내부의 다양한 문 화의 이미지들을 수집하는 과정으로 인식하면서, 그러한 과정을 시각성 의 영역에서 "보여지고 있다는 상태가 비-서구 문화 스스로 자기를 표 상하고 민족지화하는 적극적 방식"으로 설명한다.[18] 초우의 연구가 발 본적으로 신선한 부분은 보여야만 하는 대상의 상태를 통해서 자신이 속한 세계를 적극적으로 표상하는 방식을 제시함으로써, 젠더 형성의 차원에서 로라 멀비가 정식화 했던 '시선의 주체와 광경의 대상'이라는 이원적인 공식을 탈식민적인 맥락에서 뒤집어 버렸다는 점에 있다. 그 리고 이런 맥락에서 현대 중국영화를, 보는 주체와 보여지는 대상으로 이원화된 고전적 인류학의 전제를 해체하는 "새로운 에스노그라피"로 이해한다. 이와 같은 초우의 방법론을 이 시기의 한국영화사 연구에 적 용해 본다면, 무엇보다 이 시기 충무로영화는 가혹한 검열 때문에 직접 적이고 객관적인 현실 표상이 금지되어 있었던 것을 특징으로 한다. 즉 충무로영화는 능동적인 시선의 주체로서 권리를 박탈당한 채 군사독재 의 감시와 통제의 대상이 되어 있었던 것이다. 그렇다면 객관적인 현실 표상이 금지되고 끊임없는 국가의 감시와 통제의 대상이 되어 버린 수 동적인 충무로영화가 자신이 속한 세계를 적극적으로 표상할 수 있는 방식은 무엇인가? 남겨진 선택은 스스로가 비천한 존재가 되면서 아브

---

16 이호걸, 앞의 글, 224~225면.
17 레이 초우, 정재서 역, 『원시적 열정 : 시각, 섹슈얼리티, 민족지, 현대중국영화』, 이산, 2004, 268~272면.
18 위의 책, 270면.

젝시옹의 과정을 떠안는 것이었다.

　이렇듯 이 시기 충무로영화를 아브젝시옹과의 상관성에서 사유했을 때, 결과적으로 우리는 충무로 로드무비 장르의 역사성과 미학을 이해할 수 있는 다음과 같은 생산적인 시각들을 가질 수 있게 된다. 첫째, 군사독재와 대중독재의 이항대립을 벗어난 제3의 영역에 충무로영화의 역사성을 위치시킬 수 있게 된다. 즉 이 시기 충무로영화를 군사독재의 '지배 속 저항' 혹은 대중독재의 '저항 속 지배'라는 제3의 영역에 위치시킬 수 있게 됨으로써 지배와 저항의 선명한 이분법으로 재단되지 않는, 복합적이고 다층적인 역사 속에 위치시킬 수 있게 된다는 것이다. 둘째, 유신체제 이후 군사독재기 동안의 한국영화사를 암흑기로 인식하는 통념을 재고할 수 있는 가능성이다. 이런 시각 속에는 충무로영화를 군사독재의 지배에 대한 일방적인 피해자로서 인식하려는 무의식이 작동하고 있지만, 그것은 군사독재와 충무로영화가 공모한 지점을 외면해 버리는 문제를 가지고 있을 뿐만 아니라, 나아가서는 충무로영화를 지배체제의 일방적인 수동적 대상으로 환원시켜버리는 문제도 가지고 있다. 이에 비해, 이 장에서 제안하는 아브젝시옹의 과정으로서 충무로영화는 군사독재와 공모하는 동시에 그것에 저항하는 양가적 성격을 이해할 수 있는 단초를 마련할 수 있고, 지배와 감시의 수동적 대상이 능동적으로 자신이 속한 세계를 표상할 수 있는 가능성을 이론화할 수 있게 된다. 셋째, 이런 결과로서 우리는 충무로 로드무비를 군사독재의 주체나 대상이 아닌 비체들이 억압적인 현실을 벗어나 적극적으로 대안적인 세계를 상상하는 여행의 장르로서 인식할 수 있는 시각을 확보할 수 있게 되는 것이다.

3. '민족적 영화 장르'의 가족 로망스

　유신체제 이후 군사독재는 강력한 민족주의를 기반으로 대중을 국민으로 동원하려고 시도하였고, 그런 동원의 방식은 '준전시적 동원체제'로 평가된다.[19] 즉 그것은 한국이 준전시 상황에 처해 있다는 위기감을 고조시킴으로써 '국력의 통합' 즉 국민의 총동원을 끌어내려는 것을 목표로 삼으면서, 대중을 감시하고 통제하고 훈육하여 사회를 군사집단화하는 것이었다. 시각성의 영역에서 보자면, 이것은 한국사회를 거대한 판옵티콘(panopticon)으로 재편함으로써 일망적 감시체제하에 놓이게 하려는 시도였다. 그리고 이러한 결과로서 한국 사회의 '일상적 삶의 심층에 깊이 들어와 내면화되고 구조화된 규율권력'이 형성되었다는 주장도 있다.[20] 그러나 근대성의 시각체제(scopic regime)가 단일한 것은 아니었듯이,[21] 군사독재하의 시각체제를 판옵티콘으로 환원시켜 버리는 것은 권력 생산의 일방성과 완결성을 강조한다는 점에서 그것으로부터의 저항의 불가능성을 전제하게 만들어버리는 한계를 가질 수밖에 없다. 이런 점에서 충무로 로드무비 장르가 '판옵티콘적 응시'에 대안적인, '파노라마(panorama)' 혹은 '디오라마적 응시(diorama gaze)'를 제공하고 있다는 점에 주목할 필요가 있다. 앤 프리버그는 영화의 기원을 푸코 식의 판옵티콘 시각체제로부터 출현한 것으로 이론화했던 현대영화이론의 '장치이론(apparatus theory)'에 의문을 제기하면서, 영화의 기원은 관객 스스로 권력을 재생산하게 만드는 판옵티콘의 주체 생산 모델에 있는 것이 아

19　윤해동, 「'대중독재'론과 한국의 민주주의」, 장문석·이상록 편, 『근대의 경계에서 독재를 읽다 : 대중 독재와 박정희 체제』, 그린비, 2006, 250면.
20　임지현, 「파시즘은 살아있다」, 임지현 외, 『우리 안의 파시즘』, 삼인, 2000, 13면.
21　마틴 제이, 「모더니티의 시각 체제들」, 헬 포스터 편, 최연희 역, 『시각과 시각성』, 경성대 출판부, 2004, 22면.

니라, 가상적(virtual)이기는 하지만 '응시의 유동성(mobility)'을 통해서 새로운 주체성이 부상할 수 있도록 해 준 '파노라마'나 '디오라마'에 있다고 주장했다.[22] 즉 영화는 '부동성(immobility)'이나 '감옥이라는 한정된 공간적 매트릭스'보다는 '유동적인 가상적 응시(mobilized virtual gaze)'를 허락하는 미디어라는 것이다. 그런데 영화에서 이와 같은 '유동적인 가상적 응시'가 극대화되어 있는 장르가 바로 로드무비이다. 그것은 무엇보다도 '파노라마'와 '디오라마'가 '여행의 대체물'로서 발명된 것이었고, 로드무비의 영화적 경험이 기반하고 있는 것 역시 가상적인 여행 그 자체에 있기 때문이다. 이런 점에서 충무로 로드무비는 공간적 형상화에서 군사독재의 판옵티콘 감시체제와는 상이한 '유동화된 가상적 응시'가 허락되는 장르라 할 수 있다.

이 장르가 구성해내는 서사 공식의 가장 중요한 특징은 혈연이나 지연과 같은 어떠한 본질적인 관계를 가지지 않은 주변부 인생들이 여행을 통해서 가족과 유사한 사회적 관계를 맺어나가는 것에 있다. 실제로 이 영화장르의 가장 인상적인 장면들에는 등장인물들이 마치 가족처럼 행동하는 장면이 공통적으로 반복해서 등장한다. 〈삼포 가는 길〉에서 노영달(김진규 分)과 백화(문숙 分)가 다투고 난 뒤 혼자 길을 떠났던 백화가 선술집에서 봉변을 당하는 장면을 우연히 목격한 정 씨(김진규 分)와 노영달은 정 씨가 백화를 3년 만에 다시 만난 딸자식 필례라고 거짓으로 말함으로써 그녀를 위기의 상황에서 구출한다. 마찬가지로 〈고래사냥〉에서는 버스에서 경찰의 불심검문을 피하기 위해 왕초 민우(안성기 分)는 맹인으로 가장하면서 벙어리 부부로 가장한 병태(김수철 分)와 춘자(김미숙 分)를 고향에 데려다 주는 길이라고 경찰에게 말하기도 하며

---

22 Ann Friedberg, *Window Shopping : Cinema and the Postmodern*, University of California Press, 1993, pp. 15~29.

나아가 영화의 후반부 장터 시퀀스에서는 민우가 병태와 춘자를 동생들이라고 주장하기도 한다. 〈바보선언〉의 마지막 시퀀스에서 동철(김명곤 分)과 육덕(이희성 分)은 혜영(이보희 分)의 죽음을 마치 가족의 죽음처럼 슬퍼하며 장사를 지낸다. 이런 점에서 충무로 로드무비 장르는 뿌리 뽑힌 자들이 여행을 통해서 유사-가족(pseudo-family)을 발견해 나가는 과정을 극화하고 있다고 볼 수 있다.

이 같은 충무로 로드무비 장르의 서사적 특징이 가지는 정치적 무의식을 이해하기 위하여 아래에서는 그것을 일종의 '가족 로망스'로서 독해하고자 한다. 지그문트 프로이트가 설명한 '가족 로망스'란 정체성을 확립하는 과정에서 남자아이들이 가지게 된 환상의 일종으로서, 그것은 "이제 자신이 낮게 평가하게 된 부모로부터 자유로워지고 대체적으로 더 높은 사회적 지위를 지닌 다른 사람들로 부모를 대체하고자 하는" 환상이다.[23] 이 같은 개인의 환상이 서사의 정치성을 분석하기 위해 유용한 준거틀이 될 수 있는 것은 그러한 "개인의 심리가 가족의 이미지들과 가족 내부의 갈등을 통해 사회질서와 연결"됨으로써 집단적인 정치적 무의식을 형성해 내기 때문이다.[24] 즉 개인과 국가를 매개하는 것이 가족이라면, 그러니까 개인의 정체성이 확립되는 것도 가족을 통해서이고 국가의 개인에 대한 지배와 권력의 실행이 일차적으로 이루어지는 것 역시 가족을 통해서라면, 특정한 사회와 문화에서 반복해서 등장하는 가족의 재현과 그 변형에 대한 분석은 당대의 정치적 무의식을 독해할 수 있는 준거를 마련해 줄 수 있다는 것이다.

---

[23] 지그문트 프로이트, 김정일 역, 「가족 로맨스」, 『성욕에 관한 세 편의 에세이』, 열린책들, 1996, 59면.
[24] 린 헌트, 조한욱 역, 『프랑스 혁명의 가족 로망스』, 새물결, 1999, 10면.

이렇듯 충무로 로드무비 장르의 서사를 '가족 로망스'로서 분석했을 때, 우리는 몇 가지의 흥미로운 특징들을 도출해 낼 수 있게 된다. 첫째는 이 장르의 등장인물들은 공통되게 혈연이나 지연과 같은 본질적 관계 망에서 뿌리 뽑혀 있는 '상징적 고아들'이라는 점이다. 이것은 충무로 로드무비 장르의 등장인물들이 공통되게 보여주는 것은 그들이 이전의 사회적 관계망으로부터 자의든 타의든지 간에 단절되어 있다는 것에서 명확해진다. 즉 그런 단절이 〈삼포 가는 길〉과 〈바보 선언〉에서처럼 가난이나 범죄에 의한 구금같이 외적인 강제에 의한 것이기도 하지만, 〈고래사냥〉에서처럼 자의적인 것일 수도 있다. 이런 자의적 단절이 결정화되어서 묘사되는 장면은 〈고래사냥〉의 왕초 민우가 병태와 함께 대학교를 지나가다가 이전의 스승과 마주치게 되면서 이전 제자를 알아본 스승에게 장님 흉내를 내면서 의식적으로 외면해 버리는 장면이다. 이런 점에서 충무로 로드무비 장르의 등장인물들은 자의든 타의든 간에 집을 잃어버린 아이들의 서사로 독해할 수 있다는 것이다. 둘째, 이런 차원에서 충무로 로드무비 장르에는 정상적인 가족의 성원으로서 부모와 자식이 부재한다. 비록 〈삼포 가는 길〉에서 정 씨와 백화가 헤어진 가족을 그리워 하기는 하지만 그것은 상상적인 것에 지나지 않을 뿐, 부모와 자식에 대한 재현 자체가 이 장르에서는 사라져 있다. 이와 같은 측면은 1950 ~60년대 르네상스 시기 충무로영화가 멜로 드라마와 코미디 장르를 통해서 한국전쟁으로 해체된 가족의 복원에 몰두했던 것과 비교해 보았을 때 가장 큰 변화를 보이는 지점이다. 셋째, 이런 점에서 충무로 로드무비 장르는 오히려 한국 근대 초기 서사의 가족 상상과 유사하게 '상징적 고아'를 공통되게 재현하고는 있지만, 근대 초기 서사에서 고아는 식민지의 특권화된 단수 지식인이며 그의 고아의식이 계몽적인 부권애로 발전하는 것과는 달리[25] 이 장르에서 고아들은 복수의 주변부 하층민 집단이며 수평적인 형제애를 상상하고 있다는 점에서 뚜렷한 차이를 보인다.

즉 이광수의 소설에서 징후적으로 드러나듯이, 한국 근대 초기 서사에서 전통 사회에 대한 환멸로 초래된 '정치적 고아의식'[26]은 민족의 개조를 통한 계몽의식으로 발전해 가는 과정 그러니까 계몽의 주체로서 아비의 역할을 자임함으로써 스스로가 또 다른 폭력적 아버지가 되어가는 과정에 다름 아니었다.[27] 그러나 충무로 로드무비 장르에는 그와 같은 계몽의 주체로서 부권적 아버지는 부재한다.

그렇다면 이렇게 충무로 로드무비 장르에서 집을 잃어버린 비천한 고아들의 여행이라는 '가족 로망스'를 상상하는 주체는 누구인가? 그것은 '청년문화'이다. 실제로 충무로 로드무비 장르를 '청년문화'와 분리해서 사유할 수 없는 이유는 〈고래사냥〉의 원작자인 최인호와 〈바보 선언〉의 감독인 이장호는 1970년대의 '자유주의적 청년문화'의 대표적인 인물이었으며 〈삼포 가는 길〉의 원작자인 황석영은 1980년대의 '민중문화적 청년문화'를 예견하는 기원적 인물이었다는 점에서 충무로 로드무비 장르는 군사독재하에 위치한 '청년문화'의 상상력이 빚어낸 문화적 산물로 볼 수 있기 때문이다. 이 지점에서 우리는 충무로 로드무비 장르의 독특한 '가족 로망스'가 함의하는 정치적 무의식이 무엇이었는가를 비로소 이해할 수 있게 된다. 즉 '가족 로망스'가 현실의 부모를 낮게 평가하게 되면서 더 나은 부모로 대체하려는 환상이라면, 충무로 로드무비 장르의 '상징적 고아들'은 유신체제로 상징되는 독재자라는 폭력적인 나쁜 아버지 즉 군사독재에 대한 실망, 환멸 그리고 복수심을 표현하려고 하였던 '청년 문화'의 이차적 환상이 빚어낸 결과물로 볼 수 있다는 것이다. 그러나 이런 환상이 '청년 문화'만의 것이 아니었던 이유

---

25 나병철, 「이광수의 성장소설과 가족 로망스」, 『비평문학』 21호, 한국비평문학회, 2005, 227
    ~228면.
26 김윤식, 『이광수와 그의 시대』 1, 솔, 1999, 51면.
27 권명아, 『가족 이야기는 어떻게 만들어지는가』, 책세상, 2000, 24~26면.

는 그것이 대중들에게 폭넓은 인
기와 지지를 받았던 탓이다. 소설
〈삼포 가는 길〉이 독자들에게 널
리 사랑을 받았고 〈고래사냥〉도
관객동원에 성공했지만, '검열'과
'외화수입권보상제도'에 대한 복
수심에서 자포자기의 심정으로 만
들었다는 〈바보선언〉마저도 의외
의 폭발적인 관객 동원에 성공하
였던 것이다.[28] 비록 이장호 자신
마저도 자신의 영화가 의외로 흥행
에 성공한 것을 두고서 "바보 같은
녀석들 〈바보 선언〉을 보겠다고 장
사진을 친거야"라고 의아하게 회상
하지만,[29] 우리는 그 장면을 폭력
적인 군사독재에 대한 대중들의
비판의식이 무의식적으로 반영된

그림 22. 현실의 폭력적인 나쁜 아버지 즉 독재자를 부정하면서, 고
귀한 신분의 아버지 즉 미국의 자유주의적 '히피'를 상상하였던, 70
년대 청년문화의 '순수로의 낭만적 열정'으로 가득 찬 '가족 로망스'
가 투사되어 있는 〈고래사냥〉

것으로 읽을 수 있지 않겠는가. 그러나 현실의 부모를 대체하고자 하는
'가족 로망스'의 궁극적인 목적 중의 하나는 현실의 긴장과 불만을 해소
함으로써 현재의 부모를 높이려는 것인바,[30] 충무로 로드무비 장르를
근본적으로 진보적인 장르로 이해하는 것은 한계를 가질 수밖에 없을
뿐만 아니라, 이 장르를 구성하는 각각의 영화는 '집을 잃어버린 비천한

28 이장호, 「독재시대가 만든 영화, 〈바보선언〉」, 『씨네 21』 240, 한겨레신문사, 2000(http://w
    ww.cine21.com/Article/article_view.php?mm=005002006&article_id=32064).
29 이장호, 「바보 같은 녀석들, 〈바보선언〉 보겠다고 장사진을 친 거야」, 『씨네 21』 320, 한겨레신문
    문사, 2001(http://www.cine21.com/Article/article_view.php?mm=005001001&article_id=4309).
30 프로이트, 앞의 글, 60면.

고아들'이라는 근본적인 환상을 전개시키는 양상에서도 상당한 차이를 보여주고 있다. 아래에서는 그러한 차이에 주목하고자 한다.

〈고래사냥〉은 현실에 적응하지 못한 대학생 병태가 오이디푸스적 긴장을 해소하는 여행을 통해 청년으로 다시 태어나는 과정을 묘사하고 있다는 점에서 일종의 성장 서사로 읽을 수 있다. 그런데 청년 병태로의 성장은 '고래사냥'이라는 환상을 경유함으로써 비로소 가능해진다. 소설이 '가족 로망스'에서 기원하는 것으로 이해하면서 자신이 누구를 증오하고 사랑하는지 알고 있는 '사생아' 유형과 막연하게 진짜 부모를 상상하는 '업둥이' 유형으로 구분했던 마르트 로베르에 따르면,[31] 병태는 '업둥이' 유형에 해당한다. 그것은 사생아의 방식이 세계 속에 뛰어 들어 저돌적으로 싸우는 리얼리즘 서사와 연관되고 업둥이의 방식이 세계와 대면하는 대신 다른 세계를 창조하는 환상 서사와 연관이 된다면,[32] 병태는 사회의 현실을 직시하고 그 모순과 싸우는 대신 '고래사냥'이라는 환상을 창조하기 때문이다. 그러면 병태가 부정하려는 현실의 아버지와 그가 원하는 상상의 아버지는 누구인가? 그가 벗어나려고 하는 현실의 아버지는 춘자를 감시하고 폭행하는 폭력적인 포주(이대근 分)이며, 그가 닮아가는 보다 나은 상상의 아버지는 왕초 민우이다. 여기서 억압적인 현실로부터 탈출하려는 로드무비 장르의 일반 공식은 〈고래사냥〉에서 폭력적인 아버지 즉 독재자가 지배하는 한국사회로부터의 탈출로 변형된다. 그리고 이런 탈출을 이끌면서 병태가 찾는 "고래는 결국 마음속에 있다"고 일깨워 주는 대안적인 아버지 민우는 다름 아닌 한국 청년문화에 큰 영향을 끼친 1960년대 미국 청년문화의 대표적 아이콘 '히피(hippie)' 이다. 신좌파, 시민권리 운동과 함께 1960년대 미국

---

31 마르트 로베르, 김치수 · 이윤옥 역, 『기원의 소설, 소설의 기원』, 문학과지성사, 1999, 45~59면.
32 나병철, 앞의 글, 224면.

대항문화의 한 지류를 형성했던 히피주의는 기존 제도에 대한 거부, 중산계급의 가치 비판, 반전운동, 성해방, 자연으로 돌아갈 것을 주장하면서 음악, 패션 그리고 주거와 같은 삶의 양식을 통해 개인의 자유와 사랑, 평화의 가치를 중시하는 낭만적인 감수성을 보여주었다. 〈고래사냥〉의 서사와 이미지를 주조화 해내는 '낭만적 히피주의'는 영화의 곳곳에서 드러난다. 일정한 거처가 없이 떠돌아다니는, '지적인 거지' 왕초 민우의 유일한 보금자리는 '도시 속 자연'인 동물원이며, 급박한 상황에서 폭력을 사용하지 않는 평화주의자이다. 영화의 마지막에서 춘자가 "왕초는 뭐하는 사람이라예?"라고 질문하자, 대답 대신 강렬한 비트의 락 버전으로 변주된 김수철의 '각설이 타령' 음악에 맞추어 흥겹게 춤을 추면서 병태와 함께 눈 덮인 벌판 즉 자연을 향해 달려 나가는 민우는 '한국적인 히피'에 다름 아니다. 이와 같은 낭만적 감수성은 병태의 여성에 대한 태도에서도 일관되게 드러난다. 소심한 병태는 민우를 통해서 자연과 같은 야수성을 회복하게 된 뒤(이것이 민우가 병태의 뺨을 때리는 이유다), 낭만적 감정으로 아직 때 묻지 않은 순수한 매춘부 춘자를 구원하려고 하며 그녀를 자연-고향으로 되돌려 보낸다. 영화의 절정부에서 포주가 보여준 급작스러운 심경의 변화도 이런 맥락에서 이해할 수 있다. 이런 측면들을 고려하여 보았을 때, 〈고래사냥〉에서 제시된 '업둥이' 환상의 실체는 현실의 폭력적인 나쁜 아버지 즉 독재자를 부정하면서, 고귀한 신분의 아버지 즉 미국의 자유주의적 '히피'를 상상하였던, 70년대 청년문화의 '순수로의 낭만적 열정'으로 가득 찬 '가족 로망스'가 투영된 결과로 볼 수 있다(그림 23).

한편 황석영의 단편소설을 영화화한 〈삼포 가는 길〉의 등장인물들은 자신이 누구를 사랑하고 증오하고 있는가에 대한 객관적인 현실인식 즉 리얼리즘적 세계관을 가지고 있는 '사생아'에 해당한다. 그러기에 그들은 자신들이 돌아가기를 원하는 본질적인 고향은 이미 존재하지 않거나

그림 23. 폭력적인 아버지가 지배하는 현실로부터 벗어 나 '수평적인 형제애'로서 대안적인 가족을 상상하는 〈삼포 가는 길〉의 가족 로망스.

그곳으로 가는 것이 불가능함을 알고 있다. 소설 원작에서 "비옥한 땅은 남아 돌아가구, 고기두 얼마든지 잡을 수" 있는 정 씨의 고향은 "바다 위로 신작로가 났"으며 "관광호텔을 여러 채 짓는 담서 복잡하기가 말할 수 없"는 곳으로 바뀌어 있고,[33] 영달과 백화에게는 돌아갈 고향마저 존재하지 않는다. 그러나 영화 〈삼포 가는 길〉은 원작의 각색과 영화화 과정을 통해서 새로운 고향을 발견한다. 영화가 발견한 새로운 고향은 정 씨, 영달, 백화의 기억 속에 있는 유토피아적인 과거가 아니라, 짧은 시간이기는 하지만 그들이 길 위에서 경험했던 관계 맺기와 공유하였던 감정이야말로 현실의 고향이라는 것 그리하여 삼포 가는 길 자체가 그들의 새로운 고향이었으며 그것은 완결된 형태가 아닌 길이라는 과정 중에 있다는 것이다. 이와 같은 측면은 소설 원작에 덧붙여진 영화 장면들에서 분명해 진다. 영화는 소설 원작에 충실히 따르는 동시에, 그들의 여행에 다음과 같은 다양한 에피소드들을 첨가하고 있다. 전통적인 질서로부터 추방되는 상갓집 시퀀스, 정 씨, 영달, 백화가 감정적으로 서로를 이해하게 되는 마을 축제 시퀀스, 눈보라 치는 벌판 시퀀스, 빈 집 시퀀스, 그리고

---

33 영화 제작자가 검열을 피하기 위해 임의로 훼손시켜버린 영화 〈삼포 가는 길〉의 마지막 장면에서도 정 씨가 버스를 타고 근대화의 상징인 멋진 다리를 건너서 도착하게 되는 삼포 역시 정 씨를 당황스럽게 만들기는 마찬가지이다. 정 씨가 그리워하던 고향은 이미 파괴된 것이다.

백화를 구출하는 주점 시퀀스 등이 그것이다. 여기서 알 수 있는 것은 원작 소설의 객관적인 현실 인식에 덧붙여, 영화는 세 인물의 관계를 불신과 반목에서 상호이해로 발전시켜 나가는 변화의 과정에 집중하고 있다는 점이다. 이런 결과로 우리는 영화에서 본질적 고향 삼포는 더 이상 중요하지 않으며 혈연과는 별도의 사회적 관계에 기초한 대안적 가족의 모습을 고향으로 인식하게 된다.

따라서 영화 〈삼포 가는 길〉의 '가족 로망스'는 가부장적 권위로부터 벗어난 '수평적인 형제애'의 모습으로 나타나게 되며, 이것은 눈 덮인 벌판 위에서 세 명이 해방된 모습으로 '평등하게' 뛰어가는 장면에서 결정화된다(그림 22). 이와 같은 측면들은 이 영화의 절정인 기차역에서 이별하는 시퀀스를 문제적으로 만들어 버리는데, 객관적으로 냉철하게 묘사하는 원작에 비해 영화는 이 장면을 멜로 드라마적으로 변형시켜 버린다. 즉 소설 원작에서는 "눈이 젖은 채 웃고 있던" 백화가 자신의 진짜 이름을 알려 준 뒤, "개찰구로 뛰어 나갔다"가 기차를 타고 떠나는 것으로 간결하게 묘사된 반면,[34] 영화에서는 지속시간이 13분에 이르는 긴 시퀀스를 과잉된 음악과 과도한 정서를 전달하는 연기를 통해서 멜로 드라마적인 상황으로 제시하고 있다. 따라서 우리는 영화 〈삼포 가는 길〉에서 주조화된 '수평적인 형제애'를 기반으로 한 '대안적 가족 공동체'의 불가능성을 인식하는 동시에 그것을 슬퍼하고 안타까워하게 되는 양가적 감정을 가지게 된다. 그러니까 대안적 가족 공동체의 불가능성에 대한 양가적 감정 즉 리얼리즘 서사의 종결에 대한 동의로서 불가능성에 대한 객관적인 현실 인식과 멜로 드라마적 이미지에 대한 동일시로서 그 불가능성에 대한 비판적인 감정의 동요 사이에 위치 지워지게 되는 것이다.

---

34 황석영, 『한국소설문학대계 68 : 삼포 가는 길 外』, 동아출판사, 1995, 414~415면.

세 작품 중에서 가장 급진적인 형태의 '가족 로망스'를 상연하는 〈바보 선언〉은 상징적 질서에 대한 거부에 기반하고 있기에 집이나 고향으로 회귀하려는 욕망 자체가 사라져 있다. 따라서 이 영화의 여행은 상징계의 산물인 집이나 고향을 향해 있는 것이 아니라 상징계로의 진입에 대한 거부를 향하게 된다.[35] 이렇게 상징계로의 진입을 거부하는 환상은 '성장에 대한 거절'과 '상징계의 폭력으로부터 어머니를 구출하기' 두 가지를 중심으로 형상화된다. 먼저 폭력적인 아버지에 대한 최대한의 복수심이라 할 수 있는 '성장에 대한 거절'은 이 영화에서 '국가 폭력의 자기-전시(self-display)'로 나타난 것이다. 이 영화의 의도된 거친 형식적 특징들은 무언가로부터 심하게 훼손 받았다는 느낌을 관객에게 전달해 주는데, 이 영화에서 사용된 불연속적인 편집, 저속촬영, 비동시적 음향, 의도적인 대사의 제거, 채플린을 연상시키는 무성영화 시기의 과잉되고 부자연스러운 연기와 같은 기법들은 사상과 표현의 자유를 침해하는 영화검열과 같은 국가 폭력을 텍스트적 차원에서 노출시키는 효과를 야기한다. '국가 폭력의 자기-전시'를 목적으로 하기에 이 영화의 남성 등장인물인, 동철과 육덕은 '성장에 대한 거절'로서 유아처럼 미발달된 퇴행적인 행동을 하게 된다. 이 영화의 시작과 끝에서 초월적 화자로서 아이의 미래시제로서 과거를 회상한다든지 반어법적 내레이션이

---

35 이러한 거부는 다음의 회상에서 알 수 있듯이, 군사독재의 영화정책에 대한 이장호의 반발심에서 비롯되었다. 이장호, 앞의 글.
"대작 연출에 혼이 난 나는 다음 영화로 속 편하게 〈어둠의 자식들〉 속편을 만들 생각이었지만 뜻대로 되지 않았다. 문공부에 제작 신고를 하려면 당시엔 반드시 시나리오 사전 심의를 받아야 했는데 여기에 통과하지 못하고 자꾸 반려되었다. "내용이 어둡다", "사회의 어두운 면만 부각시켰다"는 게 반려 이유였다. 더욱 괴로운 것은 그 시절 한국영화 제작 독려 정책으로 해당 분기 안에 의무 편수의 영화 제작을 하지 않으면 외화 쿼터를 주지 않는 악독한 시행령이 있어 영화사가 줄기차게 나에게 계약 이행을 촉구하는 까닭이었다. 이른바 시한부 제작에 걸려든 것이었다. 괴로워 미칠 지경이었다. 마치 양쪽에서 기계처럼 밀고 들어오는 철벽을 양팔 벌려 막아야 하는 악몽의 형국이었다. 그때 내가 찾을 수 있었던 유일한 구멍은 그저 포기하는 것이었고 그 포기마저 허락이 안 된다면 곱게 영화판을 떠나야겠다는 마지막 결단뿐이었다. 우선 영화 하나를 철저히 망쳐버릴 수 있도록 결심을 단단히 했다."

식민적 근대성과 한국영화

제시되는 것 역시 같은 맥락에서 이 해할 수 있다. '성장에 대한 거절'은 결국 상징계로의 진입에 대한 거부로 나타나며, 이런 결과 이 영화에서 폭력적인 아버지에 대한 부정으로서 아버지의 부재는 어머니 혜영에 대한 강력한 종속과 피학증적인 동일시로 나타난다(그림 24). 그리하여 이 영화에서 여행의 목적은 아이와 어머니의 상상적 관계가 지배하는 공간을 찾아나가는 것이 되며, 이것은 이들이 매음굴에서 쫓겨난 뒤 해변 휴양지에서 가지게 된 행복한 경험으로 형상화된다. 여기서 동철과 육덕은 마치 어머니의 품속에 있는 아

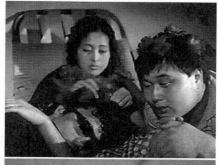

그림 24. 폭력적인 현실의 아버지에 대한 복수심으로 나타난 '성장에 대한 거부'로서 강력한 어머니에 대한 종속과 피학증적 동일시가 빚어낸 〈바보 선언〉의 급진적인 가족 로망스.

이같이 혜영의 품속에서 행복한 시간을 보낸다. 그러나 이런 상상적인 순간은 폭력적인 상징계의 개입으로 위기를 맞이하게 된다. 해변 휴양지에서 혜영이 부유한 남성 즉 아버지와 만나는 것을 목격한 동철은 어머니 혜영에 대한 배신감으로 헤어질 것을 결심하지만, '성장에 대한 거절' 때문에 어머니에 대한 사랑을 포기하지는 않는다. 혜영을 죽음으로 몰고 가는 목욕탕 술판 파티 시퀀스에서 알 수 있듯이, 오히려 동철과 육덕은 상징계의 폭력으로부터 어머니를 보호하고 구출하려고 한다. 여기서 우리는 이 영화의 의문스러운 마지막 결말부에 대한 해답을 찾을 수 있게 된다. 영화에서는 혜영의 죽음을 슬퍼하고 장사지내는 동철과 육덕의 시퀀스에 이어서 여의도 광장에서 마치 '스트리킹(streaking)'을 하듯이, 웃통을 벗어던진 채 활보를 하다가 국회의사당을 배경으로 무

표정한 얼굴의 두 사람이 춤사위를 벌이는 쇼트가 제시된다. 이 때 동철과 육덕이 슬퍼하는 것은 폭력적인 아버지에 대한 복수로서 나타난 상상적 어머니의 죽음이며, 무언의 춤사위를 통해서 표현되는 것은 그들로부터 상상적 어머니를 뺏어간 국가의 폭력에 대한 분노와 항의이다. 즉 이 영화는 폭력적인 아버지에 대한 반발심으로 제시된 '상상적 어머니와 아이'라는 가족 로망스가 상징계의 폭력에 의해서 침해되고 파괴되는 방식을 재상연함으로써 '국가 폭력의 자기-전시'를 효과적으로 보여주고 있는 것이다.

이 같은 차이에도 불구하고 충무로 로드무비 장르를 '길 위에서 상상하는 상징적 고아들의 가족 로망스'로 특징지을 수 있다면, 우리는 길이나 여행을 제재로 하는 여타의 충무로영화와 할리우드 로드무비 장르로부터 구분되는 이 영화장르의 경계를 설정할 수 있게 된다. 충무로 로드무비 장르의 특수성을 논의하는 과정에서 한국영화사에서 길을 소재로 다룬 영화들과 할리우드 로드무비 장르와의 비교가 필수적인 이유는 결국 영화 장르가 다른 영화들로부터 식별 가능한 쾌락을 제공하는 관객의 기대감에 의존하는 것이기 때문이다.

〈팔도강산〉(1967, 배석인)부터 〈서편제〉(1993, 임권택) 그리고 최근의 〈길〉(2004, 배창호)까지 한국영화사에서 '길'과 '여행'의 모티프는 다른 영화들을 통해서 반복해서 등장하기에 그것을 충무로 로드무비 장르의 전유물로 볼 수는 없다. 이렇듯 한국영화사에서 '길'의 모티프가 빈번하게 등장하는 이유는 식민 지배, 한국전쟁, 군사독재에 의한 급격한 산업화 등과 같이 실향과 이산을 양산하는 역사적 자극에 한국영화가 문화적으로 반응했기 때문일 것이다. 그럼에도 불구하고 길을 제재로 하고 있는 여타의 영화들로부터 충무로 로드무비 장르를 구분시켜 주는 것은 '상징적 고아들의 가족 로망스'이다. 한국영화사에서 '길'이 모티프로 사용된 영화들은 크게 세 가지의 유형으로 분류될 수 있다. 첫째는 많은 수가 제작된 것은 아니지만, 노부모가 전국을 유람하면서 조국 근대화를 확인하는 〈팔도강산〉 시리즈를 들 수 있다. 이 시리즈는 비록 길과 여행의 모티프가 등장하기는 하지만, '상징적 고아'도 등장하지 않을 뿐만 아니라 현실에 대한 '불만'이 아니라 '만족감'이 야기하는 '가족 로망스'를 상연하고 있다는 측면에서 충무로 로드무비 장르와는 뚜렷하게 구분된다. 두 번째 유형은 〈만다라〉(1981, 임권택), 〈아제아제 바라아제〉(1993, 임권택), 〈화엄경〉(1993, 장선우)과 같이 동양론적 구도의 세계를 찾아나가는 길을 소재로 한 영화들이다. 이 영화들에서 '상징적 고아들'이 등장하기는 하지만, '가족 로망스'가 제시되지는 않는다. 마지막 유형은 분단과 산업화에 의한 이산과 실향 때문에 헤어진 가족을 찾아 길을 떠나는, 〈길소뜸〉(1985, 임권택), 〈나그네는 길에서도 쉬지 않는다〉(1987, 이장호), 〈서편제〉와 같은 영화들이 있다. 이 영화들은 헤어진 가족을 찾아나간다는 점에서 충무로 로드무비 장르와는 다른 '가족 로망스'를 상연하는데, 이런 차이는 '상징적 고아들'이라는 충무로 로드무비 장르의 모티프가 등장하지 않는 것에서 기인한다. 그리고 이런 이유 때문에 이 영화들의 서사가 이별과 헤어짐에 초점을 맞추고 있다면, 충무로 로드무비 장르는 만남과 관계의 새로운 생성에 초점을 맞추고 있다는 점에서 큰 차이를 보이게 된다. 비유적으로 말하자면, 이 영화들의 '가족 로망스'가 민족적인 공간에서 본질을 향한 구심적인 운동성을 가지는 반면, 충무로 로드무비 장르의 '가족 로망스'는 구성을 향한 원심적인 운동성을 가진다는 점에서 차이를 보인다는 것이다.

4. 광경으로서 풍경이 부재하는 충무로 로드무비 장르

한편, 이미지의 차원에서 충무로 로드무비 장르에는 할리우드 로드무비 장르의 익숙한 도상인 '숭고한 풍경'이 부재하며, 이와 같은 측면은 집·고향과의 관계에서 독특한 의미망을 구성해내게 된다. 〈이지 라이더〉부터 〈델마와 루이즈〉까지 할리우드 로드무비 장르는 관습으로서 광활한 미국의 풍경을 숭고한 광경으로 제시해 왔다. 보수적인 사회적 규범에 대한 반항으로서 익숙한 집·고향을 떠나 알져지지 않은 미지의 세계를 찾아가는 주인공들이 우연히 마주치게 되는 숭고한 그랜드캐니언의 풍경 이미지가 할리우드 로드무비 장르의 전형적인 관습이라면, 충무로 로드무비 장르에서는 풍경이 제시되는 그 자리에 스펙터클한 이미지가 제시되지 않는다. 오히려 관습적으로 재현되고 있는 것은 스펙터클한 풍경을 해체하려는 시각적 충동이다. 즉 할리우드 로드 무비 장르에서 여행의 배경을 이루는 풍경이 광각렌즈로 촬영되어 심도 깊은 원근법적 공간으로서 장엄하게 제시되고 있는 것에 비해서, 충무로 로드무비 장르에서는 그와는 대조되게 이차원적인 평면 공간이 풍경으로서 공통적으로 제시되고 있다. 이와 같이 풍경을 입체적인 것이 아니라 평면으로 재현하려는 시도는 망원렌즈 같은 카메라 렌즈의 선택뿐만 아니라 〈삼포 가는 길〉의 눈 내린 벌판이나 〈바보선언〉과 〈고래사냥〉의 모래밭과 같은 평면적인 미장센에 의해서 강화되고 있으며, 더욱이 풍경을 묘사하는 장면 중간에 〈삼포 가는 길〉이 사각 앵글 쇼트를 그리고 〈고래사냥〉은 광각렌즈 쇼트 중간에 망원렌즈 쇼트를 삽입한 것에서 알 수 있듯이, 충무로 로드무비 장르가 풍경을 재현하는 관습은 원근법적인 3차원의 공간 구성을 의도적으로 회피하며 오히려 해체하는 것이라 할 수 있다. 이와 같이 풍경을 재현하는 기법상의 차이는 충무로 로드무비 장르의 풍경을 광경으로서 인식할 수 없게 만들며, 이런 측면 때문에 그 형식적 특징은 '광경으로서 풍경이 부재하는 로드무비'라는 특이한 양상을 가지게 된다.

그러면 풍경을 재현하는 이 같은 차이는 어디에서 기원하는가? 그 원인을 한국과 미국의 지리적 차이에서 찾을 수는 없다. 왜냐하면 장엄하고 숭고한 것으로서의 자연 풍경을 재현하려는 시도는 〈갯마을〉 같은 문예영화나 〈서편제〉와 〈아제아제 바라아제〉 같은 임권택의 영화에서 빈번하게 발견되기 때문이다. 그보다는 풍경을 가라타니 고진이 지적한바, 근대의 전도에 의해 발견된 역사성을 가지는 것으로 논의할 때, 우리는 그 차이의 기원을 인식할 수 있게 된다.[36] 고진에 따르면, 일본 근대문학에서 언문일치와 같은 내면을 묘사할 수 있는 기법의 확립과 함께 발견되는 숭고한 풍경의 재현은 국가의 경계를 확립하고 상상하게 해주는 '제도적 틀'이다. 즉 내면과 풍경을 객관적으로 묘사할 수 있는 재현기법의 성립이야말로 일본이라는 근대국가와 문학의 기원을 이룬다는 것이다. 이와 유사하게 할리우드 로드무비 영화연구에서도 이 장르에서 현저하게 드러나는 풍경의 시각적 수사는 민족의 역사와 정체성의 시각적 비유로서 논의되어 왔고,[37] 이런 점에서 할리우드 로드무비 장르는 풍경에 미국의 서부극 신화를 투사한 장르로 인식된다.[38] 그러나 할리우드 로드무비 장르가 민족의 정체성을 단순히 반복하고 있다고 볼 수 없는 이유는 이 장르의 근본적인 핵심을 이루는 서사의 여행이 보수적인 사회적 규범에 대한 반항에 기반하고 있는 '문화적 비판'

---

[36] 가라타니 고진, 박유하 역, 『일본근대문학의 기원』, 민음사, 2005, 28~32면.

[37] Delia Falconer, "We Don't Need to Know the way Home : The Disappearnce of the Road", *Mad Max Triology*; Babara Klinger, "The Road to Dystopia : Landscaping the Nation in Easy Rider", Cohan and Hark(ed.), *Road Movie Book*, Routledge, 1997, pp.249~270 · 179~203.

[38] Cohan and Hark(ed.), *Ibid.*, p.1.

의 한 방법이기 때문이다.[39] 이렇게 이미지로서 민족의 숭고한 풍경에 서사로서 '문화적 비판'이 투영된 결과, 이 장르는 민족 정체성을 새롭게 발견하고 있다고 볼 수도 있을 것이다. 그러나 궁극적으로는 민족의 정체성을 강화하는 것으로 나타남으로서 문화적 비판으로서 할리우드 로드무비 장르의 여행이 가지는 효과는 무화된다. 예컨대 보수적 규범으로서 집·고향으로부터 벗어나 어디에도 갈 곳이 없는 델마와 루이즈가 선택하는 최후의 종착지는 미국을 상징하는 그랜드캐니언이며, 그녀들은 가정으로부터 벗어나 민족을 상징하는 계곡의 품에 자신들을 맡긴다. 결국 자유를 향한 그녀들의 상상적인 여행을 허락하는 곳이 바로 미국이라는 상징계의 공간이라는 것이다. 이 지점에서 할리우드 로드무비 장르의 유동적인 응시는 민족의 정체성으로 통합되어버린다.

이렇듯 할리우드 로드무비 장르의 여정이 집·고향으로부터 벗어나 민족의 정체성으로 통합되는 과정을 보여주고 있다면, 충무로 로드무비 장르의 여정은 정반대의 과정 그러니까 민족의 정체성으로부터 벗어나려는 초국적 욕망을 기반으로 집·고향을 찾아나가는 과정을 보여주고 있다. 앞서 지적했듯이, 충무로 로드무비 장르에서 나타난 비천한 존재들로서 상징적 고아들의 가족 로망스 여행을 추동시키는 근본적인 동인은 독재 국가에 대한 환멸과 복수심이며, 그런 동인이 숭고한 감정을 환기시키는 풍경을 해체시켜 버리게 된다. 이효덕은 고진의 논의의 공백 즉 풍경과 내면을 동시에 성립시키는 기구에 대한 논의의 부재를 지적하면서, 풍경의 제도적 기구들에 대한 상세한 분석을 통해 근대적 풍경의 확립이라는 문화현상의 배후에 근대 국가 일본의 경계가 형성되고 그 내부 공간이 풍경적으로 균질화되는 과정이 존재함을 보여주

---

39 David Laderman, *Driving Visions : Exploring The Road Movie*, Unversity of Texas Press, 2002, p.13.

었다.[40] 충무로 로드무비 장르에서 숭고한 풍경이 부재하는 것 역시 이런 맥락에서 이해될 수 있을 것이다. 즉 독재 국가에 대한 환멸과 복수심은 국가를 상상하는 근대적 주체의 인식틀로 '풍경'을 이차원적이며 불연속적인 것으로서 그리하여 불균질한 공간으로 재현하도록 만들어 버리게 되는 것이다. 결과적으로 로드무비 장르의 풍경이 민족 정체성을 함의한다고 하였을 때, 충무로 로드무비 장르가 추구하는 집·고향은 역설적이게도 민족 공간의 바깥인 불균질한 공간 위에 설정되면서 국가에 대한 환멸과 복수라는 상상적인 여행은 할리우드 로드무비 장르와는 달리 민족적인 상징계로 포섭되지 않은 채 이 장르의 유동적인 응시는 초국적인 영역에 남겨지게 된다.

〈삼포 가는 길〉, 〈고래사냥〉, 〈바보선언〉이 산업적 연관성이 부재함에도 불구하고 로드무비 장르로서 성립가능하다는 점에 주목하면서 우리는 이 장르를 한국영화사의 무의식적인 민족적인 장르로 인식하였다. 그리고 비천한 존재들의 여행서사와 이미지라는 이 장르의 미학과 역사성을 규명하기 위하여 먼저 광의의 맥락에서 줄리아 크리스테바의 아브젝시옹을 통해 유신체제 이후 군사독재기의 비천한 존재와 감각의 출현을 살펴보았고, 다음으로 프로이트의 '가족 로망스' 개념을 적용하여 세 편의 영화 텍스트를 분석함으로써 이 장르가 군사독재 국가에 대한 환멸과 복수심이 초래한 1970~80년대 한국 청년문화의 이차적 환상의 결과물이었음을 논의하였다. 그리고 숭고한 광경으로서 풍경이 수반됨으로써 민족정체성을 재발견하는 할리우드 로드무비 장르와 비교하였을 때, 광경으로서 풍경이 부재하는 충무로 로드무비 장르의 유동적 응시는 민족적인 상상계로 포섭되지 않은 채 초국적인 영역에 남겨

---

40 이효덕, 박성관 역, 『표상 공간의 근대』, 소명출판, 2002, 249면.

지게 된다는 점을 논의하였다.

이상과 같은 논의는 다음의 의의를 가진다. 첫째는 한국영화사에서 유신체제 이후 군사독재기 동안은 '암흑기'로 인식되면서 논의되지 않고 남겨져 있는 빈자리를 채울 수 있는 가능성을 시사한다. 이 시기의 충무로영화를 군사독재의 일방적인 피해자이자 수동적인 대상으로만 인식해 버리는 것에서 초래된 이 빈자리는 감시와 통제의 대상으로서 수동적인 충무로영화가 가질 수 있는 능동적인 표상행위에 대한 관심의 전환을 통해서 채워질 수 있을 것이다. 이와 같은 관심의 전환은 1970~80년대 충무로영화를 산업과 미학에서의 불황이 아니라 군사독재가 주도하는 그리하여 군사독재의 외부가 아니라 그 내부에서 근대화의 어두운 영역에 초점을 맞추고 있는 대중문화로서 재고할 수 있게 도와준다. 둘째는 충무로 로드무비의 역사적 특수성에 대한 발견이다. 일반적으로 로드무비 장르는 할리우드의 전유물로서 여겨져 왔다. 그러나 앞에서 살펴본바, 충무로 로드무비 장르는 할리우드 로드무비의 영향과는 별개로 한국의 특수한 지정학적 상황이 양산한 문화였다. 영화 장르가 한 사회의 집단적 기억의 저장고라면,[41] 충무로 로드무비는 군사독재에 대한 한국사회의 환멸과 복수심이 초래한 초국적 욕망을 기억하고 있는 장르라고 할 수 있다. 셋째 이런 점에서 충무로 로드무비 장르는 군사독재의 판옵티콘 감시체제 아래 유동적 응시 그리고 한국 민족주의의 한계로 작용하였던 영토성(territory)에 기반을 두지 않은 민족적 문화산물을 발견하게 해준다.

---

[41] Paul Willemen, *Looks and Frictions : Essays in Cultural Studies and Film Theory*, BFI, 1994, p. 215.

식민적 근대성과 한국영화

참고문헌

1. 기본 자료

가라타니 고진, 박유하 역, 『일본근대문학의 기원』, 민음사, 2005.

권명아, 『가족 이야기는 어떻게 만들어지는가』, 책세상, 2000.

김윤식, 『이광수와 그의 시대』 1, 솔, 1999.

김종욱 편, 『實錄 韓國映畫叢書』 上・下, 국학자료원, 2002a.

_____, 『春史 羅雲奎 映畫 全作集』, 국학자료원, 2002b.

김종원 외, 『한국영화감독사전』, 국학자료원, 2004.

김종원・정중헌, 『우리 영화 100년』, 현암사, 2001.

김진송, 『서울에 댄스홀을 허하라』, 현실문화연구, 1999.

노엘 맥아피, 이부순 역, 『경계에 선 줄리아 크리스테바』, 앨피, 2007.

레이 초우, 정재서 역, 『원시적 열정 : 시각, 섹슈얼리티, 민족지, 현대중국영화』, 이산,
      2004.

레이몬드 윌리엄스, 박만준 역, 『문학과 문화이론』, 경문사, 2003.

로빈 우드, 이순진 역, 『베트남에서 레이건까지. 할리우드영화읽기 : 성의 정치학』, 시
      각과 언어, 1994.

리타 펠스키, 김영찬・심진경 역, 『근대성과 페미니즘 : 페미니즘으로 다시 읽는 근대』,
      거름, 1998.

린 헌트, 조한욱 역, 『프랑스 혁명의 가족 로망스』, 새물결, 1999.

마르트 로베르, 김치수・이유옥 역, 『기원의 소설, 소설의 기원』, 문학과지성사, 1999.

마이클 로빈슨, 김민환 역, 『일제하 문화적 민족주의』, 나남, 1990.

문 일 편, 『아리랑(映畫小說)』, 博文書館, 1929.

미셸 푸코, 오생근 역, 『감시와 처벌 : 감옥의 역사』, 나남, 1994.

_____, 이규현 역, 『성의 역사 : 제1권 앎의 의지』, 나남, 1997.

박민아・김영식, 『프리즘 : 역사로 과학읽기』, 서울대 출판부, 2007.

박현희, 『문예봉과 김신재 1932~1945』, 선인, 2009.

발터 벤야민, 이태동 역, 『문예비평과 이론』, 문예출판사, 1994.

슬라보예 지젝, 이수련 역, 『이데올로기라는 숭고한 대상』, 인간사랑, 2002.

_____, 주은우 역, 『당신의 징후를 즐겨라!: 할리우드의 정신분석』, 한나래, 1997.

월터 J. 옹, 이기우・임명진 역, 『구술문화와 문자문화』, 문예출판사, 1995.

유민영, 『한국인물연극사』 1, 태학사, 2006.

이영일, 『한국영화전사』, 소도, 2004.

이영재, 『제국 일본의 조선영화―식민지 말의 반도: 협력의 심정, 제도, 논리』, 현실문
　　화, 2008.

이효덕, 박성관 역, 『표상 공간의 근대』, 소명출판, 2002.

이효인, 『한국영화사강의』 1, 이론과 실천, 1992.

정비석, 『자유부인』, 고려원, 1996.

정진석, 『언론조선총독부』, 커뮤니케이션북스, 2005.

조희문, 『나운규』, 한길사, 1997.

줄리아 크리스테바, 서민원 역, 『공포의 권력』, 동문선, 2001.

최창호・홍강성, 『한국영화사: 나운규와 수난기 영화』, 일월서각, 2003.

프란츠 파농, 이석호 역, 『검은 피부, 하얀 가면』, 민음사, 1998.

한국영상자료원 편, 『고려영화협회와 영화신체제(1936~1941)』, 한국영상자료원, 2007.

한국예술연구소 편, 『이영일의 한국영화사 강의록』, 소도, 2002.

_____, 『이영일의 한국영화사를 위한 증언록: 성동호・이규환・최금동
　　편』, 소도, 2003.

호미 바바, 나병철 역, 『문화의 위치』, 소명출판, 2002.

호현찬, 『한국영화 100년』, 문학사상사, 2000.

황석영, 『한국소설문학대계 68: 삼포 가는 길 外』, 동아출판사, 1995.

Ann Friedberg, *Window Shopping : Cinema and the Postmodern*, University of California Press,
　　1993.

Ben Singer, *Modernity and Melodrama : Early Sensational Cinema and Its Contexts*, Columbia
　　University Press, 2001.

David Laderman, *Driving Visions : Exploring The Road Movie*, Unversity of Texas Press, 2002.

Dipesh Chakrabarty, *Provincializing Europe : Postcolonial Thought and Historical Difference*,

Princeton University Press, 2000.

Frederic Jameson, *The Political Uncosciousness : Narrative as a Socially Symbolic Act*, Cornell University Press, 1981.

Hans-Georg Gadamer, rev. ed., trans. Joel Weinsheimer and Donald G. Marshall, *Truth and Method*, 2nd, New York : Crossroad, 1989.

Jeffrey A. Dym, *Benshi, Japanese Silnet Film Narrators, and Their Forgotten Narrative Art of Setsumei*, The Edwin Mellen Press, 2003.

Kaja Silverman, *The Subject of Semiotics*, Oxford University Press, 1983.

Karen Shimakawa, *National Abjection: Asian American Body Onstage*, Duke Unversity Press, 2002.

Kenneth B. Kidd, *Making American Boys : Boyology and the Feral Tale*, University of Minnesota Press, 2005.

Linda Schulte Sasse, *Entertaining the Third Reich: Illusions of Wholeness in Nazi Cinema*, Duke University Press, 1996.

Miken Umbach and Bernd Huppauf, *Vernacular Modernism : Heimat, Globalization, and the Built Environment*, Stanford University Press, 2005.

Miriam Hansen, *Babel & Babylon : Spectatorship in American Silent Cinema*, Harvard University Press, 1994.

Noel Burch, *To the Distant Observer : Form and Meaning in the Japanese Cinema*, University of California Press, 1979.

Patrice Petro, *Joyless Street : Women and Melodramatic Representation in Weimar Germany*, Princeton University Press, 1989.

Paul Willemen, *Looks and Frictions : Essays in Cultural Studies and Film Theory*, BFI. 1994.

Rey Chow, *Woman and Chinese Modernity : The Politics of Reading between West and East*, University of Minnesota Press, 1990.

Rick Altman, *The American Film Musical*, Indiana University Press, 1989.

Teresa de Laureties, *Technologies of Gender : Essays on Theory, Film, and Fiction*, Indiana University Press, 1987.

Tom Gunning, *D. W. Griffith and the Origins of American Narrative Film : The Early Years at Biograph*, University of Illinois Press, 1994.

Walter Benjamin, trans. H. Zohn. Harcourt, *Illuminations*, Brace and World, 1968.

Zhang Xudong · Arif Dirlik, *Chinese Modernism in the Era of Reforms : Cultural Fever, Avant-Garde Fiction and the New Chinese Cinema*, Duke Universiy Press, 1997.

2. 논문

J.L. 앤더슨, 편장완 · 정수완 역, 「설명이 곁들여진 일본의 무성영화 또는 화면을 보며 이야기하기」, 아서 놀레티 외, 『일본영화 다시 보기』, 시공사, 2001.

가야트리 스피박, 「하위 주체는 말할 수 있는가?」, 『세계사상』 4호, 동문선, 1998.

강성률, 「논단 : 일장기 앞에 서면 갈등이 해결된다?−최근 발굴된 〈집 없는 천사〉와 〈지원병〉의 친일 논리」, 『실천문학』 78호, 실천문학사, 2005.

김금동, 「일제강점기 친일영화에 나타난 독일 나치영화의 영향」, 『문학과 영상』 8(2), 문학과영상학회, 2007.

김백영, 「일제하 서울에서의 식민권력의 지배전략과 도시공간의 정치학」, 서울대 박 사논문, 2005.

김소영, 「유예된 모더니티 : 한국영화들 속에서의 페티시즘의 논리」, 『흔적』, 문화과 학사, 2001.

김려실, 「일제강점기 아동영화와 내선일체 이데올로기 : 〈수업료〉와 〈집 없는 천 사〉를 중심으로」, 『현대문학의 연구』 30집, 한국문학연구학회, 2006.

김종욱, 「구술문화와 저항담론으로서의 소문 : 이기영의 『고향』론」, 『한국현대문학연 구』 12호, 한국현대문학회, 2004.

김택현, 「서발턴에게 역사는 있는가?」, 『트랜스토리아』 창간호, 박종철출판사, 2002.

김호연, 「미국 우생학 운동의 재검토, 1890∼1940년대」, 『미국사 연구』 26집, 한국미국 사학회, 2007.

김홍중, 「문화적 모더니티의 역사시학 : 니체와 벤야민을 중심으로」, 『경제와 사회』 70호, 한국산업사회학회, 2006.

나병철, 「이광수의 성장소설과 가족 로망스」, 『비평문학』 21호, 한국비평문학회, 2005.

나오키 사카이, 「서문」, 『흔적』 1호, 문화과학사, 2001.

데이비드 보드웰, 편장완 · 정수완 역, 「화려한 영화: 전전 일본의 장식적 고전주의」, 아서 놀레티 외, 『일본영화 다시 보기』, 시공사, 2001.

디페시 차크라바르티(Dipesh Chakrabarty), 「맑스주의 이후의 맑스 : 역사, 서발터니티, 차이」, 『트랜스토리아』 창간호, 박종철출판사, 2002.

마틴 제이, 최연희 역, 「모더니티의 시각 체제들」, 헬 포스터 편, 『시각과 시각성』, 경성 대 출판부, 2004.

미셸 드 세르토, 정준영 역, 「드 세르토 : 일상생활의 실천 - 서론」, 박명진 · 정준영 · 이영욱 · 양은경 · 김용호 · 손병우 · 김연종 · 김창남 편역, 『문화, 일상, 대중 : 문화에 관한 8개의 탐구』, 한나래, 1996.

박승현, 「대중매체의 정치적 기제화 : 한국영화와 건전성 고양(1966~1979)」, 『언론과 사회』 13(1), 성곡언론문화재단, 2005.

변재란, 「한국영화에서 여성관객성에 관한 연구」, 중앙대 박사논문, 2000.

소현숙, 「황국신민으로 부름 받은 집 없는 천사들 : 역사 사료로서의 영화 〈집 없는 천 사〉」, 『역사비평』 82호, 역사비평사, 2008.

신원선, 「무성영화 〈아리랑〉과 검열 : 검열이 〈아리랑〉에 미친 영향과 원형 재구 가능 성을 중심으로」, 『한국극예술연구』 19호, 한국극예술학회, 2004.

유선영, 「동원체제의 과민족화 프로젝트와 섹스영화」, 『언론과 사회』 15(2), 성곡언론 문화재단, 2007.

유지나, 「한국사회의 영화적 수용에 관한 텍스트 읽기 : 〈삼포 가는 길〉, 〈고래사냥〉, 〈세상 밖으로〉」, 『영화연구』 10, 한국영화학회. 1995.

윤해동, 「식민지 인식의 '회색 지대' : 일제하 '공공성'과 규율권력」, 『당대비평』 13, 생 각의나무, 2000.

_____, 「'대중독재'론과 한국의 민주주의」, 장문석 · 이상록 편, 『근대의 경계에서 독 재를 읽다 : 대중 독재와 박정희 체제』, 그린비, 2006.

이상록, 「박정희 체제의 '사회정화' 담론과 청년문화」, 장문석 · 이상록 편, 『근대의 경 계에서 독재를 읽다 : 대중 독재와 박정희 체제』, 그린비, 2006.

이정하, 「나운규의 〈아리랑〉(1926)의 재구성 : 〈아리랑〉의 활극적 효과 혹은 효과의 생산」, 『영화연구』 26, 한국영화학회, 2005.

이호걸, 「영화」, 한국예술종합학교 한국예술연구소 편, 『한국 현대 예술사 대계 VI : 1970년대』, 시공사, 2004.

이화진, 「'대동아'를 꿈꾸었던 식민지의 영화기업가, 이창용」, 한국영상 자료원 편, 『고 려영화협회와 영화신체제(1936~1941)』, 한국영상자료원, 2007.

임지현, 「파시즘은 살아있다」, 임지현 외, 『우리 안의 파시즘』, 삼인, 2000.

_____, 「'대중독재'의 지형도 그리기」, 비교역사문화연구소 기획, 『대중독재 : 강제와 동의 사이에서』, 책세상, 2004.

장세룡, 「미셸 드 세르토의 일상과 민중문화」, 『서양사론』 82호, 한국서양사학회, 2004.

전복희, 「19세기 말 진보적 지식인의 인종주의적 특성 : 〈독립신문〉과 『윤치호의 일기』를 중심으로」, 『한국정치학회보』 29, 한국정치학회, 1995.

정근식, 「일제하 검열기구와 검열관의 변동」, 『대동문화연구』 51, 대동문화연구원, 2005.

조희문, 「영화의 대중화와 辯士의 역할 연구」, 『디자인 연구』 6, 디자인연구소, 1998.

주디스 버틀러, 조현준 역, 「옮긴이 해제」, 『젠더 트러블 : 페미니즘과 정체성의 정치학』, 문학동네, 2006.

주진숙, 「세상 밖으로 : 로드무비의 새로운 지평」, 『영화연구』 10, 한국영화학회. 1995.

주창규, 「탈-식민 국가의 민족과 젠더 (다시) 만들기 : 신상옥의 〈쌀〉을 중심으로」, 『영화연구』 15호, 한국영화학회, 2000.

_____, 「'이행적 친일영화(1940~1943)'로서 〈집 없는 천사〉의 이중의식에 대한 연구 : 식민지 파시즘의 시각성과 균열을 중심으로」, 『영화연구』 43호, 한국영화학회, 2010.

지그문트 프로이트, 김정일 역, 「가족 로맨스」, 『성욕에 관한 세 편의 에세이』, 열린책들, 1996.

한기형, 「문화정치기 검열체제와 식민지 미디어」, 『대동문화연구』 51집, 대동문화연구원, 2005.

Aaron Gerow, "The Benshi's New Face : Defining Cinema in Taisho Japan", *ICONICS* 3, Japan Society of Image Arts and Sciences, 1994.

Babara Klinger, "The Road to Dystopia : Landscaping the Nation in Easy Rider", In Cohan and Hark(ed.), *Road Movie Book*, Routledge, 1997.

bell hooks, "The Imperialism of Patriarchy", *Ain't I a Woman*, South End Presshooks, 1981.

Catherine Russell, "New Women of the Silent Screen: China, Japan, Hollywood", *Camera Obscura* 20(3), Duke University Press, 2005.

Chris Berry, "Introducing 'Mr Monster' : Kim KI-young and the Critical Economy of the Globalized Art-House Cinema", In Chungmoo Choi(ed.), *Post-colonial Classics of*

Korean Cinema, Korean Film Festival Committee at University of California, 1998.

Christine Gledhill, "Mapping the field", Christine Gledhill(ed.), *Home is the where the Heart is : studies in melodrama and the woman's film*, BFI, 1987.

_____, "Rethinking Genre", Christine Gledhill & Linda Williams(ed.), *Reinventing Film Studies*, Arnold, 2000.

Delia Falconer, "We Don't Need to Know the way Home: The Disappearnce of the Road in the Mad Max Triology", In Cohan and Hark(ed.), *Road Movie Book*, Routledge, 1997.

Frederic Jameson, "Third-World Literature in the Era of Multinational Capitalism", *Social Text* 15, Duke University Press, 1986.

Helene Cixous, trans. Annette Kuhn, "Castration or Decapitation?", Signs : *Journal of Women in Culture and Society* 7(1), University of Chicago Press, 1981.

Hideaki Fujiki, "Benshi as Stars: The Irony of the Popularity and Respectability of Voice Performers in Japanese Cinema", *Cinema Journal* 45(2), University of Texas Press, 2006.

Jason Mittell, "A Cultural Approach to Television Genre Theory", *Cinema Journal* 40(3), University of Texas Press, 2001.

Jean Cahteauvert · Andre Gaudreault, "The Noises of Spectators, or the Spectator as Additive to the Spectacle", Richard Abel and Rick Altman(ed.), *The Sounds of Early Cinema*, Indiana Unversity Press, 2001.

Joan Riviere, "Womanliness as a Masquerade", In Hendrik M. Ruitenbeek(ed.), *Psychoanalysis and Female Sexuality*, College and University Press, 1966.

Laura Mulvey, "Visual Pleasure and Narrative Cinema", *Screen* 16(3), Oxford University Press, 1975.

Linda Williams, "Film Bodies: Gender, Genre and Excess", In Sue Thornham(ed.), *Feminist Film Theory : A Reader*, New York University Press, 1999.

_____, "Melodrama Revised", Nick Brown(ed.), *Refiguring American Film Genre: History and Theory*, University of California Press, 1998.

May Ann Doane, "Film and the Masquerade : Theorising the Female Spectator", In Sue Thornham(ed.), *Feminist Film Theory : A Reader*, New York University Press, 1999.

Michel Foucault, "Nietzsche, Genealogy, History", Paul Rabinow(ed.), *Foucault Reader*, Penguin, 1984.

Miriam Hansen, "The mass production of the senses : classical cinema as vernacular modernism", Christine Gledhill & Linda Williams(ed.), *Reinventing Film Studies*, Arnold, 2000.

Tania Modleski, "Never to be Thirty-Six Old : Rebecca as Female Oedipal Drama", *Wide Angle* 5(1), Johns Hopkins University Press, 1982.

_____, "Cinema and the Dark Continent : Race and Gender in Popular Film", In Sue Thornham(ed.), *Feminist Film Theory : A Reader*, New York University Press, 1999.

_____, "Time and Desire in the Woman's Film", In Christine Gledhil(ed.), *Home is Where the Heart is : Studies in Melodrama and the Woman's Film*, BFI, 1987.

Thomas Elsaesser, "Primary Identification and the Historical Subject : Fassbinder and Germany", In Philip Rosen(ed.), *Narrative, Apparatus, Ideology*, Columbia University Press, 1986.

Tom Gunnng, "The cinema of attraction", *Wide Angle* 8, Johns Hopkins University Press, 1986.

3. 신문 및 잡지 기사

YY生, 「여우·「언 파레이드」 영화편 인기도 한 때런가 복혜숙양 탈선으로 다른 여배우에게 영향이 만타」, 『東亞日報』, 1931.8.9.

_____, 「여배우「언파레이드」, 연극편(13) 연극시장 명일(明日)을 약속하는 문예봉양, 웃독한 코에 매끈한 얼굴」, 『東亞日報』, 1931.7.12.

拘　永, 「10월 6일 : 新映畵〈아리랑〉을 보고」, 『每日新報』, 1926.10.10.

金潤雨, 「映畵解說에 대한 片感」, 『東亞日報』, 1929.11.17.

金剛道人, 「虛榮에서 榮虛으로 지금은 富豪愛妾, 昔日 花形女優 이월화 소식」, 『中外日報』, 1925.8.26.

김영환, 「영화해설에 대한 나의 의견」, 『每日新報』, 1925.1.3.

_____, 「映畵解說에 대한 나의 意見」, 『每日新報』, 1925.1.3.

김유영, 「名俳優, 名監督이 모여 '朝鮮 映畵'를 말함」, 『三千里』, 1936.11.

나가스 요시오, 「조선영화의 방향 : 고려작품〈집 없는 천사〉가 던진 문제에 대해」 당시 일본영화 잡지에 실린 글로 잡지명 확인 불가.

나운규, 『映畵朝鮮』 창간호, 1936.11.

남궁옥, 「조선영화의 최고봉 : 나그네를 보고(상~하)」, 『每日申報』, 1937.4.22~25.

모던일본사, 홍선영·박미경·채영미·윤소영 역, 「반도영화계를 짊어진 사람들 좌
　　담회」, 『일본잡지 모던일본과 조선 1940(완역)』, 어문학사, 2009.

박기채, 「내가 감독한 주연 여우 인상 : 청아한 백합 문예봉양」, 『朝光』, 3(10), 1937.

_____, 「배우를 지향하는 여성들에게」, 『映畵時代』, 1935. 10.

박원식, 「朝鮮映畵人 槪觀 1~5」, 『中外日報』, 1930. 3. 12~16.

白夜生, 「朝鮮映畵15年 : 草創期에서 現在까지 走馬燈에 비친 記憶 1~7」, 『朝鮮日
　　報』, 1936. 2. 21~29.

백 황, 「영화시평 : 〈집 없는 천사〉」, 『人文評論』, 3(3), 1941. 4.

복혜숙, 「당대 명여우, 이월화양의 최후 : 타락한 여자라 비웃지 마시오」, 『別乾坤』, 66
　　호, 1933.

北海道人, 「호색여우 크라라 보-론(論)」, 『映畵時代』, 1932. 2.

서광제, 「신체제와 영화」, 『人文評論』, 1940. 11.

_____, 「영화 〈춘풍〉을 보고(제6회)」, 『東亞日報』, 1935. 12. 12.

서문방, 「'성봉영화' 분규의 전말과 조선영화계전망」, 『實話』, 1938. 9.

성동호, 최예정 기록, 「이영일이 만난 한국영화의 선각자들 구술기록 : '활동사진설명
　　업자 면허증' 따서 주로 연애극을 맡았지」, 『씨네 21』 317호, 한겨레신문사,
　　2001. 8. 29.

신일선, 「남기고 싶은 이야기들」, 연도미상, 심일선 집필 분 발췌.

심 훈, 「觀衆의 한 사람으로서 : 解說業者에게」 『朝鮮日報』, 1928. 11. 18.

_____, 「조선영화인 언파레드」, 『東光』 23호, 1931.

안석영, 「여배우 난」, 『映畵時代』, 1939. 7.

_____, 「은막 천일야화 : 러-브·씬을 모르는 배우 그래도 비극엔 선수엿다」, 『朝鮮
　　日報』, 1940. 2. 29.

_____, 「은막의 천일야화 : 대비양 문예봉 등장으로 최초의 발성 〈춘향전〉 완성」, 『朝
　　鮮日報』, 1940. 2. 28.

오다 사쿠노스케, 「집 없는 천사의 묘사」, 『〈집없는 천사〉 비평집』, 도와상사, 오사카
　　지사 선전부, 출처 미상.

유벽촌, 「영화배우가 되고저 하는 분에게」, 『映畵朝鮮』, 1936. 9.

유흥태, 「인기변사 서상호 자살 사건의 전말」 『朝光』, 1938. 10.

이경손, 「무성映畵時代의 자전」, 『新東亞』, 1964. 12.

이광수, 「신체제하의 예술의 방향 : 문학과 영화의 신출발」, 『三千里』, 1941.1.

이구영, 이유미 기록, 「이영일이 만난 한국영화의 선각자들 구술기록 : 선전물 트집 잡혀 경찰에 연행되는 고초, 그러나 영화는 대흥행」, 『씨네 21』 321호, 한겨레신문사, 2001.10.4.

이장호, 「독재시대가 만든 영화, 〈바보선언〉」, 『씨네 21』 240호, 한겨레신문사, 2000(http://www.cine21.com/Article/article_view.php?mm=005002006&article_id=32064).

_____, 「바보 같은 녀석들, 〈바보선언〉 보겠다고 장사진을 친 거야」, 『씨네 21』 320호, 한겨레신문사, 2001(http://www.cine21.com/Article/article_view.php?mm=005001001&article_id=4309).

이춘인, 「각본, 연출, 연기 : 〈조선해협〉을 보고」, 『朝光』, 1943.9.

임　로, 「영화배우독본」, 『映畫時代』, 1932.5.

임　화, 「朝鮮映畫發達 小史」, 『三千里』, 1941.6.

최인규, 「10여 년의 나의 영화 자서」 『三千里』, 1948.

춘소몽인, 「촬영소의 비화」, 『映畫時代』 3(3), 1932.

夏　蘇, 「映畫街 白面相」 『朝光』 1937.12.

한국영상자료원 편, 「한국영화변천사」(http://www.kmdb.or.kr/2006contents/history_view.asp?idx=86&page=1).

함대훈, 「세계 명여우 순례」, 『朝鮮日報』, 1934.9.5~11.

惑星生, 「館主, 辯士, 樂師 새 希望과 새 生活에 살자 : 그들에 대한 주문」, 『每日新報』, 1926.1.1.

「극과 영화 : 먼저 일본인이 되어라, 반도영화 〈집 없는 천사〉」, 신문기사의 일부로 신문제명 확인불가.

「朝鮮映畫製作年代譜」, 『朝鮮日報』, 1938.12.2.

「新春映畫界를 빗내는 興味 잇는 懸賞投票. 一等의 光榮은 何관에?」, 『每日新報』, 1926.1.6.

「活動寫眞 辯士 座談會」, 『朝光』, 1938.4.

「영화해설과 어학」, 『朝鮮日報』, 1926.1.1.

「活動寫眞辯士의 人物檢定實行 : 흥행장 내의 풍기문란을 방지키로」, 『朝鮮日報』, 1921.6.2.

「活動寫眞辯士 試驗問題에 대한 答案의 一節」, 『東亞日報』, 1927.3.1.

「活動寫眞 說明 중 辯士 突然檢束 : 오백군중이 고함을 쳐 장내가 대 소란을 이뤄」, 『朝鮮日報』, 1926.3.13.

「各 劇場마다 數十警官配置: 변사엽헤 순사가 안저 觀衆을 間斷업시 注視」, 『朝鮮日報』, 1930.1.19.

「자본주의사회를 저주한 映畫辯士의 舌禍」, 『朝鮮日報』, 1931.9.19.

「변사에게 불덩이 : 설명을 잘 못한다고」, 『每日新報』, 1919.1.18.

「두려운 문제의 두 文字, 글자들을 몰라서 活動辯士가 卒倒」, 『東亞日報』, 1920.7.8.

「活動寫眞辯士 試驗問題에 대한 答案의 一節」, 『東亞日報』, 1927.3.1.

「活寫辯士 試驗에 기상천외 答案」, 『東亞日報』, 1929.4.3.

「변사시험에 진기한 답안」, 『朝鮮日報』, 1929.7.29.

「活動寫眞解說者 學歷調査」, 『中外日報』, 1928.2.4.

「辯士에게 반한 大同의 梁○花」, 『朝鮮日報』, 1921.3.18.

「서상호의 末路」, 『東亞日報』, 1925.10.6.

「虛榮의 末路」, 『東亞日報』, 1925.10.7.

「風化를 壞亂케 하는 京城의 제劇場」, 『朝鮮日報』, 1920.7.22.

「寫眞說明 중에 活辯 拘引 : 불온호 언사로 사상 고취 혐의」, 『朝鮮日報』, 1926.3.13.

「〈나그네〉의 해외진출 영화완성 인사차 관계자 제 씨 내방」, 『每日申報』, 1937.4.1.

「동경에 도착한 문예봉」, 『每日申報』, 1937.1.23.

「만주국 명우를 환영하는 좌담회」, 『三千里』, 1940.8.

「말썽 많던 여배우 이월화」, 『朝鮮日報』, 1928.1.5.

「명우 제 씨의 인품기」, 『三千里』, 1940.9.

「명우와 연애 장면」, 『三千里』, 1938.8.

「명작영화주연 여배우 좌담회」, 『三千里』, 1941.12.

「문예봉 등 당대 가인이 모여 「홍루·정원(紅淚·精怨)」을 말하는 좌담회」, 『三千里』, 1940.4.

「설문 사제(說問 四題)」, 『三千里』, 1938.1.

「설한(雪恨)이 만흔 김소영. 동경서 도라와서」, 『三千里』, 1940.4.

「섭섭한 소문, 신일선 양이 약혼, 남자는 능주 부호 자제」, 『中外日報』, 1927.8.7.

「성봉영화와 문예봉 심경」, 『三千里』, 1938.10.

「성봉영화원 제1회 작품 전발성판〈나그네〉촬영개시, 영목중길씨 지휘하 내선(來鮮), 감독 이규환, 주연 문예봉」,『每日申報』, 1936.11.29.

「성봉영화원에 동인간에 불상사 문예봉등 탈퇴소동」,『東亞日報』, 1938.7.20.

「성봉영화원의 분규 해결은 상금 요원 추잡한 내용으로 얼기설기하야 결국사직짜지 출동?」,『每日申報』, 1938.7.23.

「스타의 기염, 그 포부, 계획, 자랑, 야심 ; 영화를 더 연구, 어렵기는 극, 영화가 같겟지 요(영화인 김소영)」,『東亞日報』, 1937.12.4.

「스타―의 수난기 : 문예봉과의 일문일답」,『映畵時代』, 1935.11.

「아하, 그리운 신부시절」,『三千里』, 1938.10.

「어머니와 명우(名優)」,『三千里』, 1941.7.

「여우「언 파레이드」시들지 안는 인조화(人造花), 김연실양, 신일선양 숨은뒤엔 여왕 격」,『東亞日報』, 1931.8.6.

「영화인 좌담회」,『映畵朝鮮』, 1936.9.

「왕년의 명여우로 불귀객(不歸客된) 이월화, 17일 문사(門司)에서 급사하였다고, 경 성에 있는 그 친지에게 전보가 왔다, 파란 많은 피녀(彼女)의 반생」,『朝鮮中央 日報』, 1933.7.19.

「요부표정에 소질이 미모 석일(昔日) 인기도 이제는 꿈결 부모도 성명도 나이도 모르 는 고아 극단의 여왕에서 무도장의 명화로! 고인(故人)된 이월화 과거」,『東亞 日報』, 1933.7.19.

「웃음 속에 눈물 생활 : 강석연, 석금성」,『每日申報』, 1930.10.1.

「육십원 일흔 문예봉」,『三千里』, 1936.2.

「이월화 영면(永眠) : 조선의 칼멘, 조선 최초의 인기 잇든 여우 문사(門司)에서 심장마 비로」,『東亞日報』, 1933.7.19.

「지위싸홈으로 인하야 성봉영화원 와해 주연은 왕평, 문예봉」,『每日申報』, 1938.7.20.

「혜성 신일선 운무에 가릴 때까지(1) : '정든 임 버리고 길 떠나면 십리를 못가서 발병나 리,' 그립어 하는 텬하사람을 다 내어 더지고 한 사람을 쪼차서 고개 넘어랴 하는 신일선」,『中外日報』, 1927.8.11.

「혜성 신일선 운무에 가릴 때까지(2) : 화려한 무대 생활의 반면엔 빈한한 현실 생활이 잇섯다. 남보기에는 호화로운 신양의 무대생활. 그러나 집에 돌아가면 가난한 가명생활」, 『中外日報』, 1927.8.12.

「혜성 신일선 운무에 가릴 때까지(3) : 신일선 당은 놀라지 말아! 일선에겐 숨은 애인이 잇섯다. 일선양이 그 애인에게 보낸 편지의 사연. 당신의 사랑에서 떠나거든 죽여주셔요」, 『中外日報』, 1927.8.13.

「혜성 신일선 운무에 가릴 때까지(4) : 조선호텔의 일실에서 량청년과 수집은 초대면(初對面). 박모의 소개로 량성환군과의 첫 상면한 후 그는 번민하얏다. 금전이냐? 사랑이냐?」, 『中外日報』, 1927.8.14.

「화형여우 문예봉양의 대답은 이러합니다」, 『三千里』, 1936.2.

「깜짝할 사이에 삼천매 인기 예술가들의 꼬마 채권전 개가」, 『每日申報』, 1941.9.19.

「애트랙슌론」, 『朝鮮日報』, 1940.6.27.

「제4차로 수입허가된 미국 신영화」, 『朝鮮日報』, 1939.6.16.

「여명기의 조선영화」, 『東亞日報』, 1939.1.22.

「영화제작 이면 공개좌담회」, 『朝光』, 1939.5.

「조선영화 신체제 수립을 위해 : 좌담회」, 『에이가 준보』, 1941.10.

「〈하녀〉, 뉴요커의 마음을 사로잡다!」(http://www.ohmynews.com/nws_web/view/at_pg.aspx?CNTN_CD=A0000222918).

『萬歲報』, 1907.5.12.

『每日新報』, 1915.11.6.

『每日新報』, 1919.8.22.

『每日新報』 1919.10.2.

『每日新報』 1920.7.8.

4. 영상자료

진명교, 〈영화인 다큐 '신출'편〉, 2000(http://www.kmdb.or.kr/movie/mdpreview_list.asp?nation=A&p_dataid=03178).

한국영상자료원, 〈발굴된 과거 두번째 : 1930년대 조선영화 모음〉, 한국영상자료원, 2008.

_____, 〈발굴된 과거 : 1940년대 일제시기 극영화모음집〉, 한국영상자료원, 2007.

Norman Taurog, 〈Boys Town〉, Warner Video, 1938.